《成渝地区双城经济圈建设研究》

编委会主任：范　毅　黄　可
副　主　任：何　健　杨弘毅　曾俊林　蒋　勇
编辑部主任：周作昂　薛　健
副　主　任：唐婉岚　陈　阳　唐学清　车茂娟
成　　　员：廖　彬　丁娟兰　想　贺　嘉　戚军凯
　　　　　　陈　才　赵倩倩　王丹美亚　安江丽　范伊静

成渝地区双城经济圈建设研究

四川省统计局 重庆市统计局 ◎ 主编

四川大学出版社
SICHUAN UNIVERSITY PRESS

图书在版编目（CIP）数据

成渝地区双城经济圈建设研究 / 四川省统计局，重庆市统计局主编 . — 成都：四川大学出版社，2022.8
ISBN 978-7-5690-5647-1

Ⅰ．①成… Ⅱ．①四… ②重… Ⅲ．①区域经济发展—研究—成都②区域经济发展—研究—重庆 Ⅳ．① F127.711 ② F127.719

中国版本图书馆 CIP 数据核字（2022）第 165461 号

书　　　名：	成渝地区双城经济圈建设研究
	Cheng-Yu Diqu Shuangcheng Jingjiquan Jianshe Yanjiu
主　　　编：	四川省统计局　重庆市统计局

选题策划：徐　凯　张宇琛
责任编辑：徐　凯　张宇琛
责任校对：毛张琳
装帧设计：墨创文化
责任印制：王　炜

出版发行：四川大学出版社有限责任公司
　　　　　地　址：成都市一环路南一段 24 号（610065）
　　　　　电　话：（028）85408311（发行部）、85400276（总编室）
　　　　　电子邮箱：scupress@vip.163.com
　　　　　网　址：https://press.scu.edu.cn
印前制作：四川胜翔数码印务设计有限公司
印刷装订：四川五洲彩印有限责任公司

成品尺寸：185mm×260mm
印　　张：13.5
字　　数：300 千字

版　　次：2022 年 12 月　第 1 版
印　　次：2022 年 12 月　第 1 次印刷
定　　价：68.00 元

本社图书如有印装质量问题，请联系发行部调换

版权所有　◆　侵权必究

扫码查看数字版

四川大学出版社
微信公众号

序 言

  2021年是中国共产党建党100周年和第一个百年奋斗目标的实现之年，也是向第二个百年奋斗目标进军和"十四五"规划的开启之年。成渝地区双城经济圈建设是习近平总书记亲自谋划、部署、推动的国家重大区域发展战略，是川渝两地在"两个一百年"奋斗目标历史交汇期迎来的重大机遇。

  为深入贯彻党的十九大和十九届历次全会精神，全面落实习近平总书记对四川工作系列重要指示精神和对重庆重要指示要求，贯彻落实中央经济工作会议和全国统计会议精神，扎实抓好四川省委十一届历次全会和重庆市委五届历次全会各项决策部署落实，围绕成渝地区双城经济圈建设战略目标及重点任务，在新的历史起点推动治蜀兴川再上新台阶，奋力谱写重庆高质量发展高品质生活新篇章，为各级党委政府科学决策提供参考依据，四川省统计局、重庆市统计局联合大专院校、科研院所开展成渝地区双城经济圈建设系列课题研究，现将其中优秀成果汇编成书。

  该系列课题研究得到了四川大学、四川农业大学、四川师范大学、四川轻化工大学、中共四川省委党校、重庆市统计学会、四川省统计学会、自贡市统计局、重庆市九龙坡区统计局等科研院所和单位专家的大力支持，在此表示衷心的感谢。

  书中难免有疏漏，敬请批评指正。

编者

2022 年 2 月

目 录

成渝地区双城经济圈发展监测指标体系研究……………………………………（ 1 ）
成渝地区双核经济辐射能力研究…………………………………………………（ 26 ）
成渝地区双城经济圈协同创新能力提升研究……………………………………（ 44 ）
成渝地区双城经济圈公共服务共建共享路径研究………………………………（ 63 ）
推动川渝毗邻地区一体化发展研究………………………………………………（ 74 ）
成渝地区双城经济圈毗邻地区县域经济一体化发展研究………………………（ 85 ）
川渝毗邻地区投资现状、存在问题及政策建议…………………………………（100）
万达开川渝统筹发展示范区建设战略研究………………………………………（116）
成渝地区产业结构变动路径与优化对策研究……………………………………（130）
成渝地区制造业竞争力比较研究…………………………………………………（142）
成渝地区服务业集聚的专业化和多样化对经济增长的影响研究………………（154）
成渝地区"三新"经济发展研究…………………………………………………（167）
做强成都"极核"功能的人才支撑战略研究……………………………………（180）
经济区和行政区适度分离统计改革研究
　　——以自贡高新区为例………………………………………………………（198）

成渝地区双城经济圈发展监测指标体系研究

成渝地区双城经济圈是以成都、重庆为中心的西部大开发的重要平台，是长江经济带的战略支撑，但其发展也存在着诸多问题。本文以城市群相关发展理论为指导，以《成渝地区双城经济圈建设规划纲要》为依据，结合成渝地区双城经济圈发展的实际情况，构建了一套反映成渝地区双城经济圈发展现状的监测指标体系，通过对成渝地区双城经济圈发展指数以及各级指数的测算，分析成渝地区双城经济圈建设及发展的线状以及特征，从而为进一步推进双城经济圈协同发展提出针对性的政策、建议。

一、研究对象与范围

本文的研究对象为成渝地区双城经济圈，其位于"一带一路"和长江经济带交汇处，是西部陆海新通道的起点，具有连接西南西北，沟通东亚与东南亚、南亚的独特优势。

成渝地区双城经济圈的范围包括重庆市的中心城区及万州、涪陵、綦江、大足、黔江、长寿、江津、合川、永川、南川、璧山、铜梁、潼南、荣昌、梁平、丰都、垫江、忠县等27个区（县）以及开州、云阳的部分地区，四川省的成都、自贡、泸州、德阳、绵阳（除平武县、北川县）、遂宁、内江、乐山、南充、眉山、宜宾、广安、达州（除万源市）、雅安（除天全县、宝兴县）、资阳等15个市，总面积18.5万平方千米。

二、指标体系的构建

按照监测原则，依据城市群发展的相关理论，参照《成渝地区双城经济圈建设规划纲要》，可以从六个层次建立成渝地区双城经济圈发展监测指标体系。

（一）一级指标的构建

一级指标主要依据《成渝地区双城经济圈建设规划纲要》中的发展目标进行设

定，即根据"基础设施联通水平大幅提升""现代经济体系初步形成""改革开放成果更加丰硕""生态宜居水平大幅提高"等几个目标分别设定"基础设施""现代经济""改革开放""生态宜居"等一级指标。在此基础上，考虑需要有反映成渝地区双城经济圈发展总体情况的指标，因此设立"综合质效"一级指标；考虑到创新发展在一个地区综合发展中具备的重要的引领作用，因此设立"科技创新"一级指标。

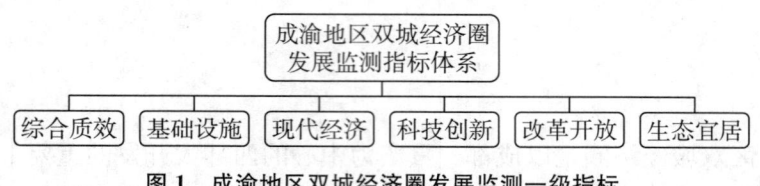

图1 成渝地区双城经济圈发展监测一级指标

（二）二级指标的构建

1. 综合质效

在一个区域的综合发展中，一方面要考虑发展总规模对地方的影响，因此设立"发展能级"二级指标；而在新发展阶段，在总量不断扩大的同时，更需要注重效率的提升，因此设立"发展效率"二级指标；同时，成渝地区双城经济圈作为一个跨区域的城市群，其发展不仅涵盖四川省或者重庆市当地的区域，更要考虑两个地方协同发展的问题，因此设立"区域协调"二级指标。

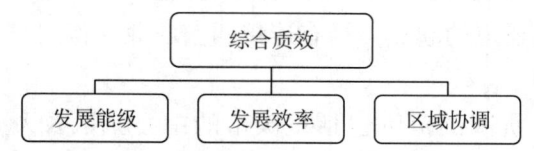

图2 成渝地区双城经济圈发展监测综合质效二级指标

2. 基础设施

基础设施建设是区域综合发展的基础，而对成渝地区双城经济圈这种城市群而言，两地之间的互联互通则显得尤为关键。在交互方面，主要考虑实物的交换和信息的交互，因此主要考虑交通设施和信息技术两大方面。而在交通设施建设方面，影响两地间互联互通的主要交通方式为铁路和航空，因此设立"铁路设施"和"航空设施"两项二级指标。信息交互方面则设立"信息技术"二级指标。

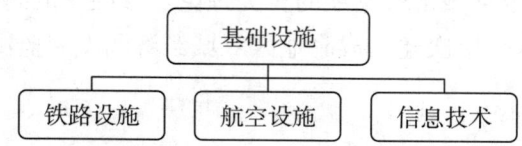

图3 成渝地区双城经济圈发展监测基础设施二级指标

3. 现代经济

建设现代经济体系，必须把发展经济的着力点放在实体经济上。实体经济的发展主要依靠各项产业发展的支撑，因此设立"产业发展"二级指标。建设现代化经济体系也是推动经济发展质量变革、效率变革、动力变革，解决新时代社会主要矛盾的重要手段，而经济结构的变化在一定程度上反映经济发展的质量和效益，因此设立"经济结构"二级指标。

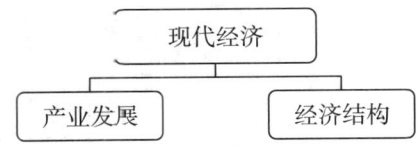

图 4　成渝地区双城经济圈发展监测现代经济二级指标

4. 科技创新

创新是引领经济社会发展的第一动力，科技创新亦是创新发展的最核心部分。科技创新活动的开展首先需要进行资金、人员等要素的投入，以便开展各项研发活动，因此设立"创新投入"二级指标。而科技创新活动本身并非目的，最终目标是将创新成果进行转化，形成具有现实实用性的、服务于社会的产品，因此需要考量创新的成效，设立"创新成效"二级指标。

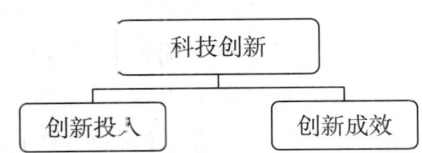

图 5　成渝地区双城经济圈发展监测科技创新二级指标

5. 改革开放

改革开放需要注重对外和对内两个层面的主要问题，以国内大循环为主体、国内国际双循环。在对外方面，以对外贸易为主的对外开放是区域经济与外部联结的主要途径，因此设立"对外开放"二级指标。在对内方面，国内循环离不开市场的支撑，而市场主体作为经济运行的基本单元，承担了区域经济发展的主体功能，因此设立"市场主体"二级指标。

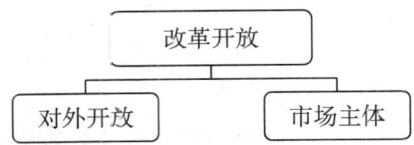

图 6　成渝地区双城经济圈发展监测改革开放二级指标

6. 生态宜居

绿色发展是新发展理念中的一个重要方面，而生态宜居城市的建设是直接反映绿色发展的重要方式。生态宜居城市的建设一方面包括自然环境的建设，另一方面则包括社会环境的建设。在自然环境方面，主要考虑环境保护方面的成效，因此设立"生态环保"二级指标。在社会环境方面，主要考虑对居民各方面生活的保障建设，因此设立"公共服务"二级指标。

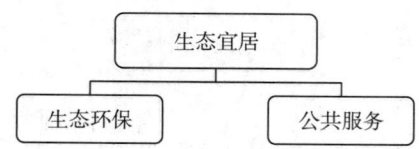

图7 成渝地区双城经济圈发展监测生态宜居二级指标

（三）三级指标的构建

三级指标即要素层，是指标体系的最基本构成元素，是直接影响综合指数的指标构成。结合城市群理论和成渝地区双城经济圈发展的现实意义对二级指标进行细化，确定三级指标。

1. 综合质效

发展能级：使用经济圈地区生产总值占全国的比重指标衡量区域经济的综合影响力，双核地区生产总值占经济圈的比重来衡量双核地区的引领作用，经济圈常住人口占全国常住人口的比重来衡量人口集聚力。

发展效率：采用人均地区生产总值来度量经济发展水平，全员劳动生产率衡量经济发展效率。

区域协调：选取人均地区生产总值差异系数反映各地区间经济发展差异情况，常住人口城镇化率反映城镇化进程，城乡居民人均可支配收入衡量城乡居民收入机会均等进程，夜间灯光指数反映经济圈的整体城市化程度。

2. 基础设施

铁路设施：选取双核通勤时间衡量双城经济圈两地间的要素交换效率，铁路网总规模衡量经济圈的铁路运载能力，20万人以上人口城市铁路覆盖率衡量城市铁路通行便利度。

航空设施：选取机场群旅客吞吐量来衡量航空的人员流通量，航空货运吞吐量衡量区域间通过航空渠道进行物的交换的体量。

信息技术：选取5G基站数量反映区域信息技术建设的水平。

3. 现代经济

产业发展：选取金融机构人民币贷款余额衡量产业资金支持规模，限额以上企业通过互联网实现的商品零售额占比衡量线上交易水平，文化产业增加值反映区域居民精神活动的发展程度，接待入境旅游者人数衡量区域的旅游业发展程度。

经济结构：选取制造业增加值占GDP比重衡量经济圈的生产力水平，战略性新兴制造业增加值占工业增加值比重衡量区域的新兴产业发展状况，规模以上服务业营业收入衡量第三产业发展情况。

4. 科技创新

创新投入：选取研发投入强度衡量科学技术事业发展水平，每万人R&D人员全时当量反映创新人员的人力投入强度，规模以上工业企业中有研发活动的企业占比衡量企业创新活力，国家重点实验室数量衡量高水平科技创新能力。

创新成效：选取科技进步贡献率衡量经济圈的综合科技实力，万人发明专利拥有量衡量科技创新成果的人均水平，规模以上工业高技术产业营业收入衡量经济圈高技术产业的发展水平。

5. 改革开放

对外开放：选取外贸依存度衡量经济圈参与对外贸易的程度，中欧班列（成渝）班次衡量经济圈大宗商品对外贸易的参与度，世界500强企业落户数衡量经济圈的综合吸引能力。

市场主体：选取新增市场主体数量衡量经济圈的市场基本单位的活力，民营经济增加值衡量经济圈经济发展的活力，民间投资总量衡量经济圈社会资源的利用能力。

6. 生态宜居

生态环保：选取单位地区生产总值能耗衡量区域对于自然资源消耗的控制程度，森林覆盖率衡量经济圈的森林储备情况，空气优良天数比例衡量大气的综合质量，河流断面水质达标率衡量经济圈的水质情况。

公共服务：选取城乡医疗保险覆盖面衡量区域对居民医疗保障的力度，基本养老保险覆盖率衡量经济圈对养老的保障力度，人均社会保障和就业支出衡量经济圈的社会保障水平，人均教育支出衡量经济圈的教育发展水平，人均卫生健康支出反映经济圈的卫生投入水平，万人拥有床位数衡量区域医疗卫生资源水平。

综上，根据城市群发展的概念、内涵和相关理论，并结合成渝地区双城经济圈发展实际及规划纲要，从综合质效、基础设施、现代经济、科技创新、改革开放、生态宜居六个维度，分三个层级，构建了包含45项指标的成渝地区双城经济圈发展监测指标体系（见表1）。

表1 成渝地区双城经济圈发展监测指标体系

一级指标	二级指标	序号	三级指标	单位	指标方向
综合质效	发展能级	1	成渝双城经济圈地区生产总值占全国比重	%	正向
		2	成渝双核地区生产总值占经济圈比重	%	正向
		3	常住人口占全国比重	%	正向
	发展效率	4	人均地区生产总值	元	正向
		5	全员劳动生产率	元	正向
	区域协调	6	人均地区生产总值差异系数	—	逆向
		7	常住人口城镇化率	%	正向
		8	城乡居民人均可支配收入比	以农村居民为1	逆向
		9	夜间灯光指数	%	正向
基础设施	铁路设施	10	双核通勤时间	分钟	正向
		11	铁路网总规模	公里	正向
		12	20万以上人口城市铁路覆盖率	%	正向
	航空设施	13	机场群旅客吞吐量	万人次	正向
		14	航空货运吞吐量	万吨	正向
	信息技术	15	5G基站数量	个	正向
现代经济	产业发展	16	金融机构人民币贷款余额	亿元	正向
		17	限额以上企业通过互联网实现的商品零售额占比	%	正向
		18	文化产业增加值	亿元	正向
		19	接待入境旅游者人数	万人	正向
	经济结构	20	制造业增加值占地区生产总值的比重	%	正向
		21	战略性新兴制造业增加值占工业增加值比重	%	正向
		22	规模以上服务业营业收入	亿元	正向
科技创新	创新投入	23	研发投入强度	%	正向
		24	万人R&D人员全时当量	人年	正向
		25	规模以上工业企业中有研发活动企业占比	%	正向
		26	国家重点实验室数量	个	正向
	创新成效	27	科技进步贡献率	%	正向
		28	万人发明专利拥有量	件	正向
		29	规模以上工业高技术产业营业收入	亿元	正向

续表1

一级指标	二级指标	序号	三级指标	单位	指标方向
改革开放	对外开放	30	外贸依存度	%	正向
		31	中欧班列（成渝）班次	次	正向
		32	世界500强企业落户数	个	正向
	市场主体	33	新增市场主体数量	家	正向
		34	民营经济增加值	亿元	正向
		35	民间投资总量	亿元	正向
生态宜居	生态环保	36	单位地区生产总值能耗	吨标准煤/万元	逆向
		37	森林覆盖率	%	正向
		38	空气质量优良天数比	%	正向
		39	河流断面水质达标率	%	正向
	公共服务	40	基本医疗保险覆盖率	%	正向
		41	基本养老保险覆盖率	%	正向
		42	人均社会保障和就业支出	元	正向
		43	人均教育支出	元	正向
		44	人均卫生健康支出	元	正向
		45	万人医疗机构床位数	张	正向

三、成渝地区双城经济圈发展指数测算

（一）指标无量纲化

1. 数据来源

本文中数据的地域划分主要依据现行的行政区域划分标准。选取2015年到2020年间的数据，重点反映"十三五"期间成渝地区双城经济圈的发展情况。由于构建的成渝地区双城经济圈指标体系中有个别指标存在数据无法收集的问题，在具体的指数测算中，这些指标不带入测算，最终进入测算的指标为37项（见表2）。

表 2　进入指数测算的成渝地区双城经济圈指标体系

一级指标	二级指标	序号	三级指标
综合质效	发展能级	1	成渝地区双城经济圈地区生产总值占全国的比重
		2	成渝双核地区生产总值占成渝地区双城经济圈的比重
		3	常住人口占全国的比重
	发展效率	4	人均地区生产总值
		5	全员劳动生产率
	区域协调	6	人均地区生产总值差异系数
		7	常住人口城镇化率
		8	城乡居民人均可支配收入比
基础设施	铁路设施	9	铁路网总规模
		10	20万以上人口城市铁路覆盖率
	航空设施	11	机场群旅客吞吐量
		12	航空货运吞吐量
现代经济	产业发展	13	金融机构人民币贷款余额
		14	限额以上企业通过互联网实现的商品零售额占比
		15	文化产业增加值
	经济结构	16	制造业增加值占地区生产总值的比重
		17	战略性新兴制造业增加值占工业增加值的比重
		18	规模以上服务业营业收入
科技创新	创新投入	19	研发投入强度
		20	每万人R&D人员全时当量
		21	规模以上工业企业中有研发活动企业占比
		22	国家重点实验室数量
	创新成效	23	科技进步贡献率
		24	万人发明专利拥有量
改革开放	对外开放	25	外贸依存度
		26	世界500强企业落户数
	市场主体	27	新增市场主体数量
		28	民营经济增加值

续表2

一级指标	二级指标	序号	三级指标
生态宜居	生态环保	29	单位地区生产总值能耗
		30	森林覆盖率
		31	空气质量优良天数比
		32	河流断面水质达标率
	公共服务	33	基本医疗保险覆盖率
		34	人均社会保障和就业支出
		35	人均教育支出
		36	人均卫生健康支出
		37	每万人医疗机构床位数

2. 指标同向化

在45个指标中，人均地区生产总值差异系数、城乡居民人均可支配收入比、单位地区生产总值能耗3项为逆向指标，即这些指标数值越小则该指标表征的经济意义越好；其余42个指标为正向指标，即这些指标数值越大则该指标表征的经济意义越好，越能体现成渝地区双城经济圈的发展质量。

3. 指标标准化

本文使用功效系数法对数据进行无量纲化处理，具体公式如下：

$$y_i = \frac{x_i - \min(x_i)}{\max(x_i) - \min(x_i)} \times 40 + 60 \qquad 式(1)$$

其中，x_i是某项指标的第i个原始数据，$\min(x_i)$是基期数据，y_i是经无量纲化处理后的第i个数据值，即该项指标的第i项评价值得分。由于《成渝地区双城经济圈建设规划纲要》是2020年开始实施的，因此将基期确定为2019年。

为方便对测算结果进行分析，本文进一步借鉴扩散指数的概念，将基期结果固定为100，计算公式为：

$$z_i = \frac{y_i}{60} \times 100 \qquad 式(2)$$

（二）权重确定

由于指标体系中各项指标的重要程度不同，为区别反映指标间的重要程度，需要对指标赋予权重。现有赋权方法主要分为两种：一种是客观赋权法，例如熵权法、主成分分析法等；另一种是主观赋权法，例如德尔菲法、层次分析法（AHP）等。两种方法各有优缺点，具体选择需根据研究对象的情况确定。本文使用的是2015—2020年的数据，时间区间仅有6年，样本量较小，在客观赋权上难以使用主成分分析等方法，因此采用熵权法进行客观赋权。但由于客观赋权依赖于数据本身提供的信息，对于经济理论和社会实际情况的解析较少，为综合反映经济原理和社会发展的实际情况，在客观赋权的基础上引入主观赋权，使用德尔菲法对客观赋权权重作进一步调整，确定最终权重。

1. 第一阶段——熵权法

对数据进行标准化后就可以计算各指标的信息熵。设第 i 个指标的第 j 个数据的标准化值为 r_{ij}，第 i 个指标的信息熵 E_i 可定义为：

$$E_i = -k \sum_{j=1}^{n} f_{ij} \cdot \ln f_{ij} \qquad \text{式（3）}$$

其中，$k = \dfrac{1}{\ln n}$，$f_{ij} = \dfrac{r_{ij}}{\sum_{j=1}^{n} r_{ij}}$，如果 $f_{ij} = 0$，则定义 $f_{ij} \cdot \ln f_{ij} = 0$。

指标熵值确定后就可根据下式来确定第 i 个指标的熵权 W_i：

$$W_i = \frac{1 - E_i}{m - \sum E_i} (i = 1, 2, \cdots, m) \qquad \text{式（4）}$$

在对综合指标得分进行标准化处理后，得出各项指标的基础分值。利用基础分值代入熵权法计算公式计算得到每个客观指标体系每项指标的熵权权重值（见表3）。

表3 熵权法计算权重值

一级指标	权重	二级指标	权重	序号	三级指标	权重
综合质效	0.23	发展能级	0.09	1	成渝地区双城经济圈地区生产总值占全国的比重	0.03
				2	成渝双核地区生产总值占成渝地区双城经济圈的比重	0.04
				3	常住人口占全国的比重	0.02
		发展效率	0.06	4	人均地区生产总值	0.03
				5	全员劳动生产率	0.03
		区域协调	0.08	6	人均地区生产总值差异系数	0.02
				7	常住人口城镇化率	0.03
				8	城乡居民人均可支配收入比	0.03
基础设施	0.05	铁路设施	0.01	9	铁路网总规模	0.01
				10	20万以上人口城市铁路覆盖率	0.00
		航空设施	0.04	11	机场群旅客吞吐量	0.02
				12	航空货运吞吐量	0.02

续表3

一级指标	权重	二级指标	权重	序号	三级指标	权重
现代经济	0.16	产业发展	0.08	13	金融机构人民币贷款余额	0.03
				14	限额以上企业通过互联网实现的商品零售额占比	0.03
				15	文化产业增加值	0.02
		经济结构	0.08	16	制造业增加值占地区生产总值的比重	0.04
				17	战略性新兴制造业增加值占工业增加值的比重	0.02
				18	规模以上服务业营业收入	0.02
科技创新	0.2	创新投入	0.15	19	研发投入强度	0.03
				20	每万人R&D人员全时当量	0.03
				21	规模以上工业企业中有研发活动企业占比	0.03
				22	国家重点实验室数量	0.06
		创新成效	0.05	23	科技进步贡献率	0.03
				24	万人发明专利拥有量	0.02
改革开放	0.09	对外开放	0.04	25	外贸依存度	0.02
				26	世界500强企业落户数	0.02
		市场主体	0.05	27	新增市场主体数量	0.02
				28	民营经济增加值	0.03
生态宜居	0.26	生态环保	0.15	29	单位地区生产总值能耗	0.03
				30	森林覆盖率	0.04
				31	空气质量优良天数比	0.04
				32	河流断面水质达标率	0.04
		公共服务	0.11	33	基本医疗保险覆盖率	0.00
				34	人均社会保障和就业支出	0.02
				35	人均教育支出	0.03
				36	人均卫生健康支出	0.04
				37	每万人医疗机构床位数	0.02

2. 第二阶段——德尔菲法

在初始权重的基础上，邀请长期从事经济学、社会学和统计学相关研究的三位专家使用德尔菲法对初始权重进行了调整，调整思路为先调整一级指标，最后调整三级指标，得出具体调整结果（见表4）。

表 4　成渝地区双城经济圈指标体系调整后权重

一级指标	权重	二级指标	权重	序号	三级指标	权重
综合质效	0.2	发展能级	0.08	1	成渝地区双城经济圈地区生产总值占全国的比重	0.03
				2	成渝双核地区生产总值占成渝地区双城经济圈的比重	0.03
				3	常住人口占全国的比重	0.02
		发展效率	0.06	4	人均地区生产总值	0.03
				5	全员劳动生产率	0.03
		区域协调	0.06	6	人均地区生产总值差异系数	0.02
				7	常住人口城镇化率	0.02
				8	城乡居民人均可支配收入比	0.02
基础设施	0.1	铁路设施	0.05	9	铁路网总规模	0.03
				10	20万以上人口城市铁路覆盖率	0.02
		航空设施	0.05	11	机场群旅客吞吐量	0.03
				12	航空货运吞吐量	0.02
现代经济	0.15	产业发展	0.08	13	金融机构人民币贷款余额	0.03
				14	限额以上企业通过互联网实现的商品零售额占比	0.03
				15	文化产业增加值	0.02
		经济结构	0.07	16	制造业增加值占地区生产总值的比重	0.03
				17	战略性新兴制造业增加值占工业增加值的比重	0.02
				18	规模以上服务业营业收入	0.02
科技创新	0.2	创新投入	0.1	19	研发投入强度	0.03
				20	每万人R&D人员全时当量	0.03
				21	规模以上工业企业中有研发活动企业占比	0.02
				22	国家重点实验室数量	0.02
		创新成效	0.1	23	科技进步贡献率	0.06
				24	万人发明专利拥有量	0.04
改革开放	0.15	对外开放	0.07	25	外贸依存度	0.04
				26	世界500强企业落户数	0.03
		市场主体	0.08	27	新增市场主体数量	0.04
				28	民营经济增加值	0.04

续表4

一级指标	权重	二级指标	权重	序号	三级指标	权重
生态宜居	0.2	生态环保	0.1	29	单位地区生产总值能耗	0.04
				30	森林覆盖率	0.02
				31	空气质量优良天数比	0.02
				32	河流断面水质达标率	0.02
		公共服务	0.1	33	基本医疗保险覆盖率	0.02
				34	人均社会保障和就业支出	0.02
				35	人均教育支出	0.02
				36	人均卫生健康支出	0.02
				37	每万人医疗机构床位数	0.02

（1）一级指标的调整

根据专家意见，一级指标的具体调整思路为：

在一级指标的六项指标中，除基础设施的原始权重较小，其他指标权重基本上集中在0.1~0.25，而各一级指标对于指标体系均具有重要作用，因此，德尔菲法调整权重亦集中于0.1~0.2。

（2）二级指标的调整

综合质效：发展能级代表了区域的经济规模，赋予较高权重比较合理；区域协调考虑赋予发展效率相同的权重。因此三项指标的权重调整为0.08、0.06、0.06。

基础设施：考虑将两项指标的权重进行平均分配，均调整为0.05。

现代经济：考虑到产业发展是经济社会发展的基础，因此赋予较高权重，两项指标权重调整为0.08和0.07。

科技创新：创新的投入和成果对于衡量创新本来就具有同等意义，因此，考虑赋予两者相同权重，均为0.1。

改革开放：考虑使用原始权重的比值，两项指标权重分别调整为0.07和0.08。

生态宜居：公共服务比重相对较低，考虑降低生态环保比重，提高公共服务比重，将两者调整为相同权重，均为0.1。

（3）三级指标的调整

综合质效：①发展能级，考虑到两项经济总量指标重要性接近，因此将前两项指标赋予相同权重，三项指标权重调整为0.03、0.03和0.02。②发展效率，人均地区生产总值和全员劳动生产率的原始权重分别为0.03和0.03，符合实际情况，不做调整。③区域协调，由于三项指标的重要性接近，考虑赋予相同权重，调整为0.02、0.02和0.02。

基础设施：①铁路设施，由于铁路网总规模对于铁路运输意义更为重大，因此考虑该指标权重较大，赋予权重 0.03，20 万以上人口城市铁路覆盖率赋予权重 0.02。②航空设施，考虑到成渝两地之间通过航空往来的主要为人员流动，因此赋予机场群旅客吞吐量更高权重 0.03，赋予航空货运吞吐量权重 0.02。

现代经济：①产业发展，三项指标的原始权重分别为 0.03、0.03 和 0.02，符合实际情况，不进行调整。②经济结构，对明显较高的制造业增加值占地区生产总值的比重进行微调，调整后的指标权重分别为 0.03、0.02 和 0.02。

科技创新：①创新投入，四项指标的原始权重分别为 0.03、0.03、0.03 和 0.06，符合实际情况，不作调整。②创新成效，按照原始权重的比重将两项指标的权重调整为 0.06 和 0.04。

改革开放：①对外开放，考虑到对外贸易在对外开放中的重要性，赋予较高权重，将两项指标权重调整为 0.04 和 0.03。②市场主体，两项指标适当提高权重，调整为 0.04 和 0.04。

生态宜居：①生态环保，由于四项指标中反映资源消耗的指标仅有单位地区生产总值能耗一项，因此赋予较高权重，将权重调整为 0.04。其他三项指标均是反映环境保护层面的，考虑赋予相同权重，将权重调整为 0.02、0.02 和 0.02。②公共服务，由于各指标均衡反映了公共服务的各个层面，因此考虑赋予相同权重，权重均调整为 0.02。

（三）发展指数测算结果

在得到每个指标的得分和权重后，通过对各项指标个体得分加权平均计算出综合得分值。将原本属于各个类型的指标通过加权计算进行加总，使原有的多指标转化为单一的指标，使评判结果更加直观，利于不同测评体系和一级指标的比较。计算公式为：

$$Z = \sum_{i=1}^{n} w_i y_i \qquad 式(5)$$

其中，Z 为被评价对象的综合得分，y_i 为第 i 项指标无量纲化后的评价值，n 为评价指标个数，w_i 为第 i 项指标的权重。

对各指标的原始得分值按照最终确定的权重进行加权平均，计算出各测评体系的综合得分值和各级指标分项得分值（见表 5、表 6）。

表 5 成渝地区双城经济圈发展指数（总指数、一级指标及二级指标指数）

	2015 年	2016 年	2017 年	2018 年	2019 年	2020 年
总指数	86.83	89.71	93.35	96.84	100.00	104.39

续表5

		2015年	2016年	2017年	2018年	2019年	2020年
一级指标	综合质效	90.06	92.76	95.56	97.83	100.00	102.13
	基础设施	89.70	94.07	95.51	97.92	100.00	99.86
	现代经济	81.73	86.34	91.53	95.38	100.00	109.67
	科技创新	82.39	85.29	91.25	95.50	100.00	105.11
	改革开放	88.09	89.32	93.21	97.92	100.00	106.80
	生态宜居	89.50	91.72	93.64	96.95	100.00	102.43
二级指标	发展能级	97.71	98.82	99.99	99.51	100.00	100.13
	发展效率	80.39	84.76	88.44	96.75	100.00	104.11
	区域协调	89.52	92.67	96.77	96.68	100.00	102.82
	铁路设施	92.51	99.25	99.25	99.88	100.00	100.00
	航空设施	86.90	88.89	91.76	95.96	100.00	99.72
	产业发展	72.86	79.56	87.48	92.32	100.00	115.85
	经济结构	91.87	94.08	96.15	98.88	100.00	102.62
	创新投入	82.23	83.83	91.27	95.25	100.00	105.50
	创新成效	82.55	86.74	91.24	95.74	100.00	104.72
	对外开放	98.86	95.12	94.32	100.25	100.00	104.33
	市场主体	78.67	84.25	92.24	95.87	100.00	108.96
	生态环保	89.90	91.57	93.97	97.34	100.00	102.56
	公共服务	89.10	91.88	93.32	96.57	100.00	102.30

表6 成渝地区双城经济圈发展指数（三级指标指数）

序号	三级指标	2015年	2016年	2017年	2018年	2019年	2020年
1	成渝地区双城经济圈地区生产总值占全国的比重	94.49	95.35	98.36	97.55	100.00	101.00
2	成渝双核地区生产总值占成渝地区双城经济圈的比重	99.81	101.79	101.79	101.27	100.00	100.08
3	常住人口占全国的比重	99.37	99.58	99.72	99.82	100.00	98.92
4	人均地区生产总值	77.24	81.14	88.81	93.53	100.00	102.04
5	全员劳动生产率	83.55	88.39	88.08	99.96	100.00	106.19
6	人均地区生产总值差异系数	77.39	84.39	94.61	92.37	100.00	104.01
7	常住人口城镇化率	93.32	94.97	96.59	98.29	100.00	102.80
8	城乡居民人均可支配收入比	97.84	98.66	99.10	99.39	100.00	101.66

续表6

序号	三级指标	2015年	2016年	2017年	2018年	2019年	2020年
9	铁路网总规模	87.51	98.76	98.76	99.79	100.00	100.00
10	20万以上人口城市铁路覆盖率	100.00	100.00	100.00	100.00	100.00	100.00
11	机场群旅客吞吐量	78.74	83.30	87.37	92.39	100.00	98.17
12	航空货运吞吐量	99.14	97.28	98.34	101.33	100.00	102.06
13	金融机构人民币贷款余额	74.76	79.65	85.32	91.87	100.00	109.11
14	限额以上企业通过互联网实现的商品零售额占比	71.97	80.35	90.11	91.83	100.00	129.86
15	文化产业增加值	71.34	78.25	86.78	93.72	100.00	104.92
16	制造业增加值占地区生产总值的比重	117.97	111.69	106.24	102.10	100.00	99.54
17	战略性新兴制造业增加值占工业增加值的比重	69.35	78.80	83.36	101.04	100.00	101.34
18	规模以上服务业营业收入	75.24	82.96	93.80	91.88	100.00	108.52
19	研发投入强度	91.61	92.07	99.07	96.06	100.00	102.28
20	每万人R&D人员全时当量	77.86	81.26	89.29	95.42	100.00	107.08
21	规模以上工业企业中有研发活动企业占比	65.27	67.52	82.12	94.59	100.00	113.47
22	国家重点实验室数量	91.67	91.67	91.67	94.44	100.00	100.00
23	科技进步贡献率	92.97	94.07	96.49	98.05	100.00	101.49
24	万人发明专利拥有量	66.92	75.75	83.35	92.28	100.00	109.56
25	外贸依存度	104.51	95.60	92.77	101.30	100.00	106.41
26	世界500强企业落户数	91.32	94.47	96.38	98.86	100.00	101.55
27	新增市场主体数量	77.57	84.04	97.56	99.93	100.00	113.02
28	民营经济增加值	79.78	84.47	86.93	91.81	100.00	104.90
29	单位地区生产总值能耗	87.24	91.74	95.36	97.98	100.00	102.10
30	森林覆盖率	93.55	94.04	95.73	97.63	100.00	102.49
31	空气质量优良天数比	95.32	95.70	96.99	99.50	100.00	102.66
32	河流断面水质达标率	86.14	84.61	86.39	93.61	100.00	103.45
33	基本医疗保险覆盖率	100.00	100.00	100.00	100.00	100.00	100.00
34	人均社会保障和就业支出	85.21	90.97	91.74	95.87	100.00	103.84
35	人均教育支出	87.66	88.44	93.82	96.93	100.00	103.04
36	人均卫生健康支出	85.88	89.98	86.65	93.06	100.00	103.61
37	每万人医疗机构床位数	86.76	90.01	94.38	96.98	100.00	101.03

四、监测结果评价

(一)成渝地区双城经济圈发展总体趋势分析

1. 经济圈发展总体平稳

为对成渝地区双城经济圈发展趋势进行总体判断,将 2015—2020 年经济圈发展指数及 2016—2020 年经济圈发展指数测速绘制成图(如图 8 所示)。从图 8 中可以看到,"十三五"时期,成渝地区双城经济圈发展整体呈现出指数稳步攀升、增速总体平稳的发展态势。

从经济圈发展指数看,2020 年经济圈发展指数提高到 104.39,较 2015 年提高了 17.56,平均每年提高 3.51。

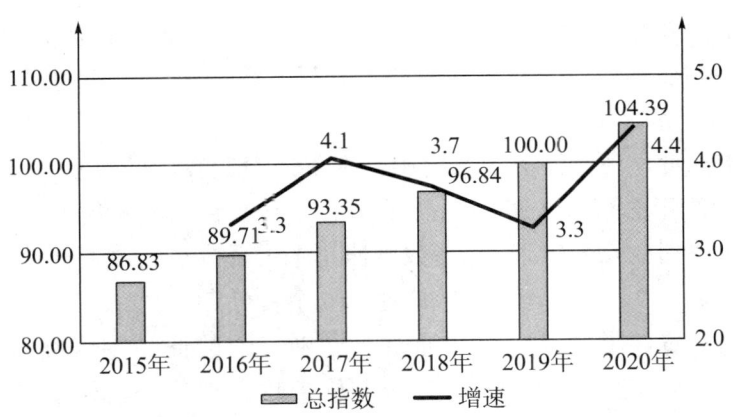

图 8 2015—2020 年成渝地区双城经济圈发展指数及增速

从发展指数的增速看,成渝地区双城经济圈指数增长总体稳定,各年增速基本保持在 4% 左右,2015—2020 年年均增速为 3.8%。其中,2016—2017 年,经济圈发展指数增速有所提升,从 3.3% 提高到 4.4%;2017—2019 年,增速略有下降,降低了 0.8 个百分点;2019—2020 年,增速再次提升,且提升幅度较大,提高了 1.1 个百分点,增速达到 4.4%,为"十三五"时期最高。

2. 经济圈高质量发展势头向好

将 2015—2020 年成渝地区双城经济圈发展指数的增速与重庆市和四川省的地区生产总值增速进行比较,可以看到,"十三五"期间,重庆市地区生产总值的增速呈现出阶段性回落态势,分别在 2016—2018 年、2019—2020 年出现了回落;而四川省的地区生产总值也在 2018 年以后开始回落,2019 年以后回落趋势明显。相对而言,经济圈发展指数的增长趋势则较为平稳,在 2017—2019 年出现小幅回落,但在 2019—2020 年增速明显提升，与两地地区生产总值情况相反（如图 9 所示）。具体分析，是由于高质量发展相关指标的带动比较明显。

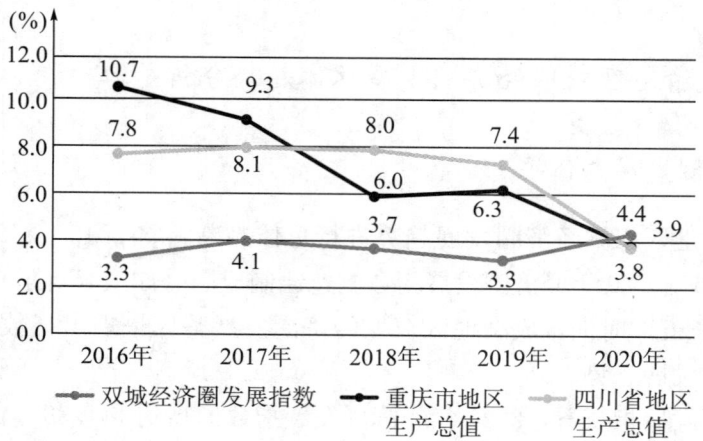

图 9　2016—2020 年成渝地区双城经济圈发展指数、重庆市地区生产总值、四川省地区生产总值增速

从一级指标来看，2020 年增速高于经济圈总指数增速的指标分别为现代经济，增长 9.7%；科技创新，增长 5.1%；改革开放，增长 6.8%，分别高于经济圈总指数增速 5.3、0.7 和 2.4 个百分点。

从二级指标看，现代经济子系统中，主要是产业发展的带动，其 2020 年增速达到 15.8%，高于总指数增速 11.4 个百分点。科技创新子系统中，创新投入的增长较快，增速达到 5.5%，高于总指数增速 1.1 个百分点。改革开放子系统中，市场主体增速达到 9.0%，高于总指数增速 4.6 个百分点。

从三级指标看，限额以上企业通过互联网实现的商品零售额占比增速最快，2020 年较 2019 年增长 29.9%，分别高于总指数和现代经济子系统指数 25.5 和 20.2 个百分点，说明经济圈以互联网为主导的新兴电子商务贸易发展势头良好。增速排名第二的指标为规模以上工业企业中有研发活动企业的占比，2020 年增长 13.5%，分别较经济圈总指数和科技创新子系统指数高 9.1 和 8.4 个百分点，说明经济圈的工业企业具有较强的科技创新能力和市场竞争力。增速排名第三的指标为新增市场主体，2020 年增长 13.0%，分别较经济圈总指数和改革开放子系统指数高 8.6 和 6.2 个百分点，说明经济圈的市场活力较强。其他增速高于经济圈总指数增速的指标分别为万人发明专利拥有量，增长 9.6%；金融机构人民币贷款余额，增长 9.1%；规模以上服务业营业收入，增长 8.5%；万人 R&D 人员全时当量，增长 7.1%；外贸依存度，增长 6.4%；文化产业增加值和民营经济增加值，均增长 4.9%。这些指标分别代表了经济圈在创新成果、现代服务业、创新投入、开放力度、精神文明建设以及市场活力等方面取得的成效，是高质量发展势头加快的有力支撑。

（二）成渝地区双城经济圈发展结构分析

从成渝地区双城经济圈发展的子系统来看，各子系统均保持了相对平稳的增长趋势，但发展特征各不相同。

1. 综合质效子系统总体平稳

综合质效子系统在所有子系统中发展趋势最为平稳，2016—2020年的指数增速基本上保持在2%～3%，各年变动不大，年均增速为2.5%，在各子系统中属于增长相对缓慢的。与其他子系统相比，综合质效子系统呈现增速逐年回落的总体趋势，与两地的地区生产总值变动趋势总体吻合。

在综合质效子系统的二级指标中，发展能级的发展趋势最为平稳，2016—2020年的指数增速变动主要集中在0%～2%，各年变动不大，年均增速为0.5%。发展效率和区域协调两项二级指标的波动均较为明显。其中，发展效率指标呈现出"W"型变动趋势，由2016年5.4%的增速提高到2018年9.4%的增速后，又回落到2020年4.1%的增速。而区域协调指标则呈现出完全相反的变动趋势，显现出"M"型波动，由2016年增长3.5%回落到2018年下降0.1%，之后回升到2020年增长2.8%（如图10所示）。

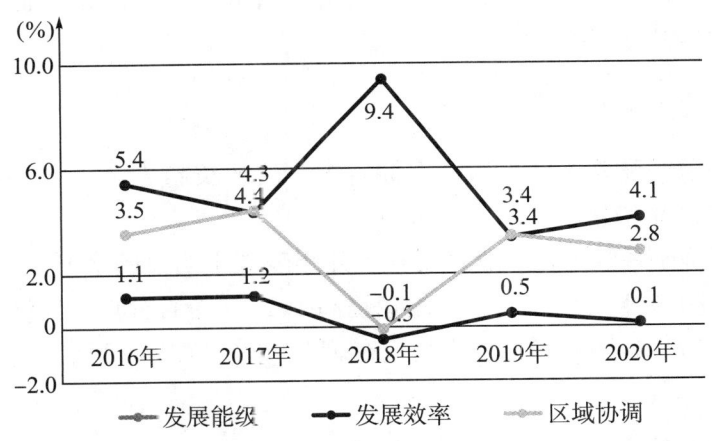

图10　2016—2020年成渝地区双城经济圈发展综合质效子系统指数增速

2. 基础设施子系统受疫情影响明显

基础设施建设本身具有建设周期长、收效相对缓慢的特征，整体增速相对较低，2016—2020年年均增长2.2%，且呈现出阶段性下降态势。

在基础设施子系统中，铁路设施在2017年后表现得比较平稳，各年变动较小。航空设施在2016—2018年呈现平稳提升态势，在2020年增速明显回落（如图11所示）。

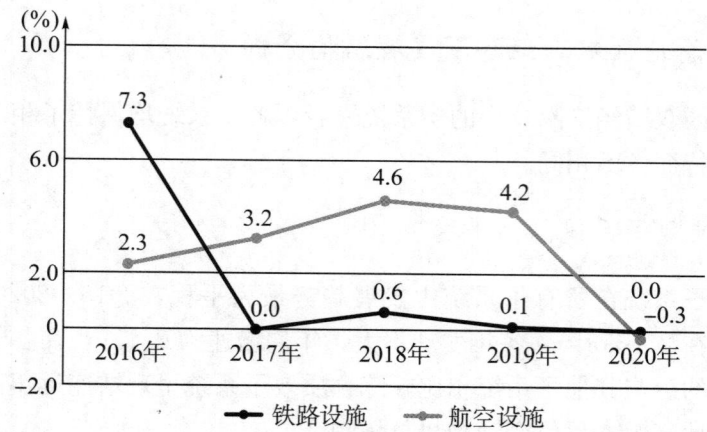

图 11　2016—2020 年成渝地区双城经济圈发展基础设施子系统指数增速

铁路设施二级指标中,铁路网总规模各年均有增长,但增速在 2017 年后明显回落,铁路网总规模保持稳定。20 万以上人口城市铁路覆盖率在各年没有变动。总体来看,铁路设施二级指标基本稳定。

航空设施二级指标中,机场群旅客吞吐量在 2019 年以前保持相对平稳的增长态势,受新冠肺炎疫情影响,区域间人员流通明显减少,民航运量减少,2020 年增速出现明显回落,为－0.3％。航空货运受疫情影响较小,2016—2018 年呈现稳步上升态势,2019 年增速小幅回落。在疫情期间由于抗疫物资运输要求,2020 年增速再次出现提升（如图 12 所示）。

3. 现代经济子系统先抑后扬

现代经济子系统总体呈现出"先抑后扬"的增长趋势,2016—2019 年,增速总体放缓,2020 年增速明显回升,达到 9.7％。

在现代经济子系统中,产业发展在近几年表现出明显的上升态势,由 2018 年增长 5.5％到 2020 年增长 15.8％,增速提高了 10.3 个百分点。经济结构指标增长比较平稳,2016—2020 年增速基本稳定在 1％～3％（如图 12 所示）。

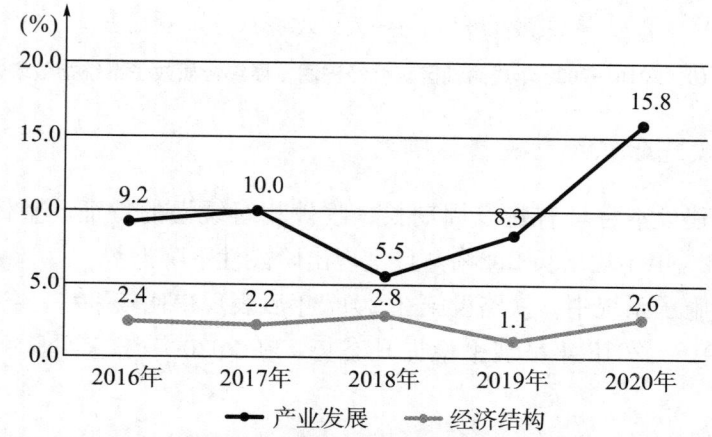

图 12　2016—2020 年成渝地区双城经济圈发展现代经济子系统指数增速

产业发展二级指标中，金融机构人民币贷款余额、限额以上企业通过互联网实现的商品零售额占比、文化产业增加值三项指标均稳步提高。但从增速上看，各指标差异较大。经济结构二级指标中，除制造业增加值占地区生产总值的比重呈现逐年下降态势，战略性新兴制造业增加值占工业增加值的比重、规模以上服务业营业收入两项指标均持续提高。

4. 科技创新子系统保持提升

科技创新子系统前期波动比较大，后期呈现平稳发展态势，且增速在近两年略有提升，在2017年达到最高点7.0%以后，回落至4.7%，2020年提升至5.1%。

科技创新子系统中，创新投入表现出与科技创新子系统相同的发展趋势，同样是前期波动较大，后期趋于平稳。创新成效增长趋势比较平稳，2016—2020年增速保持在4%~6%的区间（如图13所示）。

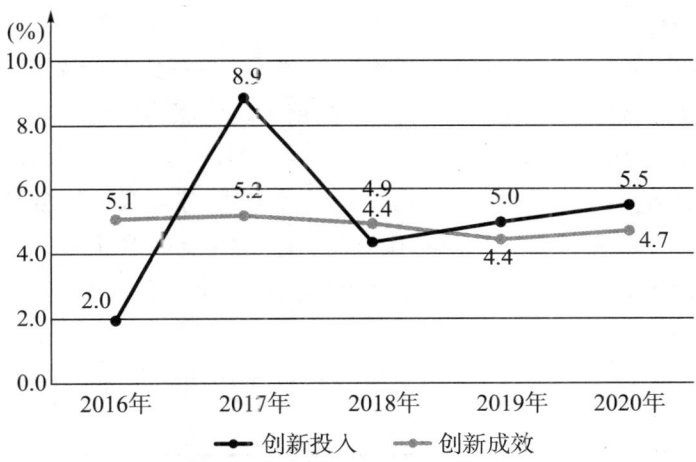

图13 2016—2020年成渝地区双城经济圈发展科技创新子系统指数增速

创新投入二级指标中，除研发投入指标在2018年略有下降，其他指标均逐年上升，保持了较好的发展势头。创新成效二级指标中，科技进步贡献率和万人发明专利拥有量同样保持了稳定的提高。

5. 改革开放子系统整体上升

改革开放子系统整体呈上升态势，2016—2018年，增速由1.4%提升至5%，在2019年由上年的增长5.0%回落至2.1%，之后在2020年又回升至增长6.8%。

改革开放子系统中，对外开放增长变动相对明显，2016年增速最低时下降3.8%，2018年增速达到最高值6.3%，2020年增长4.3%，2016—2020年年均增长1.1%，在所有二级指标中增长相对较慢。市场主体增长较为平稳，2016—2020年增速基本保持在4%~9%的区间内，且总体增长较快，年均增速达到6.7%（如图14所示）。

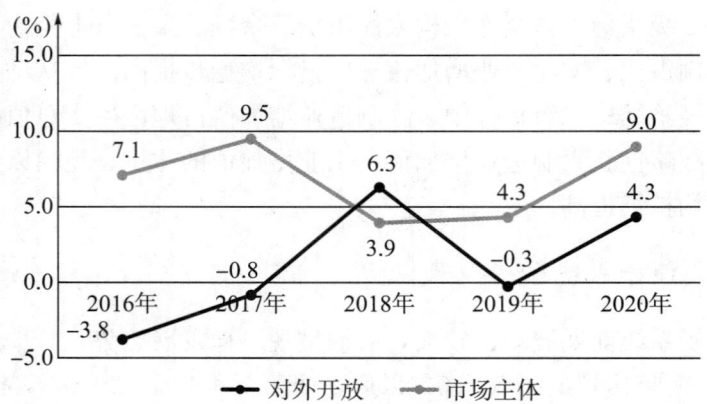

图 14　2016—2020 年成渝地区双城经济圈发展改革开放子系统指数增速

6. 生态宜居子系统平稳增长

生态宜居整体处于平稳增长态势中，2016—2020 年，增速变动保持在 2%～4%，波动幅度仅为 1.4 个百分点，年均增长 2.7%，在所有子系统中增长偏慢。

生态宜居子系统中，生态环保和公共服务增速均在前期有所提升，而在后期出现回落。其中，生态环保二级指标由 2016 年增长 1.9%提升至 2018 年增长 3.6%，提高了 1.7 个百分点，2020 年回落至 2.6%。公共服务二级指标波动更为明显，由 2016 年增长 3.1%回落至 2017 年的 1.6%，在 2018 年提升至 3.6%，2020 年再次出现回落，增速为 2.3%，但整体波动幅度较小（如图 15 所示）。

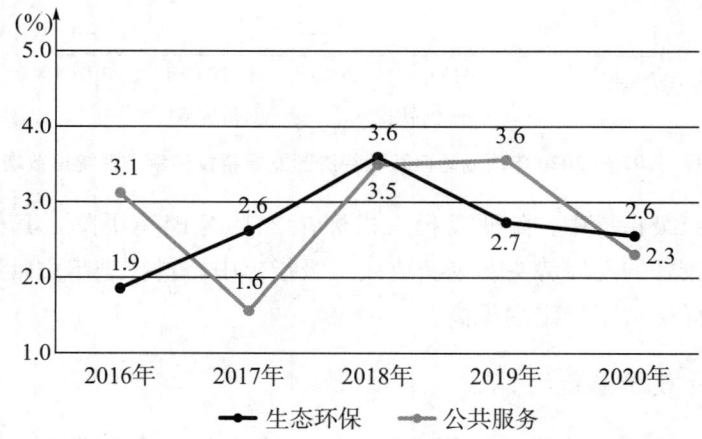

图 15　2016—2020 年成渝地区双城经济圈发展生态宜居子系统指数增速

（三）成渝地区双城经济圈发展区域分析

1. 双核地区经济拉动明显

2015—2020年成渝地区双城经济圈地区生产总值占全国的比重稳步提升，从2015年的5.89%提高到2020年的6.51%，提高了0.62个百分点，平均每年提高0.12个百分点。

分区域看，四川部分的占比相对较高，2020年四川省地区生产总值占全国的比重为4.25%，占成渝地区双城经济圈的比重达到65.3%；且占比稳步提高，2020年占比较2015年提高了0.38个百分点，平均每年提高0.08个百分点。重庆部分占双城经济圈的比重相对较低，占比为34.7%；从发展趋势看，重庆部分占全国的比重比亦稳步提高，由2015年的2.02%提高到2020年的2.26%，提高了0.24个百分点，年均提高0.04个百分点。

从双核地区看，在重庆部分中，主城都市区地区生产总值的占比较高，2020年占重庆部分地区生产总值的42.9%。其中，渝北区、九龙坡区、渝中区和江北区的占比最高，分别达到8.8%、6.7%、5.9%和5.8%。在四川部分中，成都市地区生产总值占四川部分地区生产总值的40.9%。

2. 双核地区人口占三成

成渝地区双城经济圈常住人口占全国的比重较为稳定，2015—2020年变化很小，变动幅度小于或等于0.11个百分点。

分区域看，四川部分同样占有较大比重，且占比高于地区生产总值的占比。2020年，四川部分常住人口占全国的比重为4.89%，占双城经济圈的比重为71.6%，高于地区生产总值占经济圈比重6.3个百分点。重庆部分常住人口占全国的比重为1.93%，占双城经济圈的比重相对较小，为28.3%。

从双核地区看，在重庆部分中，中心城区2020年常住人口占重庆部分的比重为37.3%，较2015年提高2.9个百分点。其中，渝北区、九龙坡区和沙坪坝区的占比最高，2020年分别达到7.9%、5.5%和5.3%。在四川部分中，2020年成都市常住人口占四川部分的比重为29.7%，较2015年提高了8.1个百分点。

五、政策建议

（一）发挥"双核"带头作用，促进大中小城市协调发展

重庆的支柱产业主要为汽车、摩托车、电子产品，产业多元化不足，只能局限于少数支柱产业链上的分工协作来产生关联作用，需要形成更加多元化的产业支撑

体系。对此,可以重点依靠供给侧结构性改革以及内陆开放。对成都而言,成都的产业结构偏重于服务化,生活性服务业对周边地区的带动不足,主要集中于本地化消费。生产性服务业与周边城市的结合也不够紧密,对此需要避免成都的经济结构过于服务化,要注重于服务业与周边城市实体生产相结合。此外,要着力提升双核城市周边中小城市的城市规模,如南充、绵阳、万州等地,依靠它们自身的区位优势以及产业基础,发展特色产业、主导产业,与双核城市积极进行产业对接,主动承接双核城市的产业转移。

(二)进一步完善城市群协同发展的体制机制,实现区域一体化发展

破除各种区域壁垒以及制度藩篱,完善制度创新并推行信息化建设。通过"跨区办公""一网办事"等方便快捷的工作方式,提升行业工作效率。另外,在基础设施与市场方面,要加强基础设施一体化建设,完善市场一体化开放制度,要进一步促进区域内资源、人才等要素的自由流通与优化配置,由此形成一体化的产业链、供应链与资金链,从而充分激发市场潜力,培育市场活力与市场新功能,实现真正的区域一体化发展。

(三)加强成渝经济圈科技创新协同发展

一是集聚科技创新资源,促进产业联动。利用好自身科技创新资源,在产业协作方面发挥作用。培育优势产业集群,争取国家重点项目,建设"一带一路"科创合作区以及国际科技转移中心,形成新的西部创新发展动力源。二是营造科技创新新环境,促进双创生态活跃。积极发挥公共部门的引导作用,营造优质的科技创新环境。以资助经费、税收优惠等间接经济手段支持高科技项目建设,鼓励个人、企业、大学等参与科技创新活动。三是发挥成渝两地在创新资源配置中的决定性作用,注重知识产权保护,培育公平竞争的市场环境,激发企业对创新的需求。发挥龙头企业的带头作用以及知识溢出效应,带动中小型企业创新发展,促进企业间协同发展,共建完善的产业科技创新空间微生态。

(四)积极参与"一带一路"建设,打造成渝对外开放新格局

一是南北双向共同拓展,全面与"一带一路"倡议版图接轨。向南与云南、广西等开放中转站接轨,结合成渝与东南亚国家的合作潜力,扩展南向合作对象,扩大向南开放的空间。向北则与陕西、甘肃等亚欧大陆沿线桥省市合作。其中要强调与西安建设成渝西"西部经济金三角"。二是"陆空"重点突破,加快建设国际物流大通道。以蓉欧快铁为纽带,万州港、果园港、青白江铁路等为窗口,整合成渝物流资源,加快物流通道以及港口建设。加强口岸建设,建造更多的适合航空运输的口岸,同时在海关方面推行关检合作,简化申报流程,提高申报通关效率,加强信息共享与合作。

（五）增强双核连线之间城市的联系，加强边缘城市发展，推动区域均衡发展

一是完善城市群交通网结构，以成都、重庆为主要枢纽，提高区域内其他中小型城市的交通运输能力。以高速公路、高铁等重要交通基础设施连接板块内各个城市。二是加强针对这两块区域的顶层设计，强调这两块区域在成渝城市群整体规划中的地位，对其作出有目的性、合理的重点规划，并强调区域专项发展规划。三是通过各种针对性政策的适当倾斜，包括人才、税收、产业、财政转移支付、生态补偿等政策，共同支持两大区域的发展，集中力量解决区域发展不协调等问题，进一步突破行政壁垒，积极寻求探索跨区域的合作模式，推动跨区域的各类产业园建设与发展。

（六）注重民生环境，推行绿色发展

把握好以人为本、生态优先、优化布局、创新引领的原则，以满足人民美好生活需求为核心，以自然资源综合承载力为支撑，优化空间布局，创新发展功能，转变发展方式，促进生产、生活、生态和谐进步和可持续发展，构筑山水林田湖草生命共同体的生态观、人城境业高度和谐统一的现代化城市形态。

负责人：陈　阳（重庆市统计局）
成　员：车茂娟（四川省统计局）
　　　　　周作昂（四川省统计局）
　　　　　丁　娟（四川省统计局）
　　　　　李仕文（重庆市统计局）
　　　　　陈　才（重庆市统计局）
　　　　　娄　瑶（重庆市统计局）
　　　　　唐　甜（重庆市统计局）

成渝地区双核经济辐射能力研究

2020年1月，习近平总书记在中央财经委员会第六次会议上指出，推动成渝地区双城经济圈建设，有利于在西部形成高质量发展的重要增长极，打造内陆开放战略高地。成渝地区双城经济圈建设上升到前所未有的战略高度，这是成渝地区前所未有的发展机遇。在成渝地区双城经济圈建设进程中，四川和重庆能否唱好"双城记"，担当起"西部高质量发展的重要增长极，内陆开放战略高地"的重要角色，全面增强成渝双核经济辐射能力和带动效应是关键所在。

本文以城市经济辐射理论为指导，根据成渝和周边地区经济社会发展实际，构建经济辐射能力评价体系。在此基础上，运用经济辐射测算模型就成渝双核对"两翼"[①]和周边都市圈的经济辐射强度、范围进行测度，从空间上和时间上综合分析成渝双核经济辐射的模式特征和效应特征，并提出提升成渝双核经济辐射能力的对策建议，旨在以加快区域一体化发展为战略落脚点，充分实现成渝两核的功能分工、优势互补与有机合作，形成1+1＞2的协同效应，把握成渝地区双城经济圈发展潜力，找准推进成渝地区双城经济圈建设的突破口，培育高质量发展的新动能。

一、经济辐射能力评价体系构建

（一）研究对象与范围

1. 双核范围的明确

根据发展规划，同时从经济总量、人口数量、城镇化率等方面考虑发展能级匹配问题，本文将成都极核区域范围确定为成都、德阳、眉山、资阳四市，将重庆极核区域范围确定为重庆市的中心城区及涪陵、綦江、大足、长寿、江津、合川、永

---

① 《四川省国民经济和社会发展第十四个五年规划和二〇三五年远景目标纲要》明确构建"一轴两翼三带"区域经济布局，其中"一轴"指成渝发展主轴，即成都、重庆极核；"两翼"指成渝地区双城经济圈南翼和北翼，即川南渝西地区、川东北渝东北地区，川南地区主要由泸州、宜宾、内江和自贡组成，川东北地区主要由南充、达州、广安、广元、巴中组成；"三带"指成德绵眉乐雅广攀经济发展带、成遂南达经济发展带、攀乐宜泸经济发展带。

川、南川、璧山、铜梁、潼南、荣昌主城 21 区,并将成渝双核作为一个整体,总面积 6.2 万平方千米,2020 年常住人口 5078 万,地区生产总值 41594.7 亿元,分别占成渝地区双城经济圈的 29.9%、51.5%、62.7%(见表1)。

表1 成渝双核范围界定

	土地面积 (万平方千米)	常住人口 (万人)	地区生产总值 (亿元)	城镇化率 (%)
成都市中心城区	0.3	1541.9	14511.3	88.0
成德眉资	3.3	2965.8	22352.0	70.3
重庆市中心城区	0.5	1034.3	9822.09	92.6
重庆市主城都市区	2.9	2112.2	19242.7	78.6

2. 周边都市圈范围的划定

国内外大量研究表明,距离过远的两个城市间不存在经济辐射,一般而言,两地距离超过 600 千米或公路通行时间超过 8 小时就不存在经济辐射。基于此,本文在与成渝地区邻近省份的都市圈——西安都市圈、武汉都市圈、长沙都市圈、贵阳都市圈、昆明都市圈及南宁都市圈中,通过 Arcmap 软件选取直线距离在 600 千米以内的都市圈作为研究对象,范围如下(见表2):

表2 成渝地区周边都市圈范围界定

都市圈名称	中心城市	都市圈内其他城市
贵阳都市圈	贵阳市	安顺市、黔南布依族苗族自治州、毕节市、遵义市、黔东南苗族侗族自治州
西安都市圈	西安市	铜川市、宝鸡市、商洛市、渭南市、咸阳市
昆明都市圈	昆明市	楚雄彝族自治州、曲靖市、玉溪市、红河哈尼族彝族自治州

(二)经济辐射能力测算模型

中心城市对周边地区的经济辐射原理类似于物理学中的辐射现象,就是来自辐射源(中心城市)的辐射流(客流、物流、资金流、信息流、技术流等)在辐射动力(相关促进经济发展的政策等)的作用下,经过辐射通道(交通通道、信息通道等)到达辐射接收地(周边地区)(如图1所示)。

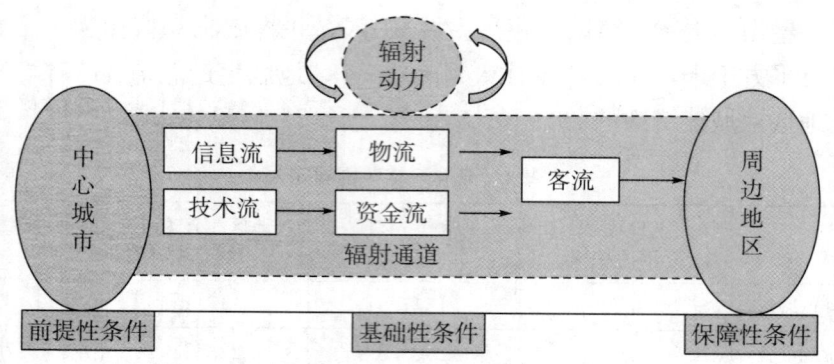

图 1　中心城市经济辐射原理模型

1. 引力模型

该模型认为两个城市间相互作用力的大小与城市人口规模成正比,与城市间距离成反比。计算公式如下:

$$I_{ij} = b \frac{(W_i P_i)(W_j P_j)}{D_{ij}} \quad \text{式}(1)$$

其中,I_{ij} 为两城市间相互作用力,b 为测量距离摩擦的指数,W_i 为由经验确定的权重,P_i 为城市人口规模,D_{ij} 为城市间距离。

2. 断裂点模型

该模型认为两个城市间的相互吸引力是遵循雷利法则的,而且两个城市间存在一个相互影响的力的分界点,在这个点上两个城市的辐射力达到平衡。计算公式如下:

$$d_{ij} = D_{ij}/(1+\sqrt{F_j/F_i}) \quad \text{式}(2)$$

其中,d_{ij} 为辐射范围,D_{ij} 为城市间距离,F_i 和 F_j 为城市规模。

通过断裂点的计算,可以得到城市的辐射范围,进而分析中心城市的经济辐射面积大小。

3. 威尔逊模型

该理论认为空间之间的相互作用取决于空间距离、区域规模以及资源的连通性等。计算公式如下:

$$T_{ij} = KO_i O_j \exp(-\beta D_{ij}) \quad \text{式}(3)$$

其中,T_{ij} 为辐射强度,K 为归一化因子,O_i 和 O_j 为城市规模,$\exp(-\beta D_{ij})$ 为相互作用核,β 为衰减因子,决定了区域影响力衰减速度的快慢,β 的数值越大则衰减速度越快,D_{ij} 为城市间距离。

在三大传统模型中,用于测算辐射强度的主要是引力模型和威尔逊模型。与威尔逊模型相比,引力模型存在以下不足:一是基于牛顿万有引力原理的引力模型公式仅适用于三维及三维以上的空间，在二维空间中不适用。而两个城市可以看作平面上的两个点，那么城市间的相互作用模型即为二维空间模型；二是引力模型仅考虑了城市规模和城市间距离对辐射强度的影响，未考虑物质间流动要素的影响；三是引力模型在测算辐射强度的时候，认为辐射强度在两城市间的扩散是均匀的，未考虑到辐射强度的衰减因素。综合考虑，本文选择威尔逊模型计算城市辐射强度。

4. 模型的改进

一是城市规模的改进。在传统的辐射强度模型中，城市规模指标主要是选取常住人口数或地区生产总值，但一个地区的经济影响力不仅受当地的人口数量和经济总量影响，还与产业结构、经济效益等各方面因素相关。因此，本文根据中心城市经济辐射原理，将测算得出的辐射能力指数用于替代城市规模，从而进一步进行辐射强度的计算。

二是城市距离的改进。两城市间吸引力的大小取决于要素流动的便捷性，三种模型均将城市间距离作为测度辐射强度的重要因素，但单纯的物理距离或地理距离在衡量城市间物质交换时具有一定的局限性，并不能很好地反映物质交换的实际时间长短，因为区域间人和物的流动并不单纯取决于地理距离的长度，更与通行与通信的便捷度有关。因此，为更加准确地衡量辐射强度，使用基于通达性（即考虑通行时间）的修正距离来代替传统的地理距离，具体公式如下：

$$D_{ij} = K(aD_{ij1} + bD_{ij2} + cD_{ij3}) \qquad 式(4)$$

其中，D_{ij} 为修正后的城市间距离，D_{ij1}、D_{ij2}、D_{ij3} 分别为两地之间公路、铁路、航空方式下的交通距离，a、b、c 分别为不同交通方式的使用权重。

（三）评价体系构建

根据全面性、代表性、科学性以及可获取性原则，结合经济辐射的概念、内涵和理论基础，从辐射源、辐射通道、辐射流三个维度，构建了包含四个层次17指标的经济辐射能力评价体系（见表3）。

表3 经济辐射能力评价体系

目标层	准则层	要素层	指标层
辐射能力	辐射源	经济规模	地区生产总值
			常住人口
			财政收入
			金融机构人民币贷款余额

续表3

目标层	准则层	要素层	指标层
		经济质量	人均地区生产总值
			非农产业比重
			城镇化率
			城镇居民人均可支配收入
			农村居民人均可支配收入
		社会发展	研发经费投入强度
			义务教育阶段师生比
			每千人医疗卫生机构床位数
	辐射通道		公路里程数
			铁路营业里程数
			航空里程数
	辐射流		社会消费品零售总额
			进出口总额

（四）权重的确定

本文使用功效系数法对资料进行无量纲化处理。同时，为综合反映经济原理和社会发展的实际情况，在采用主成分分析法进行客观赋权的基础上引入主观赋权，使用德尔菲法对客观赋权权重作进一步调整，确定最终权重（见表4）。

表4 经济辐射能力评价体系权重

准则层	原始权重	调整权重	要素层	原始权重	调整权重	指标层	原始权重	调整权重
辐射源	0.71	0.60	经济规模	0.30	0.20	地区生产总值	0.08	0.05
						常住人口	0.07	0.05
						财政收入	0.08	0.05
						金融机构人民币存贷款余额	0.07	0.05
			经济质量	0.27	0.20	人均地区生产总值	0.06	0.05
						非农产业比重	0.05	0.05
						城镇化率	0.06	0.05
						城镇居民人均可支配收入	0.05	0.025
						农村居民人均可支配收入	0.05	0.025
			社会发展	0.14	0.20	研发经费投入强度	0.05	0.08
						义务教育阶段师生比	0.05	0.06
						每千人医疗卫生机构床位数	0.04	0.06

续表4

准则层	原始权重	调整权重	要素层	原始权重	调整权重	指标层	原始权重	调整权重
辐射通道	0.14	0.20				公路里程数	0.05	0.07
						铁路营业里程数	0.05	0.07
						航空里程数	0.04	0.06
辐射流	0.15	0.20				社会消费品零售总额	0.08	0.10
						进出口总额	0.07	0.10

（五）指数的测算

在得到每个指标的得分和权重后，通过对各项指标个体得分加权平均计算出综合得分值（见表5、表6）。

表5　2019年成渝双核及周边都市圈经济辐射能力指数

地区	辐射源	辐射通道	辐射流	总指数
成渝双核	96.71	91.78	100.00	95.51
贵阳都市圈	67.69	85.61	62.25	68.42
西安都市圈	77.21	79.20	71.92	76.83
昆明都市圈	75.13	81.83	66.66	73.52

表6　2019年成渝地区"一轴两翼"经济辐射能力指数

地区	辐射源	辐射通道	辐射流	总指数
成渝双核	96.71	91.78	100.00	95.51
南翼	63.45	60.00	60.10	60.20
北翼	69.01	84.73	63.29	66.17

二、经济辐射能力的比较研究

（一）经济辐射指数对比分析

1. 成渝双核辐射能力最强

在经济辐射能力综合指数中，成渝双核的辐射能力最强，西安都市圈次之，昆明都市圈排第三，贵阳都市圈辐射能力最弱。

从辐射源、辐射通道和辐射流三个维度看，成渝双核在三个领域均处于遥遥领先地位；贵阳都市圈在辐射通道方面处于相对领先地位，得益于贵州近十年来致力于交通改善，但在辐射源和辐射流方面处于明显的劣势；西安都市圈在辐射源和辐射流方面处于相对领先地位，辐射通道处于中游位置；昆明都市圈在三个领域的表现均不突出（如图2、图3所示）。

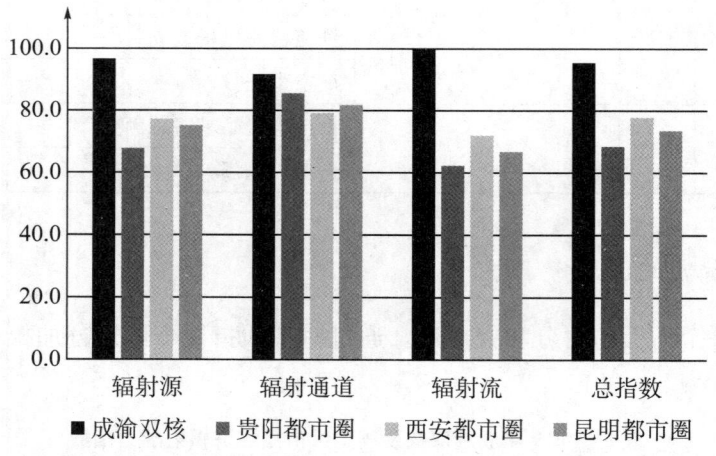

图 2　2019 年成渝双核及周边都市圈经济辐射能力指数

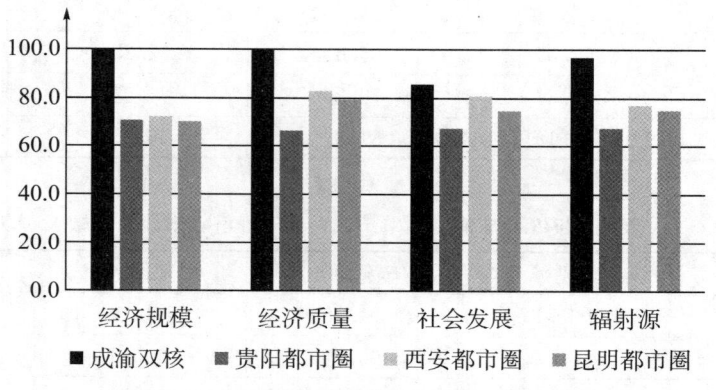

图 3　2019 年成渝双核及周边都市圈辐射源指数

从辐射源内部结构看，成渝双核在经济规模、经济质量和社会发展三方面独占鳌头；西安都市圈比较均衡，处于中游位置；贵阳都市圈、昆明都市圈均不理想，特别是贵阳都市圈在经济质量和社会发展两方面处于明显的劣势。

2. 较南翼优势更为明显

从成渝地区"一轴两翼"经济辐射能力指数的对比情况来看，作为成渝地区双城经济圈的发展主轴，成渝双核经济实力雄厚，经济辐射能力明显高于南翼和北翼。成渝双核的经济辐射能力总指数为 95.51，分别较南翼和北翼高 35.31 和 29.34，相对于南翼的优势更为明显。

从辐射源、辐射通道和辐射流三个维度来看，表现情况不尽相同。辐射源的情况与总指数基本一致，成渝双核的辐射源指数分别较南翼和北翼高 33.26 和

27.70。其中,成渝双核的经济规模指数分别较南翼和北翼高 40.00 和 33.04,主要是因为现代服务业特别是金融业的发展主要布局在成渝双核,金融机构人民币贷款余额成为成渝双核与"两翼"的主要差距所在。成渝双核的经济质量指数分别较南翼和北翼高 39.61 和 25.36,主要是因为成渝双核的经济发展水平和产业结构明显优于"两翼"。成渝双核的社会发展指数分别较南翼和北翼高 14.60 和 11.40,主要是因为具有高附加值的战略性新兴产业和高技术产业主要集中在成渝双核,研发投入强度是主要的差异之处。

辐射通道方面,成渝双核相较于北翼的优势不明显,其中辐射通道指数分别较南翼和北翼高 31.78 和 7.05。

辐射流方面,成渝双核在消费和对外开放两方面具有明显的优势,辐射流指数分别较南翼和北翼高 39.90 和 36.71(如图 4、图 5 所示)。

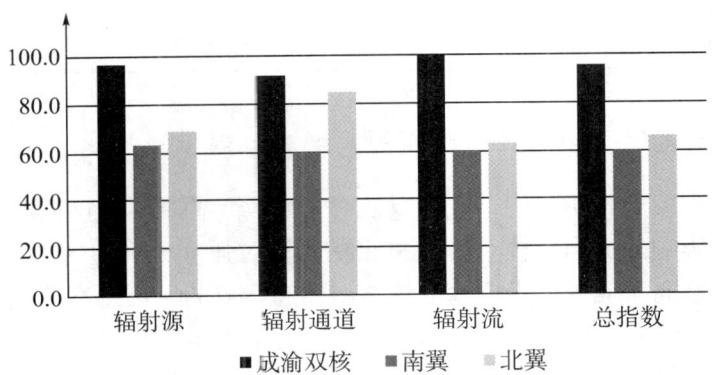

图 4　2019 年成渝地区"一轴两翼"经济辐射能力指数

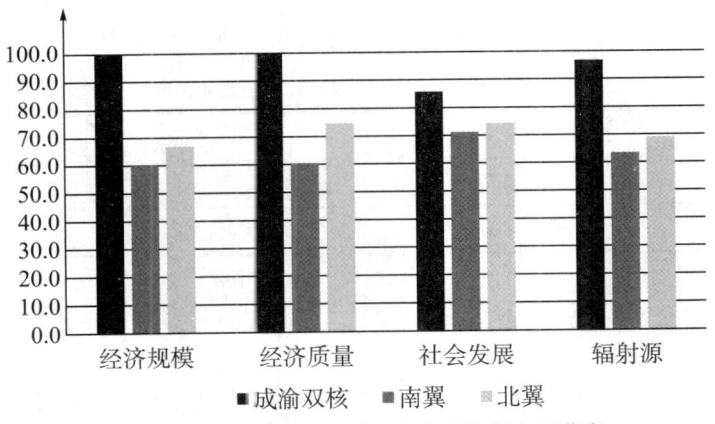

图 5　2019 年成渝地区"一轴两翼"辐射源指数

(二)经济辐射强度对比分析

1. 对周边都市圈辐射强度与城市距离成反比

成渝双核对周边都市圈的辐射强度主要与城市距离成反比,与城市规模不存在明显联系。成渝双核对周边都市圈的辐射强度由高到低排列分别为贵阳都市圈、西安都市圈和昆明都市圈，辐射强度分别为3219、1804和1453，在数量级上存在较大差异，分别是2.22∶1.24∶1.00。成渝双核与昆明都市圈、西安都市圈、贵阳都市圈的城市距离分别为817千米、727千米和367千米，距离比为2.23∶1.98∶1.00，与辐射强度比值较为接近（见表7）。由此可见，当两个都市圈具有较远距离且城市规模量级相差不大时，城市距离间的差异成为影响辐射强度的重要因素。随着距离的增加，辐射强度逐渐衰减，城市规模间的差异影响相对较小，说明中心城市对于周边的经济辐射强度限制在一定的区域范围内，超出这个范围后就很难产生影响。

表7 成渝双核对周边都市圈的辐射强度

地区	总指数	距离（千米）	辐射强度
贵阳都市圈	68.42	367	3219
西安都市圈	76.83	727	1804
昆明都市圈	73.52	817	1453

2. 对"两翼"辐射强度与城市距离和城市规模成反比

与周边都市圈的影响不同，成渝双核对"两翼"的辐射强度同时受到城市距离和城市规模的影响。成渝双核对南翼和北翼的辐射强度分别为3582和3402，对南翼的辐射强度略高于北翼。而成渝双核与南翼和北翼的城市距离分别为245千米和321千米，南翼和北翼的经济辐射能力总指数分别为60.20和66.17，两者均与辐射强度成反比（见表8）。说明在距离中心城市较近的范围内，辐射强度随距离增加的衰减程度相对较小，城市规模间的差异成为影响辐射强度的重要因素。边缘区域与中心城市的城市规模水平差距越大，受到中心城市经济辐射的强度越大。

表8 成渝双核对"两翼"的辐射强度

地区	总指数	距离（千米）	辐射强度
南翼	60.20	245	3582
北翼	66.17	321	3402

3. 对"两翼"辐射强度差距不大

从距离来看，由于两者在地理位置上分别位于成渝双核主轴的两翼，距离上不存在较大的差距，受到成渝双核的辐射强度较为接近。

（三）经济辐射范围对比分析

1. 对周边都市圈的辐射范围基本处于距离的中点

成渝双核与贵阳都市圈、西安都市圈和昆明都市圈在城市规模上的差异不大，比值为 1.40∶1.00∶1.12∶1.07，表现在辐射距离占比上的差距较小。成渝双核对贵阳都市圈、西安都市圈和昆明都市圈辐射范围占两地距离的比重分别为54.16%、52.72%和53.27%，基本处于两个城市距离的中点附近（见表9）。说明在两个城市规模相差不大的情况下，中心城市对于周边的经济辐射面积难以超过两个城市间的距离中心。

表 9 成渝双核对周边都市圈的辐射范围

地区	总指数	距离（千米）	辐射范围（千米）	辐射距离占比（%）
贵阳都市圈	68.42	367	199	54.16
西安都市圈	76.83	727	383	52.72
昆明都市圈	73.52	817	435	53.27

2. 对"两翼"辐射范围差距不大

与对"两翼"辐射强度的情况相似，成渝双核与南翼和北翼的城市规模差距相近，表现在辐射距离占比上的差距也比较接近，分别为55.74%和54.57%（见表10）。成渝双核对"两翼"的辐射距离占比均超过50%，说明成渝双核对"两翼"的辐射具有较高的影响力，但其尚未产生明显的带动作用，以后的发展要着重于成渝双核与"两翼"的联动发展新格局。

表 10 成渝双核对"两翼"的辐射范围

地区	总指数	距离（千米）	辐射范围（千米）	辐射距离占比（%）
南翼	60.20	245	137	55.74
北翼	66.17	321	175	54.57

三、经济辐射模式及效应研究

（一）经济辐射模式分析

在经济辐射模式的研究上，主要采取两个维度交叉进行。首先，以辐射强度为第一维度，将辐射强度在3000以上的辐射区域（辐射范围在200千米以内）作为核心辐射区域，将辐射强度在3000以下的辐射区域（辐射范围在200～400千米）作为外围辐射区域。其次，以辐射范围为第二维度，在核心辐射区域内，将成渝地区辖区内的区域（"两翼"，辐射范围小于180千米）作为内辐射区域，将成渝地区以外的区域（辐射范围在180～200千米）作为外辐射区域。

1. 中心辐射模式

中心辐射模式是以大中城市为中心向周边地区推开,主要包括向心极化和辐射扩散两个方面。

"两翼"属于核心辐射区域中的内辐射区域。成渝双核对"两翼"的经济辐射模式以中心辐射模式为主。从辐射方向来看,成渝双核对南翼和北翼的辐射强度均在3000以上,且辐射距离占比均超过50%,说明成渝双核对"两翼"的经济辐射以扩散辐射为主。

从经济辐射能力评价体系的各维度来看,成渝双核对南翼的影响主要集中在辐射源方面,辐射强度达到3823。其中,经济质量方面的辐射强度为3800,主要是因为两者在经济质量方面势能差距较大,产生了较强的辐射动力;社会发展方面次之,辐射强度为3762;经济规模方面稍嫌不足,辐射强度为3138。辐射流和辐射通道方面的辐射强度相对较小,分别为3749和3472(见表11)。

成渝双核对北翼的影响与南翼相似,辐射源方面产生的影响最为明显,辐射强度为3593。其中,经济质量、社会发展和经济规模方面的辐射强度分别为4018、3605和2932。辐射流和辐射通道方面的辐射强度相对较小,分别为3420和3344(见表11)。

表11 内辐射区域各维度的辐射强度

区域	辐射源	经济规模	经济质量	社会发展	辐射通道	辐射流
南翼	3823	3138	3800	3762	3472	3749
北翼	3593	2932	4018	3605	3344	3420

2. 协同发展模式

协同发展模式是两个城市规模接近的城市,由于经济联结较强以及距离较近,形成较强的辐射强度,但不存在明显的单方向传递,以协同发展为主。

贵阳都市圈属于核心辐射区域中的外辐射区域。贵阳都市圈与成渝双核间的城市规模差距不大,且距离较近,在400千米以内。由于地理位置、历史渊源、生活方式等方面的共同因素,贵阳都市圈与成渝双核间存在较强的经济联结,成渝双核对贵阳都市圈的经济辐射强度为3219,具有良好的协同发展基础。

成渝双核与贵阳都市圈的协同发展具有"南向通道"等基础设施条件的重要支撑。从经济辐射能力评价体系的各维度来看,辐射通道方面产生的影响最大,辐射强度为3926;辐射源方面产生的影响次之,辐射强度为3225;辐射流方面产生的影响最小,辐射强度为3010。其中,经济质量、社会发展和经济规模方面的辐射强度分别为3489、3277和2852(见表12)。

表12 外辐射区域各维度的辐射强度

区域	辐射源	经济规模	经济质量	社会发展	辐射通道	辐射流
贵阳都市圈	3225	2852	3489	3277	3926	3010

3. 梯度推进模式

梯度推进模式是中心城市的经济辐射在较近范围内辐射强度较大，而随着距离的增加，辐射强度明显衰减，呈梯度性推进的特征。

西安都市圈和昆明都市圈属于外围辐射区域。成渝双核对这两个区域的辐射强度明显减弱，对其辐射强度分别为1804和1453，均不足2000，分别相当于南翼和北翼辐射强度的50.37%和42.71%，说明成渝双核对周边区域的辐射是先经过了成渝辖区内区域（南翼和北翼），再逐步向外延伸，经历了梯度式的转移和变化。

从经济辐射能力评价体系的各维度来看，成渝双核对西安都市圈的影响主要集中于辐射流方面，辐射强度为1892；辐射源方面产生的影响次之，辐射强度为1816；辐射通道方面产生的影响最小，辐射强度为1774。其中，经济质量、社会发展和经济规模方面的辐射强度分别为2039、1779和1705（见表13）。

成渝双核对昆明都市圈的辐射强度相对于西安都市圈更低，影响主要集中于辐射源方面，辐射强度为1579；辐射通道方面产生的影响次之，辐射强度为1454；辐射流方面产生的影响最小，辐射强度为1379。其中，经济质量、社会发展和经济规模方面的辐射强度分别为1643、1455和1329（见表13）。

表13 外辐射区域各维度的辐射强度

区域	辐射源	经济规模	经济质量	社会发展	辐射通道	辐射流
西安都市圈	1816	1705	2039	1779	1774	1892
昆明都市圈	1579	1329	1643	1455	1454	1379

（二）经济辐射效应分析

经济辐射效应包含极化效应和扩散效应，而这两种效应主要是针对一个区域内部的中心城市与边缘城市间的互动关系，因此本文的研究对象为成渝地区双城经济圈的双核发展主轴对南翼和北翼的辐射效应。

区域经济差异的计算是判断中心城市对周边城市辐射效应阶段的基础。关于计算区域经济差异的指标，传统上主要是使用人均地区生产总值，但由于仅使用人均地区生产总值，对于经济辐射的反映不够全面，本文使用前期研究中测度城市经济辐射能力的综合指数进行测算。通过计算2011—2019年成渝双核、南翼和北翼的经济辐射能力综合指数，以及各子系统的指数，测算观察成渝双核分别与南翼和北翼指数的比值，反映成渝双核与"两翼"的经济差异程度。

1. 总辐射效应分析

（1）南翼总辐射效应分析

从成渝双核与南翼经济辐射能力总指数的比值变化情况可以看出，2011—2019年，两个区域间的经济差异整体上呈现逐步扩大的趋势，即成渝双核对南翼的经济辐射表现为极化效应。

从总指数比值的变动趋势来看，虽然整体上呈扩大趋势，但从变动的斜率上看，表现出阶段性的变动特征。第一个阶段是2011—2015年，区域间的经济差异呈现明显的扩大趋势，斜率较大，表明极化效应在不断加强，区域间的互动处于起飞期；第二个阶段是2016—2019年，虽然区域间的经济差异仍在逐渐扩大，但斜率明显变小，表明扩散效应开始显现，虽然还没有超过极化效应，但开始呈现向成熟期逐步过渡的趋势。

（2）北翼总辐射效应分析

与南翼的情况相似，成渝双核对北翼的经济辐射同样表现为极化效应。

分阶段来看，成渝双核对北翼的经济辐射与南翼的表现相似。第一个阶段同样是2011—2015年，区域间的经济差异明显，斜率较大，极化效应不断加强，第二个阶段同样是2016—2019年，区域间的经济差异有所放缓，扩散效应逐步显现（如图6所示）。

2011—2019年，成渝双核与南翼的总指数比值增加了0.20，成渝双核与北翼的总指数比值增加了0.17，南翼的总指数比值增长幅度高于北翼，表明成渝双核对南翼的极化效应更为明显（如图6所示）。

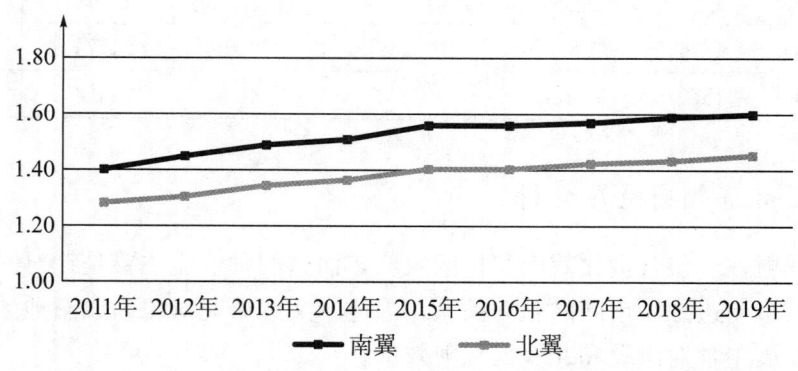

图6 2011—2019年成渝双核与"两翼"经济辐射能力总指数比值

2. 子系统辐射效应分析

从经济辐射能力评价体系的子系统来看，其辐射效应与总指数既有相似面，也有不同。

(1) 辐射源子系统辐射效应分析

辐射源子系统的辐射效应与总指数的情况相似，2011—2019 年，成渝双核与"两翼"间的经济差异整体上均呈现不断扩大的趋势，表明成渝双核与这两个区域间的辐射源子系统的互动同样处于极化效应阶段。

分区域来看，成渝双核与"两翼"间的经济差异变动程度均小于总指数，其中，2011—2019 年，成渝双核与南翼的辐射源指数比值增加了 0.13，而总指数增加了 0.20；成渝双核与北翼的辐射源指数比值增加了 0.12，而总指数增加了 0.17，表明在辐射源方面的极化效应均不及总指数明显，且成渝双核对南翼的极化效应较北翼更为明显（如图 7 所示）。

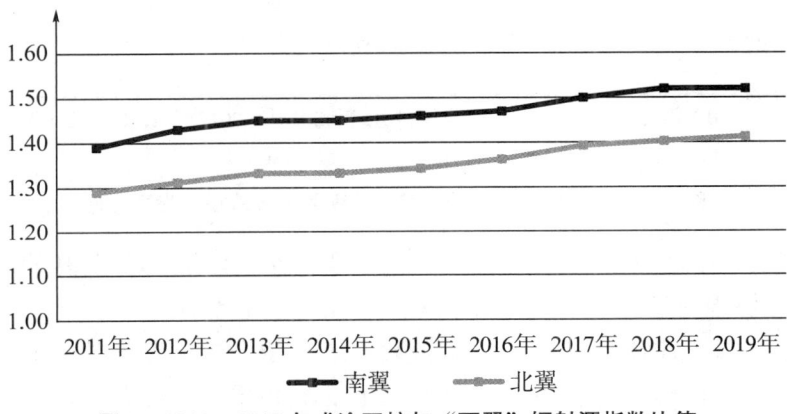

图 7 2011—2019 年成渝双核与"两翼"辐射源指数比值

从辐射源内部结构来看，经济规模方面，成渝双核与"两翼"间经济差异均呈现明显的扩大趋势。其中，2011—2019 年，成渝双核与南翼的经济规模指数增加了 0.30，是辐射源指数比值增加幅度的两倍多；成渝双核与北翼的经济规模指数增加了 0.23，是辐射源指数比值增加幅度的近两倍，表明在经济规模方面生产要素呈加速状态向成渝双核集聚，且成渝双核对南翼的经济辐射表现出更明显的极化效应（如图 8 所示）。

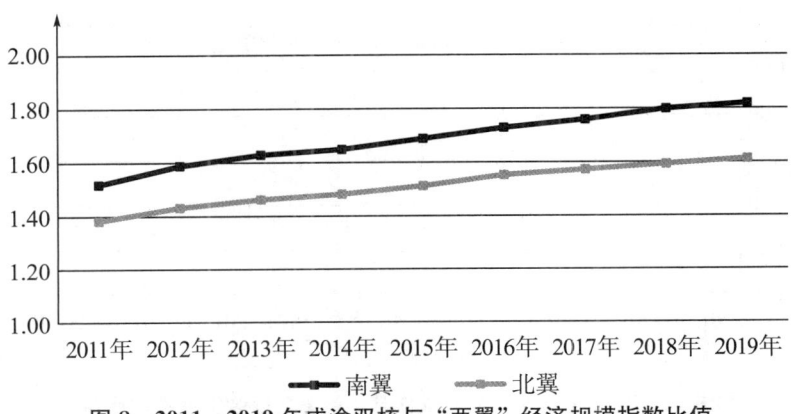

图 8 2011—2019 年成渝双核与"两翼"经济规模指数比值

经济质量方面,成渝双核对"两翼"的辐射效应不同于其他方面的表现,区域间的经济差异均呈现明显的缩小趋势,表明成渝双核对南翼和北翼的扩散效应开始超过极化效应,其经济辐射表现为扩散效应。其中,2011—2019年,成渝双核与南翼的经济质量指数下降了0.13,成渝双核与北翼的经济质量指数下降了0.10,南翼的经济质量指数比值下降幅度高于北翼,表明成渝双核对南翼的扩散效应更为明显(如图9所示)。

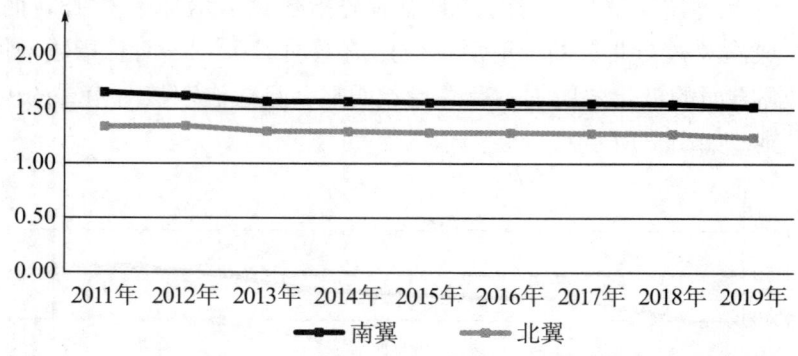

图9　2011—2019年成渝双核与"两翼"经济质量指数比值

社会发展方面,成渝双核与"两翼"间的经济差异呈波动上升的趋势,其对"两翼"的经济辐射表现均以极化效应为主。从变动趋势来看,分为三个阶段。第一个阶段是2011—2013年,社会发展指数比值不断上升,极化效应显现;第二个阶段是2013—2016年,社会发展指数比值呈下降并缓慢上升趋势,扩散效应逐步显现,但影响微弱;第三个阶段是2016—2019年,社会发展指数比值再次呈明显的上升趋势,极化效应大于扩散效应,社会发展要素仍向成渝双核集聚。分区域来看,2011—2019年,成渝双核与南翼的社会发展指数比值增加了0.20,成渝双核与北翼的社会发展指数比值增加了0.19,均高于辐射源指数比值增长幅度,且成渝双核对南翼的极化效应更为明显(如图10所示)。

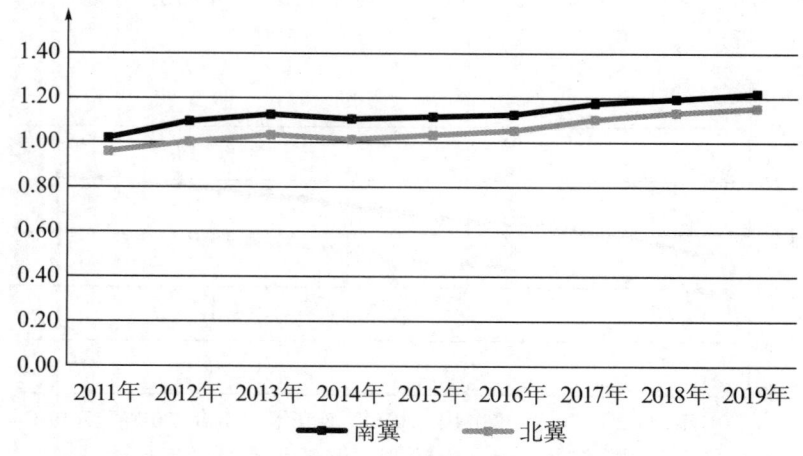

图10　2011—2019年成渝双核与"两翼"社会发展指数比值

(2) 辐射通道子系统辐射效应分析

从成渝双核与"两翼"的辐射通道指数比值变化情况来看，区域间的经济差异表现较为稳定，未呈缩小趋势，也无明显的扩大趋势，即成渝双核对"两翼"在辐射通道子系统方面不存在明显的辐射效应，主要是因为交通基础设施建设推进速度比较平稳，不会出现明显的大幅度变动（如图11所示）。

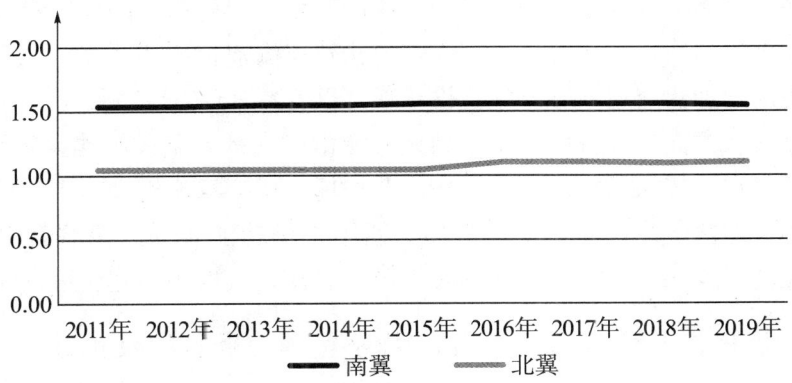

图11 2011—2019年成渝双核与"两翼"辐射通道指数比值

(3) 辐射流子系统辐射效应分析

从成渝双核与"两翼"的辐射流指数比值变化情况来看，区域间的经济差异呈明显扩大的趋势，即成渝双核对"两翼"的经济辐射表现均为极化效应。从变动斜率来看，可分为三个阶段。第一个阶段是2011—2015年，辐射流指数比值持续增长，极化效应明显；第二个阶段是2015—2017年，辐射流指数比值出现下降，扩散效应有所显现，但作用微弱；第三个阶段是2017—2019年，辐射流指数再次快速上升，极化效应仍大于扩散效应。

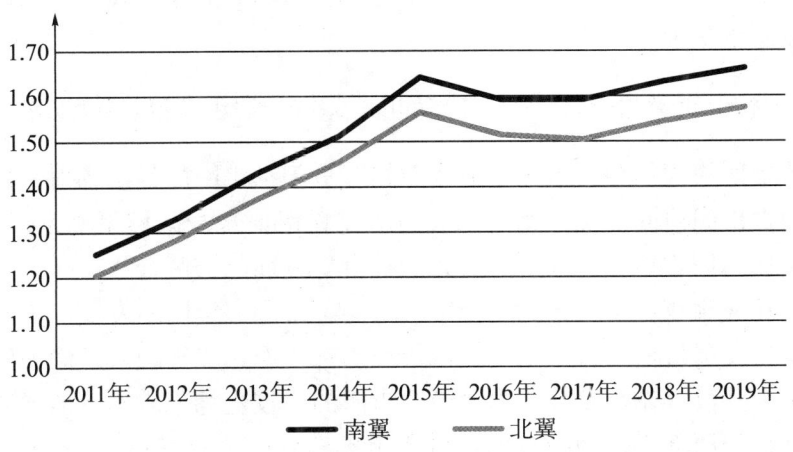

图12 2011—2019年成渝双核与"两翼"辐射流指数比值

四、政策建议

(一) 完善交通基础设施建设,提高成渝双核综合辐射能力

由经济辐射能力综合指数结果可知,成渝双核在辐射通道的横向对比中优势并不突出。要推进川渝一体化发展,首先需要构建成渝双核与"两翼"地区的交通一体化网络格局,加快交通基础设施建设步伐。

在陆路互联方面,加快成渝中线高铁等城市群内部基础设施建设,尽快形成1小时通勤圈。在空运布局方面,以重庆江北机场、成都双流机场、天府机场等枢纽机场为基础,加快干线机场、支线机场、通用机场功能布局。在航运协同协作方面,共同推进嘉陵江、涪江、渠江等高等级航道建设,加快实施航运枢纽工程。

(二) 优化产业集群培育互补,充分发挥成渝双核极化效应

由经济辐射效应的分析可知,"两翼"的经济发展资源仍集中流向成渝双核,这为利用产业集群充分发挥成渝双核的极化效应提供了条件。

川东北渝东北方面,合力打造智能制造、电子信息、能源化工新材料等制造产业集群;推进现代服务业联动发展,建设一批专业物流园区;打造粮油、畜禽、茶叶、中药材等特色农产品加工产业集群。成渝中部方面,推进文化与旅游、科技、生态等深度融合;打造成渝绿色农产品加工配送基地;发展壮大交通装备产业集群和电子信息配套产业集群;创新打造整车制造及零部件配套、新制式轨道交通、油气化工、口腔装备材料、生物医药及大健康产业集群发展。川南渝西方面,集聚食品饮料、能源化工、节能环保等产业;推进生物医药产业集聚发展;共同打造页岩气勘探开发示范基地。

(三) 提升开放合作水平,带动川贵渝都市圈"抱团"发展

由经济辐射模式的分析可知,成渝双核对贵阳都市圈的经济辐射是协同发展模式。川贵渝都市圈协同发展,就要求成渝双核在保证自身区域平衡发展的前提下,积极主动争取与周边地区的经济、文化、社会等方面的跨区合作。

一是构建成渝双城金融走廊,带动川贵渝都市圈"抱团"发展。贵阳都市圈应借助这一历史发展机遇,主动牵手成都、重庆都市圈,积极融入成渝地区双城经济圈。二是扩大开放合作,发挥川贵渝各都市圈的比较优势。成渝两地联通贵阳加快建设互联互通的西部交通网络体系,打造川贵渝旅游"金三角";成渝双核承担川贵渝都市圈协调发展的核心带动作用,在促进三地良性经济辐射效应中担起责任。

（四）提升自身核心竞争力，强化对外围区域的辐射能力

一是增强两地未来发展后劲，提升科技创新协同发展水平。夯实西部科学城建设，打造成渝科创走廊；推动两江新区、天府新区、东部新区创新主体之间形成联盟，打造成渝创新生态圈；整合吸引科技资源，争取国家级研究院或其分院入驻成渝；协同共建技术转移服务平台，将研究成果进行有效转化。二是提升周边地区的经济实力，形成良性对外辐射层次。完善周边地区的基础设施建设和配套公共服务体系；成渝双核较近的地区充分利用地理空间优势，积极承接成渝双核的产业转移，结合区域特色提升自身的产业发展实力。

负责人：车茂娟（四川省统计局）
成　员：薛　健（重庆市统计局）
　　　　陈　阳（重庆市统计局）
　　　　陈　才（重庆市统计局）
　　　　周作昂（四川省统计局）
　　　　丁　娟（四川省统计局）
　　　　兰　想（四川省统计局）
　　　　贺　嘉（四川省统计局）
　　　　安江丽（四川省统计局）

成渝地区双城经济圈协同创新能力提升研究

2020年1月3日，中央财经委员会第六次会议将成渝地区双城经济圈建设上升为国家战略。2021年10月20日，中共中央、国务院印发《成渝地区双城经济圈建设规划纲要》，明确提出建设具有全国影响力的科技创新中心，强调要提升协同创新能力。在此背景下，按照规划纲要的目标及时摸清成渝地区科技创新家底，研究成渝科技创新资源区域分布特点，及时发现问题和短板，探索协同创新能力提升路径，具有较强的现实意义。因此，本文紧紧围绕《成渝地区双城经济圈建设规划纲要》相关论述，以明确目标、厘清现状、寻找差距、提出建议为主线开展研究，力求为提升成渝地区协同创新能力提供参考。

一、相关概念及内涵、文献综述及理论基础

（一）相关概念及内涵

本文以《成渝地区双城经济圈建设规划纲要》为基础开展研究，深刻领会其精神实质，明确其新概念新提法是研究的前提。该规划纲要提出要提升协同创新能力，要强化创新链产业链协同、推动区域协同创新，同时提出要促进双圈互动、两翼协同、突出双城引领。为更好地开展研究，有必要对相关关键词的内涵和边界进行界定。

1. "协同创新"相关概念及内涵

按照《成渝地区双城经济圈建设规划纲要》相关论述，"协同创新"包括"创新链产业链协同"和"区域协同创新"两个维度。

"创新链产业链协同"中的"创新链"是基础研究到产业化的过程集合，是产业链现代化的动力之源，"产业链"是生产过程的集合，是创新价值得以实现的抓手。"创新链产业链"可分为"要素整合""研发创造""商品化"等主要环节。其中要素整合环节主要是调动人员、资金、设备等创新要素，本文拟用"科技创新平台""科技创新主体""R&D经费投入""研发人员"等指标衡量；研发创造环节

指在要素整合的基础上发现新知识、形成新技术以及其他科研成果的过程，本文拟用"基础研究和应用研究投入""专利申请数""万人有效发明专利数"等指标来衡量；商品化环节指将上一环节的科研成果与其他生产要素相结合，打造成具有价值的商品并在市场上推广的过程，这一环节主要由企业主体牵头开展，本文拟用企业研发投入及成果相关指标来衡量。

"创新链产业链协同"是指以企业为主体，以满足产业发展需求为导向，以产学研用深度融合为路径，以鼓励有条件的企业组建研究院和创新联合体、支持高校科研机构与企业共建联合实验室和技术中心、共同开展科研项目为抓手而实现的创新链与产业链的协同。可用"R&D经费外部支出""研发项目开展形式"，以及企业创新调查中的"合作创新企业占比""产学研合作创新企业占比""共同完成科研项目、共建研发机构、派员到企业兼职、委托外单位研发等产学研合作模式"等指标来衡量，由于可获取的数据有限，本文拟选取"R&D经费外部支出"对创新链与产业链的协同进行简略分析。

"区域协同创新"指区域间广泛开展合作，《成渝地区双城经济圈建设规划纲要》强调通过联合开展技术攻关、共同参与重大科技任务、联合申报重大项目、共建共用科技创新平台、共同打造一体化技术交易市场等形式实现区域协同。学术界通常用空间集聚效应和溢出效应来反映区域协同，本文将计算莫兰指数从集聚效应角度来量化成渝地区双城经济圈科技创新协同现状。

2. 成渝地区双城经济圈地域概念及边界

《成渝地区双城经济圈建设规划纲要》对成渝地区的地域范围进行了明确界定，即包括重庆市的中心城区及万州、涪陵、綦江、大足、黔江、长寿、江津、合川、永川、南川、璧山、铜梁、潼南、荣昌、梁平、丰都、垫江、忠县等27个区（县）以及开州、云阳的部分地区，四川省的成都、自贡、泸州、德阳、绵阳（除平武县、北川县）、遂宁、内江、乐山、南充、眉山、宜宾、广安、达州（除万源市）、雅安（除天全县、宝兴县）、资阳等15个市，考虑到数据的可获取性，本文将成渝地区双城经济圈（下文简称"成渝地区"）范围界定为上述重庆29个区县全域以及四川省15个地市全域，共涉及44个地市（区县）；其中重庆辖区内的29个区县为"重庆部分"，四川辖区内的15个地市为"四川部分"；成都市和重庆中心城区（包括渝中、大渡口、江北、沙坪坝、九龙坡、南岸、北碚、渝北、巴南）为"双核"。

（二）文献综述

本文的研究主线是成渝地区创新链产业链协同和区域协同，因此本文对专家学者在这些领域的研究成果进行了梳理和学习。

创新链产业链协同发展现状方面：重庆生产力促进中心曾琼对重庆市和成都市科研人员、科研经费、创新主体等科技创新资源分别从总量、行业、类型等维度进行了对比分析。成都市统计局对成都市和重庆市R&D（研究与试验发展）经费投入规模及强度、科研人才、科研成果、综合性国家科学中心等科技创新资源进行了对比分析，总结出两地科技创新存在基础研究投入不够、成果转移转化动力不足、创新链和产业链尚未融合等问题，并参考京津冀经验提出发挥源头创新的支点作用、深化产学研用的耦合效应、布局双城产业聚势成链、催生新兴产业的集群动能等对策建议。

成渝区域协同创新方面：一些研究机构加入空间距离参数，结合地理信息系统，对成渝两地经济和科技聚集性、协同性进行了分析，并提出产业发展及科技创新空间规划。综合开发研究院综合考虑人口数量、地区生产总值和城市间距离三个因素，根据引力模型计算成渝经济联系强度，通过统计分析、模型计算、利用ArcGIS软件进行空间分析等手段，计算出成都和重庆对外经济联系的主要地区，在地图上直观展示出成德绵、成渝科创主轴带、沿江城市群三条城市带，并以此为基础提出建设"工"字型科技创新走廊构想。

总体看，已有研究成果为本文的研究提供了思路和方向。但以往研究多以重庆市、成都市、四川省为对象对科技创新资源和成果进行总体对比分析，对成渝地区双城经济圈各区县和地市的研究较少，本文拟在这方面进行尝试和探索，以弥补以往研究的不足。

（三）理论基础

1. 协同发展理论

协同发展理论于1976年由物理学家赫尔曼·哈肯（Hermann Haken）提出，该理论主要用于研究系统中的竞争与合作，已被广泛应用于城市群规划学科。该理论提出在一定地缘关系和特定空间范围内，通过促进区域内多种资源或多个主体互相协调，使其在竞争的同时互相合作，形成高效耦合的内生机制，可以实现要素有效流动、资源优化配置、系统互惠，达到整体发展绩效大于个体发展绩效之和的状态，共同完成区域发展目标，实现各主体的共赢发展和区域繁荣。

成渝地区建设具有全国影响力的科技创新中心涉及四川省和重庆市两个行政区域，要取得良好的建设成效，两个行政区域必须突破现有体制机制下各自为政、互相竞争的状态，唯有以协同发展理论为基础强化合作，才能顺利完成国家科技创新中心建设的使命和任务。

2. 空间相互作用理论

空间相互作用理论由海格特（P. Haggett）于1972年提出，该理论主要用于研究人口流动、物质流动以及信息交流等因素对不同空间产生的影响，以及城市区域经济、城镇空间布局等规划领域。该理论提出空间相互作用产生的基本条件是互补性和可达性，互补性是两个空间产生相互作用的前提条件，互补性越强，空间之间的联系越紧密；可达性主要受空间距离的影响，空间距离越近，空间之间的联系越密切，可达性越强。不同区域或城市间的经济水平、创新能力有所差别，各地区的产业结构调整能力与技术水平也具有较强的差异性，这种差异性是导致产业转移的关键因素。区域内城市之间若能形成良好的技术互换与交流机制，有利于产业技术的发展与扩散，辐射并吸引区域内的产业在空间内形成聚集，从而进一步提高区域创新能力。成渝地区各地市（区县）地域相邻、文化相近，科技创新资源和能力存在一定差异，产业存在一定互补，两地具备良性作用的空间和潜力。

二、成渝创新链产业链现状

（一）要素整合环节

要素整合环节主要是调动和整合平台、人员、资金、设备等创新要素，本文用"科技创新平台""科技创新主体""科技创新人才""R&D 经费投入""政府研发投入"等指标来衡量。

1. 科技创新平台

产业园和科技园、孵化平台、重点实验室是开展科技创新的基础平台。截至 2020 年，四川省拥有省级高新技术产业园区 18 个，国家级农业科技园区 11 个，国家级科技企业孵化器 41 个，省级科技企业孵化器 130 个，国家级大学科技园 5 个，省级大学科技园 14 个，国家级众创空间 76 个，省级众创空间 153 个，国家级星创天地 96 个，国家级国际科技合作基地 22 个，省级国际科技合作基地 64 个；重庆市拥有市级及以上重点实验室 182 个，国家重点实验室 10 个，市级及以上工程技术研究中心 364 个，国家级中心 10 个，新型研发机构 152 个，高端研发机构 67 个。

国家级高新区是我国实施创新驱动发展战略的前沿阵地。截至目前，成渝地区共计获批 11 个国家级高新区，占全国总量的 6.5%；其中四川部分 7 个，在整个中西部地区都具有一定的数量优势，重庆部分 4 个。

从规划面积看，四川部分国家级高新区规划面积更广。四川部分国家级高新区规划面积共计 1230 平方千米，除德阳和乐山外，四川境内其他国家级高新区规划面积均超过 100 平方千米；重庆部分规划面积共计 408 平方千米，仅为四川部分的 1/3，除重庆高新区扩容后达到 310 平方千米外，重庆境内其余 3 个国家级高新区规划面积均较小，其中荣昌和永川不足 20 平方千米（见表1）。

表1　成渝地区国家级高新区规划面积

单位：平方千米

高新区	规划面积	高新区	规划面积
四川部分		重庆部分	
合计	1230	合计	408.44
成都高新区	613	重庆高新区	310
自贡高新区	100	璧山高新区	80
泸州高新区	202	永川高新区	1.39
德阳高新区	68	荣昌高新区	17.05
绵阳高新区	105		
内江高新区	120		
乐山高新区	22		

2. 科技创新主体

统计上科技创新主体包括高等院校、科研院所、科研事业单位、规模以上工业企业、规模以上重点服务业企业和特一级建筑业企业。

四川部分科技创新主体的数量是重庆部分的两倍。2019年，成渝地区共有各类科技创新主体2.9万家，其中四川部分1.9万家，占成渝总量的66.2%；重庆部分9783家，占33.8%；分主体类型看，高等院校184所，科研院所、事业单位及其他单位911家，规模以上工业企业1.9万家，非工业企业8495家，分别占总量的0.6%、3.1%、66.9%和29.4%，企业占比超过96%。从开展研发活动的单位总量看，7199家单位开展了研发活动，其中四川部分4094家，占总量的56.9%，重庆部分3105家，占总量的43.1%（见表2）。

表2　2019年成渝地区科技创新主体及研发活动开展情况

单位：家、%

区域/指标	科技创新主体					开展研发活动的单位	
	合计	高等院校	规模以上工业企业	非工业企业	科研院所、事业单位及其他	数量	占主体总量比重
成渝地区	28936	184	19346	8495	911	7199	24.9
四川部分	19153	119	12969	5430	635	4094	21.4
♯成都市	6895	58	3642	2680	515	1629	23.6
重庆部分	9783	65	6377	3065	276	3105	31.7
♯中心城区	4007	32	1897	1973	105	1126	28.1

重庆部分研发活跃度高于四川部分10个百分点。从研发活跃度看，成渝地区科技创新主体中24.9%的单位开展了研发活动，四川部分、重庆部分分别为21.4%和31.7%，重庆部分高于四川部分10.3个百分点。

3. 科技创新人才

地区人口受教育水平代表能为科技创新活动提供人才资源的潜力，每十万人口中大专及以上学历人口数可用于反映科技创新人才资源密度，R&D人员是指从事R&D活动的人员，可反映开展研发活动投入的人力资源。

重庆市高学历人口密度更高。2020年全国第七次人口普查数据显示：四川省每10万常住人口中大专及以上学历人口为13267人，重庆市为15412人，重庆市高于四川省2145人；分地市（区县）看，成渝共计11个地市（区县）每10万常住人口中大专及以上学历人口超过全国平均水平（15467人），除成都市外全部位于重庆，其中南岸区、沙坪坝区、渝中区、江北区每10万常住人口中大专及以上人数超过3万人。

"双核"汇聚过半研发人员。2019年，成渝地区共计拥有R&D人员41.2万人，约占全国总量的5.8%，占西部地区的41.8%；其中四川部分和重庆部分分别拥有26.0万人和15.2万人，分别占总量的63.2%和36.8%。成都市、重庆中心城区分别拥有14.6万人和9.3万人，分别占总量的35.4%和22.5%，"双核"汇聚了成渝地区过半的研发人员。

4. R&D经费投入

R&D经费内部支出是各研发主体内部开展研发活动支出的经费之和，用以反映研发经费投入规模，R&D内部支出占地区生产总值的比重反映研发投入强度，R&D经费中政府资金占比反映政府对研发活动的支持力度。

成渝地区R&D经费增速快于全国。2020年，成渝地区共计投入R&D经费1543.73亿元，约占全国总量的6.3%，占比较上年提高0.5个百分点；其中四川部分和重庆部分分别投入1023.4亿元和520.3亿元，分别占成渝地区R&D经费总量的66.3%和33.7%。值得一提的是，2018年以来，四川部分研发投入年均增长20.0%，重庆部分年均增长15.5%，均远高于全国11.3%的平均增速。成渝地区R&D经费投入占全国的分量逐年提升，四川部分在成渝地区中的优势地位进一步凸显。

川渝R&D经费投入强度与全国和发达省市存在较大差距。2020年，四川省R&D经费投入强度为2.17%，重庆市R&D经费投入强度为2.11%，均低于全国2.4%的水平。与京津冀、长三角、粤港澳相关省市相比仅高于河北，与同处西部的陕西（2.42%）相比仍存较大差距（见表3）。

表3 2019—2020年全国四大增长极R&D经费及投入强度比较

区域		R&D经费		R&D经费投入强度	
		2019年	2020年	2019年	2020年
全国		22143.6	24393.1	2.23	2.40
京津冀	合计	3263.3	3446.0	3.85	3.98
	北京	2233.6	2326.6	6.31	6.44
	天津	463	485.0	3.28	3.44
	河北	566.7	634.4	1.61	1.75
长三角	合计	6727.9	7364.7	2.84	3.01
	上海	1524.6	1615.7	4.00	4.17
	江苏	2779.5	3005.9	2.79	2.93
	浙江	1669.8	1859.9	2.68	2.88
	安徽	754	883.2	2.03	2.28
粤港澳	粤港澳	3201.7	3573.1	/	3.03
	广东	3098.5	3479.9	2.88	3.14
成渝地区	合计	1287.8	1543.7	/	/
	四川	871	1055.3	1.87	2.17
	重庆	469.6	526.8	1.99	2.11

注：京津冀、长三角合计数据为各省市数据简单加总。

5. 政府研发投入

四川获取的政府研发资金总量和占比均更高。2019年，成渝地区R&D经费中375.3亿元来源于各级政府，占R&D经费总量的29.1%，这一占比高于全国8.7个百分点，低于西部2.7个百分点。四川部分共计从政府获得R&D经费314.9亿元，是重庆部分的5.2倍；四川部分R&D经费中源于政府的资金占37.3%，远高于重庆部分23.7个百分点（如图1所示）。

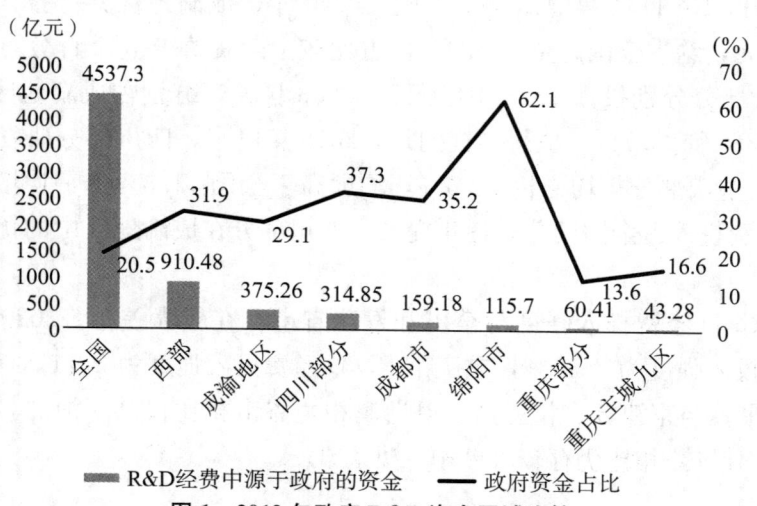

图1 2019年政府R&D资金区域比较

(二) 研发创造环节

研发创造环节指在要素整合基础上发现新知识、形成新技术或其他科研成果的过程。本文以"基础研究和应用研究投入""高等院校和科研单位发明专利授权数""有效发明专利数"等指标进行分析。

1. 基础研究和应用研究投入

四川部分基础研究、应用研究投入分别是重庆部分的2倍和3.3倍。2019年，成渝地区共计投入基础研究经费74.5亿元，约占全国总量的5.6%，占西部地区的36.7%；其中四川部分和重庆部分分别投入基础研究经费50.5亿元和24.0亿元，四川部分是重庆部分的2倍；2019年，成渝地区共计投入应用研究经费163.6亿元，约占全国总量的6.5%，占西部地区的40.8%；其中四川部分和重庆部分分别投入应用研究经费125.6亿元和38.0亿元，四川部分是重庆部分的3.3倍（见表4）。

表4 2019年成渝地区R&D经费中基础研究和应用研究对比

计量单位：亿元、%

区域		R&D经费内部支出	#基础研究	应用研究
全国		22143.6	1335.6	2498.5
西部地区		28585.3	203.0	401.0
成渝地区	总量	1287.8	74.5	163.6
	占全国的比重	5.8	5.6	6.5
	占西部的比重	45.0	36.7	40.8
四川部分	总量	843.2	50.5	125.6
	占成渝地区的比重	65.5	67.8	76.8
重庆部分	总量	444.5	24.0	38.0
	占成渝地区的比重	34.5	32.2	23.2
成都市	总量	452.5	34.1	79.8
	占成渝地区的比重	35.1	45.8	48.8
重庆中心城区	总量	261.1	21.2	27.0
	占成渝地区的比重	20.3	28.5	16.5

2. 高等院校和科研单位发明专利授权数及有效发明专利数

四川部分发明专利授权数量更多，重庆部分专利密度更大。2019年，成渝地区高等院校、科研院所及事业单位获得发明专利授权8004件，其中四川部分获得授权5263件，占65.8%，重庆部分获得授权3741件，占34.2%。成都市、重庆中心城区分别获得授权4255件和2554件,"双核"共计获得6809件,占成渝地区总量的85%。2020年,成渝地区共计3个区县万人发明专利拥有量超过30件,分别是沙坪坝、南岸和北碚,均位于重庆,另有7个地市(区县)超过14件,除成都和绵阳外均位于重庆。

(三) 商品化环节

商品化环节指将科研成果与其他生产要素相结合,形成有价值的商品并在市场上推广销售的过程,主要是企业通过对先进技术的研发掌控和更新改进并应用到产品上的过程。综合考虑数据的可获得性,本文拟用规模以上工业研发投入及成果、成果转化等指标来综合衡量商品化环节情况。

1. 企业研发投入及成果

四川部分企业获取的知识性成果效率更高,重庆部分企业获取的经济性成果效率更高。2019年,成渝地区开展了研发活动的规模以上工业数、规模以上工业企业R&D经费内部支出、规模以上工业企业专利申请数、规模以上工业企业新产品销售收入分别占全国的4.4%、5.0%、4.2%、3.9%,分别占西部的49.4%、44.9%、46.5%、47.4%;从内部结构看,四川部分上述指标分别占成渝地区总量的56.2%、52.4%、63.1%、47.8%,重庆部分上述指标分别占总量的43.8%、47.6%、36.9%、52.2%。四川部分规模以上工业企业每亿元研发经费形成专利申请77.2件,高于重庆27.6件;重庆部分规模以上工业企业新产品销售收入占营业收入的比重为20.6%,高于四川部分10.5个百分点(详见表4、表5),总体看四川部分企业获取的知识性成果效率更高,重庆部分企业获取的经济性成果效率更高。

表5　2019年成渝地区规上工业企业研发投入及成果

计量单位:家、亿元、件、%

区域		R&D活动企业数	R&D经费内部支出	专利申请数	新产品销售收入
全国		129198	13971	1059808	212060
西部地区		11545	1554.4	96141	17571
成渝地区	总量	5709	698	44717	8332
	占全国的比重	4.4	5	4.2	3.9
	占西部的比重	49.4	44.9	46.5	47.4
四川部分	总量	3206	366	28221	3982
	占成渝地区的比重	56.2	52.4	63.1	47.8
成都市	总量	974	153	15240	1575
	占成渝地区的比重	17.1	21.9	34.1	18.9

续表5

区域		R&D活动企业数	R&D经费内部支出	专利申请数	新产品销售收入
重庆部分	总量	2503	332.3	16496	4350
	占成渝地区的比重	43.8	47.6	36.9	52.2
重庆中心城区	总量	777	170.8	9636	2543
	占成渝地区的比重	13.6	24.5	21.5	30.5

重庆部分工业企业研发活跃度和投入强度远高于四川部分。2019年，成渝地区双城经济圈规模以上工业企业中开展R&D活动企业占比、R&D经费投入占营业收入的比重、新产品销售收入占营业收入的比重分别为29.5%、1.3%和13.8%，分别低于全国4.7个、0.1个和6.1个百分点；重庆部分上述指标分别为39.3%、1.6%和20.6%，分别高于四川部分14.6个、0.7个和10.5个百分点（见表6）。

表6　2019年成渝地区规模以上工业企业研发投入强度及产出效率

计量单位：%、件

区域	有R&D活动的单位占比	R&D经费占营业收入的比重	亿元研发经费形成专利申请数	新产品销售收入占营业收入的比重
全国	34.2	1.3	75.9	19.9
成渝地区	29.5	1.2	64.1	13.8
四川部分	24.7	0.9	77.2	10.1
重庆部分	39.3	1.6	49.6	20.6

2. 成果转化情况

产学研合作以及技术交易高度集中于"双核"。2019年，成渝地区各创新主体委托外单位研发形成R&D经费外部支出74亿元，占全国的4.5%、西部的41.9%；其中四川部分R&D经费外部支出49.4亿元，占成渝地区的66.8%，重庆部分R&D经费外部支出24.6亿元，占33.2%，"双核"占3/4。2019年，成渝地区输出技术交易额为1265.8亿元，占全国的5.7%、西部的37.5%；其中四川部分输出技术交易额1209.1亿元，占成渝地区的95.5%，重庆部分输出技术交易额仅56.6亿元（见表7）。

表7　2019年成渝地区R&D经费外部支出及技术交易情况

计量单位：亿元、%

区域	R&D经费外部支出	技术市场输出额
全国	1634.3	22398.4
西部地区	176.7	3375.1

续表7

区域		R&D经费外部支出	技术市场输出额
成渝地区	总量	74	1265.8
	占全国的比重	4.5	5.7
	占西部的比重	41.9	37.5
四川部分	总量	49.4	1209.1
	占成渝地区的比重	66.8	95.5
成都市	总量	31	1156.3
	占成渝地区的比重	41.8	91.4
重庆部分	总量	24.6	56.6
	占成渝地区的比重	33.2	4.5
重庆中心城区	总量	19.7	45.1
	占成渝地区的比重	26.6	3.6

（四）本章小结

总体看，四川部分和重庆部分R&D人员、R&D经费、基础研究经费、高校和科研单位获得发明专利授权数、R&D经费外部支出等指标结构约为2：1，但重庆部分政府资金、应用研究经费、技术合同交易额等指标占比远低于1/3，开展研发活动的规模以上工业企业数、规模以上工业企业研发投入总量、规模以上工业企业新产品销售收入等指标占比远高于1/3，这表明四川和重庆的科技创新存在一定程度的互补。主要体现在以下两方面：

一是四川科学研究能力更强，是重要的技术输出地。2019年四川部分获得政府资金占成渝地区的83.9%，应用研究经费占成渝地区的76.8%，技术输出额占成渝地区的95.5%。获得政府资金的单位多是高等院校、科研院所以及科研事业单位，而这些单位开展的研究多处于科技创新活动的前端，是为企业提供核心技术的关键环节。输出技术市场成交额可反映研究成果的经济价值，四川部分输出技术成交额是重庆的21倍，相比而言四川科学研究能力更强。

二是重庆企业科技创新更活跃，是重要的技术需求地。重庆部分开展R&D活动的规模以上工业企业、规模以上工业企业R&D经费、规模以上工业企业新产品销售收入占成渝地区的比重分别为43.8%、47.6%、52.2%，远高于1/3的总体水平；重庆部分规模以上工业企业中开展R&D活动的企业占比、R&D经费占营业收入的比重、新产品销售收入占营业收入的比重均远高于四川部分，相比而言重庆部分企业创新意识强烈，技术需求活跃（如图2所示）。

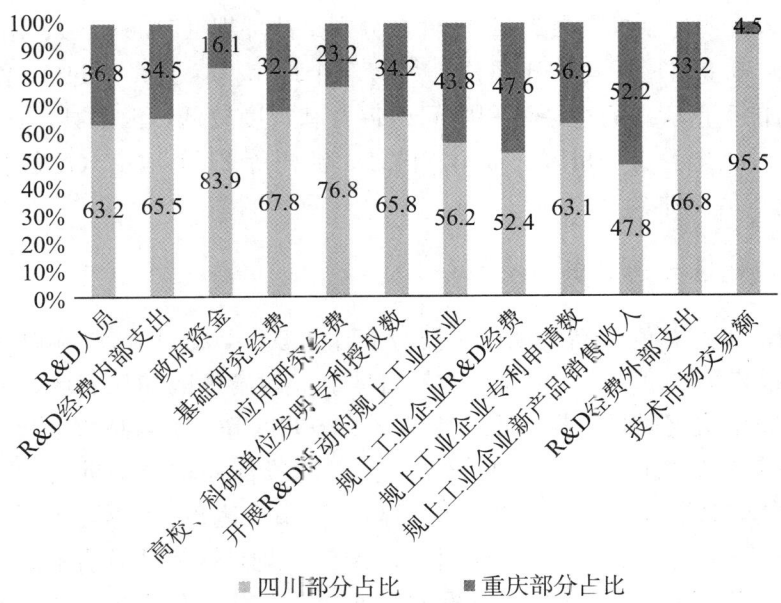

图 2 2019 年四川部分和重庆部分科技创新资源及成果对比

三、区域协同性分析

（一）成渝地区创新及产业资源空间分布

运用 Arcgis 软件对成渝地区 R&D 经费及投入强度、万人有效发明专利数、人均地区生产总值数据按照自然间断点分类，以由浅入深五种颜色在地图中分别反映各自的体量，从中可以形象地了解成渝科技创新资源、成果及经济发展空间分布特征。

1. R&D 经费及 R&D 经费投入强度的空间分布

R&D 经费投入总量较高的地区主要在四川。2020 年，成都市 R&D 经费投入高达 551.4 亿元，重庆中心城区共计投入 294.2 亿元，呈现"双核"引领态势，绵阳市 R&D 经费投入也高达 215 亿元，而中间地带例如自贡、内江、资阳、潼南、广安、达州、梁平、忠县、云阳研发投入偏低，均低于 15 亿元。

R&D 经费投入强度较高的地区主要在重庆。成渝地区共计 14 个地市（区县）R&D 经费投入强度超过全国平均水平，除绵阳、成都、德阳外，其余 11 个均位于重庆。同 R&D 经费投入总量一样，中间地带投入强度同样偏低。

2. 万人发明专利拥有量的空间分布

"双核"万人发明专利拥有量高，周边区域逐渐减少。2020 年，成渝地区共计

3个区县万人发明专利拥有量超过30件,分别是沙坪坝(51.67件)、南岸(46.01件)、北碚(30.83件),均位于重庆;另有7个地市(区县)超过14件,除成都和绵阳外均位于重庆。周边区域和中间地带专利密度较低,云阳县、达州、广安、南充、丰都县、忠县、开州区、资阳、内江、泸州等21个地市(区县)万人发明专利拥有量不足3件。

3. 人均地区生产总值的空间分布

人均地区生产总值较高的地区主要分布于重庆。2020年,成渝地区共计两个区县人均地区生产总值超过14万元,分别是重庆的渝中区和江北区;涪陵区、荣昌区、长寿区、九龙坡区、璧山区、铜梁区、渝北区等7个区县超过9万元,均属于重庆;另有9个地市(区县)超过7万元,除成都外均位于重庆。同样,远离"双核"的中间地带人均地区生产总值不高,资阳、达州、广安、南充、开州区、内江、眉山、云阳县、遂宁等9个地市(区县)人均地区生产总值不足5万元。

总体看,R&D经费投入总量及投入强度、万人发明专利拥有量、人均地区生产总值等指标均呈现双核引领态势,远离双核的区域科技创新能力和经济发展水平明显相对落后,初步判断成渝地区各地市(区县)科技和经济存在一定空间的相关性。

(二)成渝地区创新及产业空间协同性

为进一步验证前述判断,本部分将利用空间自相关模型展开研究。空间数据分析起源于20世纪60年代地理计量革命,是一种研究地理对象空间效应的数据分析技术,用来发现隐藏在数据背后的重要信息或规律。空间自相关指位置相邻区域变量取值的相关性,一般用莫兰指数I(Moran's I)来度量。空间自相关可分为全局空间自相关和局部空间自相关,用以说明数据的空间协同性。

1. 全局空间自相关分析

考察整个空间序列的空间集聚情况时,使用全局莫兰指数I(global Moran's I),考察某区域i附近的空间集聚情况,则可使用"局部莫兰指数I"(local Moran's I)。在计算莫兰指数之前,我们需要确定空间权重W_{ij},空间权重赋权方法通常有地理权重法、经济权重法和混合权重法,地理权重法又包括二进制权重法和距离权重法。本文采用二进制权重法根据地理单元之间的邻接关系来确定权重,选择Queen's标准,即如果两个城市相邻并有公共边界或公共顶点则赋予1,若不相邻则赋予0。

全局莫兰指数I(global Morran's I)表达式如下:

$$I = \frac{\sum_{i=i}^{n}\sum_{j=1}^{n}W_{ij}(x_i-\bar{x})(x_j-\bar{x})}{S^2\sum_{i=1}^{n}\sum_{j=1}^{n}W_{ij}} \qquad 式(1)$$

如果空间权重矩阵为行标准化，则 $\sum_{i=i}^{n}\sum_{j=1}^{n}W_{ij}=n$
此时莫兰指数 I 可写为：

$$I=\frac{\sum_{i=i}^{n}\sum_{j=1}^{n}W_{ij}(x_i-\bar{x})(x_j-\bar{x})}{\sum_{i=1}^{n}(x_i-\bar{x})^2} \qquad 式(2)$$

莫兰指数 I 取值一般在 −1 到 1 之间，大于 0 表示正自相关，即高值与高值相邻、低值与低值相邻；小于 0 表示负自相关，即高值与低值相邻；接近或等于 0，表示空间分布是随机的，不存在自相关。莫兰指数可视为观测值与其空间滞后的相关系数，如果将观测值与其空间滞后画成散点图，称为莫兰散点图，则莫兰指数 I 就是该散点图回归线的斜率。

计算成渝地区 2018—2020 年三要指标全局莫兰指数 I，结果显示全局指数 I 均大于零，除 R&D 经费投入外，R&D 经费投入强度、万人发明专利拥有量、人均地区生产总值均在 5% 的水平下表现显著，说明成渝地区各地市（区县）研发投入强度、科技创新成果、经济发展水平在空间分布上存在显著的正向空间相关性。

表8　成渝地区 2018—2020 年主要指标全局莫兰 I 统计表

指标	年度	全局莫兰指数 I	P 值
R&D 经费投入	2018	0.013	0.152
	2019	0.014	0.152
	2020	0.011	0.154
R&D 经费投入强度	2018	0.298	0.002
	2019	0.3	0.001
	2020	0.287	0.001
万人有效发明专利数	2018	0.529	0.001
	2019	0.513	0.001
	2020	0.508	0.001
人均地区生产总值	2019	0.493	0.001
	2020	0.331	0.001

2. 局部莫兰指数 I

为分析局部地区城市科技创新及经济发展的空间相关性，本文引入局部莫兰指数 I（local Moran's I）并值绘制地图。

局部莫兰指数 I（local Moran's I）表达式如下：

$$I_i=\frac{(x_i-\bar{x})}{S^2}\sum_{j=1}^{n}W_{ij}(x_j-\bar{x}) \qquad 式(3)$$

其中，n 表示城市的数量，i 表示城市的发展质量得分，j 表示城市的发展质量得分，S 为各城市指标的平均值，$S^2 = \dfrac{\sum_{i=1}^{n}(x_i - \bar{x})^2}{n}$ 为样本方差。

局部莫兰指数 I 的含义与全局莫兰指数 I 相似，正的 I_i 表示区域 i 的高（低）值被周围的高（低）值包围，负的 I_i 则表示区域 i 的高（低）值被周围的低（高）值包围。

计算成渝地区 2020 年 R&D 经费投入强度、万人有效发明专利量、人均地区生产总值计算局部莫兰指数，并以此为基础作聚类和异常值分析如下。

分析 R&D 经费投入强度局部莫兰指数可知，30 个地区（灰色区域）局部空间自相关系数不显著，占总量的 68.2%，除黔江区地理上未与成渝地区其他地区相邻外，其余具有聚类空间相关性的城市占整体的 29.5%。具体来看，局部高投入强度城市被高投入强度城市包围的区域共有 7 个，占总数的 15.9%，这 7 个地区均位于重庆中心城区及其周边；局部低投入强度城市被低投入强度城市包围的区域共有 5 个，占总数的 11.4%，这 5 个地区均远离"双核"，分别位于渝东北万州、梁平和忠县以及川南的内江和自贡；分布在高投入强度城市周边的低投入强度城市只有 1 个，为重庆市合川区；就研发投入强度而言，不存在高低组合的城市（如图 8 所示）。总体看，重庆中心城区高投入强度城市存在一定范围的聚集，渝东北和川南局部地区低投入强度城市存在一定的聚集性，成都市、绵阳市等自身研发投入强度较高的城市周边未形成聚集，对周边地区的辐射和溢出作用尚不明显。

分析 2020 年万人有效发明专利拥有量局部莫兰指数可知，27 个地区（灰色区域）局部空间自相关系数不显著，占总量的 61.4%，除黔江区地理上未与成渝地区其他地区相邻外，其余具有空间相关性的城市占整体的 36.4%。具体来看，局部高专利拥有城市被高专利拥有城市包围的区域共有 8 个，占总数的 18.2%，这 8 个地区均位于重庆中心城区及其周边；局部低专利拥有城市被低专利拥有城市包围的区域共有 7 个，占总数的 15.9%，这 7 个地区均远离"双核"，位于于渝东北和川北地区；分布在高专利拥有城市周边的低专利拥有城市只有 1 个，为重庆市巴南区；就万人发明专利拥有量而言，不存在高低组合的城市。总体看，重庆中心城区高专利拥有城市存在一定的聚集性，渝东北和川北地区低专利拥有城市存在一定的聚集性，成都市、绵阳市等专利拥有量较高的城市周边未形成高高聚集。

分析 2020 年人均地区生产总值局部莫兰指数可知，29 个地区（灰色区域）为局部空间自相关系数不显著的城市，占总量的 65.9%，具有聚类空间相关性的城市占整体的 31.8%。具体来看，局部高人均地区生产总值城市被高人均地区生产总值城市包围的区域共有 3 个，占总数的 6.8%，这 3 个地区均位于重庆中心城区；局部低高人均地区生产总值城市被低高人均地区生产总值城市包围的区域共有 8 个，占总数的 18.2%，这 8 个地区均远离"双核"，主要分布于渝东北、川北片区以及川南；分布在高人均地区生产总值城市周边的低人均地区生产总值城市只有 2 个；就高人均地区生产总值而言，仅成都市 1 个地区为高低组合城市。总体来看，重庆中心城区高人均地区生产总值城市存在高高和低高两类聚集，渝东北、川北、川南地区人均地区生产总值低低聚集性明显，成都市人均地区生产总值明显高于周边区域，但未对周边地区形成较强的辐射和影响力。

四、成渝地区科技创新短板

基于前述分析，发现成渝地区存在科技创新资源总量不高、基础研究投入不足、成果转化效率不高、区域协同创新格局尚未形成等短板。

（一）创新资源及成果总量不足，与发达地区相比差距较大

一方面，若将全国科技创新资源在31个省市平均分配，成渝科技创新资源占全国的比重应达到6.5%，要建设具有全国影响力的科技创新中心则应更高。2019年，除应用研究经费投入和政府研发经费投入外，成渝地区各项研发投入及成果占全国的比重均未超过6.5%，在全国的影响力不够。另一方面，成渝地区作为继京津冀、长三角和粤港澳之后的"第四极"，其研发经费投入总量仅分别为京津冀和粤港澳的40%、长三角的20%；成渝研发经费投入强度均低于全国平均水平，而前三极研发投入强度均超过3%，京津冀更是接近4%，与发达地区相比成渝地区还存在较大差距。

（二）"双核"辐射作用尚未显现，区域协同尚未形成

由前述分析得知，重庆中心城区在周边小范围内形成了一定的辐射和带动作用，但辐射范围还比较小；汇聚了大量优质科技创新资源和成果的成都市和绵阳市尚未对周边区域形成有力的辐射；渝东北和川南地区创新基础薄弱，存在"低一低"聚集现象。总体看，成渝双圈互动还不足，"双核"引领作用尚不明显。

（三）创新资源与产业资源自成体系且分布不均，创新链产业链融合存在难度

一方面，创新资源与产业资源空间分布差异增加了创新链与产业链的融合难度。2019年，成渝地区超过80%的政府研发资金、基础研究经费、发明专利和技术交易额等核心研发资源和成果聚集于成都市、重庆中心城区和绵阳市，但三地规模以上工业企业数及规模以上工业企业营业收入仅占成渝地区总量的34.1%和45.2%，科技资源与产业资源地域分布差异增加了创新链与产业链的融合难度。此外，成渝地区主导产业高度趋同、自成体系。四川和重庆制造业中排名前10的行业中有8个行业一致，以往成渝两地产业链和创新链基本在各自行政区划范围布局，自成体系下的产业趋同导致两地存在竞争关系，这制约了产业链和创新链在成渝地区的整体布局分工。

（四）成渝合作广度和深度不够，制度创新协同性有待加强

截至目前，成渝两地在创新制度协同方面进行了全面探索，但合作的广度和深度还不够。合作广度方面，"产学研用深度融合""军民融合""推动领军企业组建创新联合体"等领域的合作还不够，四川具备较强研究能力的高校、政府属科研机构、军工院所与重庆产业主体的合作还缺乏有效的促进政策。合作深度方面，成渝两地研发财政补贴、研发成果奖励、研发人才引进等方面的政策还存在一定差异，科技创新要素尚不能在成渝两地无障碍流动。

五、对策建议

中央财经委员会第六次会议召开以来，两省市建立了重庆四川党政联席会议机制和常务副省市长协调会议机制，聚焦川渝协同创新深入合作。目前，成渝已签署《进一步深化川渝科技创新合作 增强协同创新发展能力 共建具有全国影响力的科技创新中心框架协议》，以及科技资源共享、科技专家库开放共享、协同推进科技成果转化等三方面子协议，已达成共识并开展了全方位的战略合作。成渝地区双城经济圈建设开局良好，两地已形成四级工作机制、成渝定期联系机制和毗邻地区合作机制，随着规划纲要的推进和实施，成渝科技创新中心建设及协同创新能力提升必将迈上新的台阶。

建议进一步聚焦创新链产业链薄弱环节，综合考虑川渝各自特点，在借鉴京津冀、长三角、粤港澳协同创新模式经验的基础上，坚持川渝一盘棋的思维，本着整合区域资源、彰显各自特色、实现错位发展的原则，从以下方面强化创新链产业链协同。

（一）聚焦政策协同，打造良好的制度环境

协同创新能力的提升取决于创新要素的"耦合与外溢"，体制机制创新可激发更多的创新活力。建议成渝各级政府尝试逐步淡化行政区划边界限制，探索形成全面的、强有力的协同创新制度，消除创新要素自由流动的制度性障碍。

一是形成多层级的工作推进机构和机制。建议对已有联席会议制度进行拓展，根据协同创新关键领域和核心工作分别搭建工作推进专项小组、形成多层级的联席会议制度。例如，探索组建成渝地区产学研合作工作组、关键核心技术联合攻关工作组、科技成果转化及产业化工作组、科技创新政策协同性研究工作组，并形成季度联席会制度，定期梳理总结并协调解决各项重点工作推进过程中出现的问题。

二是整合资源和政策，实现资源共享、政策通兑。继续本着"优势互补、共建共享、协同创新"原则，进一步完善成渝科技创新资源共享平台，整合并互通成渝两地大型科研仪器设备、科技平台、科技成果、科技人才等资源，畅通资源流通及

共享渠道。全面梳理成渝两地科技创新相关政策，确保人才引进、成果转化、检验检测、税收优惠、科技金融、知识产权保护等方面的政策通用；探索推进成渝科技创新券互认互兑，确保企业和创新创业团队无障碍跨区域共享和兑换科技服务，有效促进两地高校院所、科技创新服务机构与企业融合。

三是探索区域协同新模式。从成渝两地具有较好基础和发展前景的产业中挑选2～3个产业，在跨省且地理相邻、具备相似产业基础的地市（区县）开展区域产业协同试点（例如可在荣昌、内江、资阳开展医药产业协同发展试点），探索打破行政区划的边界，建立统一的跨区域财税分配机制、产业鼓励机制、资源流动机制，为跨区域完善和强化产业链积累经验。

（二）聚焦创新平台建设，做大科技创新资源总量

建议联合争取增量载体和重大项目，扩大成渝地区科技创新资源总体规模。

一是联合争取国家重大基础设施。联合争取更多国家重大基础设施、前沿科创中心、重大研究机构、国内外知名高校落户成渝，联合争取引进科研实力雄厚的跨国公司到成渝设立研发中心。

二是全力推进成渝与"一带一路"沿线国家的科技创新合作。加快中国—匈牙利国际技术转移中心、中国—欧洲中心、西部国际技术转移中心建设进程。

三是联合布局产业技术中心。聚焦航天航空、汽摩、医药、信息技术、装备等成渝主导优势产业，联合争取布局建设一批高水平国家级重点实验室和国家级技术创新中心。

四是推动成渝高校和科研机构联合申报国家科技重大专项，承担更多国家科学攻关任务。

（三）强化"双核"引领，提升区域协同水平

建议本着做长长板、互补短板的原则，推动成渝地区各地市（区县）科技创新和产业发展实现整体突破。

一是进一步强化成都、绵阳以及重庆中心城区的技术溢出作用。建议成都强化前沿重大基础科学研究，绵阳强化军民融合，重庆中心城区强化应用研究及试验发展研究，为其余地区提供核心技术支持。

二是加强对次级创新带的培育。目前成渝地区创新能级差异较大，创新溢出动力和能力不足，而南翼乐山、自贡、泸州、内江、荣昌、永川均建有国家级高新区，建议统筹各地在创新链上的分工，将南翼打造为次级创新带。

三是强化创新成果在成渝地区的转化和应用。北翼创新能力弱但汇聚了大量产业主体，建议将北翼打造为成果转化的试验田，强化技术成果转化和商业化实践。

（四）聚焦创新链布局产业链，围绕产业链做强创新链

一是聚焦创新链布局产业链。动态跟踪成渝高校、科研院所和领军企业研究成果，选取发展潜力巨大且具备较强研发能力和自主核心知识产权的领域，通过"内部孵化""外部招商"等方式培育产业链，构建产业集群。

二是围绕产业链做强创新链。全面推进"产学研用"跨区域深度融合，围绕成渝两地均大力发展的电子信息、生物医药及医疗器械、汽车及零部件配套、新材料等产业，依托科研院所和高校资源，搭建高水平的科技创新综合服务平台和专项服务平台，为产业转型提供优质的产品设计、检验检测、样机加工、小试生产等研发服务。

三是推动成渝地区产业链创新链互补。根据各自优势统筹规划两地共性产业发展方向，实施差异化发展战略，避免不必要的内部竞争和资源浪费。

负责人：陈　阳（重庆市统计局）
成　员：薛　健（重庆市统计局）
　　　　舒　巧（重庆市统计局）
　　　　陈　才（重庆市统计局）
　　　　李仕文（重庆市统计局）
　　　　唐　甜（重庆市统计局）
　　　　兰　想（四川省统计局）
　　　　曾　琼（重庆生产力促进中心）

成渝地区双城经济圈公共服务共建共享路径研究

2020年1月3日，习近平总书记主持召开中央财经委员会第六次会议并发表重要讲话，强调要推动成渝地区双城经济圈建设，在西部形成高质量发展的重要增长极，使成渝地区成为具有全国影响力的重要经济中心、科技创新中心、改革开放新高地、高质量生活宜居地。会议明确指出，要唱好"双城记"、建好经济圈，成渝地区要强化公共服务共建共享。要推进成渝地区双城经济圈建设、加快要素流动，必须实现资源共享，整合成渝两地基本公共服务，实现无缝链接，提高公共服务均等化水平和便捷度，增强成渝两地居民的幸福感与获得感，避免重复建设造成浪费和同质化竞争，实现区域协调、有序、可持续发展。

实现成渝双城经济圈公共服务共建共享，是服务于成渝双城经济圈建设和国际战略实施的迫切需要和内生动力，具有深远的实践价值和战略意义。区域间公共服务的共建共享正是大势所趋，通过共建共享的方式提供公共产品或服务能大幅节约政府成本、提高服务质量。但目前对于成渝地区双城经济圈公共服务共建共享的研究还比较少。本文以成渝地区基本公共服务为研究对象，在学界已有研究成果的基础上，运用熵值法，对2020年四川省、成都市和重庆市各区县的统计年鉴数据及国民经济和社会发展统计公报进行分析，对成渝地区双城经济圈相关城市的公共服务现状进行评价，并在此基础上指出成渝地区在基本公共教育、基本医疗卫生、基本公共文化、基本劳动就业和基本社会保障等方面存在的问题，在借鉴各地公共服务共建共享宝贵经验的基础上，尝试提出提升成渝地区双城经济圈公共服务共建共享成效的建设路径，以期推动成渝地区公共服务取得实质性进展，为成渝地区双城经济圈的全面迅猛发展打下坚实的基础。

一、引言

（一）文献综述

区域公共服务的共建共享是公共服务在跨越了单个行政区域的管辖范围内建立起关联性或者共同性的关系（钱海梅，2008），是应区域一体化和政府间合作的不可逆转的趋势而作出的选择（陈瑞莲，2008）。区域公共服务的共建共享旨在实现跨行政区域内公共服务的最佳效益，服务于区域经济社会的发展，可以有效提高区域公共服务的水平。近年来，我国各地的公共服务呈区域协同化发展趋势，以京津冀都市圈、粤港澳大湾区为首的区域公共服务共建共享成效显著，为包括成渝地区双城经济圈在内的区域公共服务共建共享留下许多宝贵经验。

目前学界关于区域公共服务的测量已形成多样的研究方法和指标体系。复合系统协同度模型是测量区域公共服务有序性和协同度的重要模型，在此基础上，黄寰（2021）运用多维正态云模型对区域公共服务进行测算。基于公共服务均等化与区域经济增长的密切关系，李华、董艳玲（2020）运用计量模型设定和二次指派程序（QAP）测量了区域公共服务的影响因素。在区域公共服务对比分析方面，学界普遍采用熵值法对各城市公共服务的各项指标进行标准化处理后赋分比较。吴芸、赵新峰（2020）提出从强制程度、协同程度和整合程度三个方面考察区域公共服务共建共享的政策工具。张贵、薛伊冰（2018）则将关注点集中于更加具体的方面，将公共服务具体化为基本公共服务、基本劳动就业、基本社会保险、基本医疗卫生、基本社会服务、基本住房保障和基本公共文化七个指标进行测量。在此基础上，张润润（2021）增加了对基础设施建设的测量。

尽管目前已有较为成熟的方法对区域公共服务进行测量，但在实际公共服务共建共享过程中仍存在诸多难点。城市间的差异性无疑是阻碍区域协同发展的重要因素，城市间政策效果差异越大，则公共服务资源的供给越不均衡（王郁、赵一航，2020）。同时，基础设施的重复建设及产业同构（张紧跟，2009）、地方利益割据导致的政府间关系松散（崔龙，2011）、行政垄断与地区封锁（张明军、汪伟全，2007）等也是阻碍区域间公共服务共建共享成效的主要因素。此外，地方政府的有效合作意愿也影响着区域公共服务共建共享效能的提升（卢文超，2018）。

"行政区划红利"是中国区域公共服务共建共享的新引擎（赵丹，2018），区域公共服务共建共享需从供给和需求两个角度出发，健全公共服务机制，最大限度地发挥行政协同效应（张贵、薛伊冰，2018），进而推动实现老有所养、住有所居、病有所医。我国在推动区域公共服务的共建共享方面已有许多有益探索。健全公共服务体系是区域公共服务共建共享的基础（张振，2021），要根据地区发展战略目标加强公共服务顶层设计并完善相关配套设施建设（杨建，2020）。构建公共服务多元主体框架是区域公共服务共建共享的基本思路，要完善区域公共服务的多主体、多维度联合供给（田旭，2020）。财政实力是根本保障，需保障经济原动力，优化地方财政支出结构（许莉、万春，2020）。而由经济拉动的高质量公共服务供给，能有效提高共享经济发展的积极性，推动公共服务进一步创新（胡锦璐，2021）。技术是区域公共服务共建共享的活力与支柱，在"共建共享"的社会格局下，要通过大数据技术构建智慧城市，以实现智能化服务与管理（张广利、濮敏雅，2020）。

综上所述，学术界关于区域公共服务共建共享已有丰硕的研究成果，学者们运用多样的公共服务测量指标体系对区域公共服务的差异进行了分析，并积极探索促进区域公共服务一体化发展的路径，呈现出强烈的问题意识与学术关怀。不足之处在于：一是成渝地区双城经济圈作为西部重要的增长极，学界对其公共服务共建共享的路径研究较少；二是已有的成渝地区双城经济圈公共服务共建共享的研究大多集中于理论建构和规范解读，所采用的研究方法比较单薄；三是在成渝地区双城经济圈公共服务一体化建设进程中，缺乏较为全面和整体的观点。这些不足是本文力求突破之处。

（二）研究方法

1. 研究区域与指标选取

2021年10月20日，中共中央、国务院印发了《成渝地区双城经济圈建设规划纲要》，明确成渝地区双城经济圈的范围包括重庆市的中心城区及万州、涪陵、綦江、大足、黔江、长寿、江津、合川、永川、南川、璧山、铜梁、潼南、荣昌、梁平、丰都、垫江、忠县等27个区（县）和开州、云阳的部分地区，以及四川省的成都、自贡、泸州、德阳、绵阳（除平武县、北川县）、遂宁、内江、乐山、南充、眉山、宜宾、广安、达州（除万源市）、雅安（除天全县、宝兴县）、资阳等15个市，总面积18.5万平方千米。

《国家基本公共服务标准》（2021年版）将基本公共服务标准定义为幼有所育、学有所教、劳有所得、病有所医、老有所养、住有所居、弱有所扶、优军服务保障和文体服务保障九个方面。本文遵循层次性、科学性和可操作性原则，结合已有研究，将公共服务供给分为基本公共教育、基本医疗卫生、基本公共文化、基本劳动就业和基本社会保障5个一级指标和13个二级指标。完整的指标体系见表1。

表1中的所有数据均来源于2020年的《四川统计年鉴》《成都统计年鉴》和重庆市各区县的统计年鉴，以及各区县2019年国民经济和社会发展统计公报中关于2019年基本公共服务相关情况的记载。

表1 成渝地区双城经济圈基本公共服务水平评价指标体系

一级指标	二级指标	单位	性质
基本公共教育	普通小学生师比	%	负向指标
	普通中学生师比	%	负向指标
	每万名学生拥有的学校数	个/万人	正向指标
	人均教育经费	元/万人	正向指标
基本医疗卫生	每万人拥有的卫生机构数	个/万人	正向指标
	每万人拥有的卫生人员数	个/万人	正向指标

续表1

一级指标	二级指标	单位	性质
基本公共文化	每万人拥有博物馆的数量	个/万人	正向指标
	人均拥有公共图书馆的藏书数量	本	正向指标
基本劳动就业	城镇登记失业率	%	负向指标
	失业保险覆盖率	%	正向指标
基本社会保障	城镇养老保险覆盖率	%	正向指标
	基本医疗保险参保率	%	正向指标
	人均住房面积	平方米	正向指标

2. 研究方法选择

关于综合指标的测量，国内学者主要从定量方面入手，使用的方法主要包含TOPSIS法、层次分析法、探索性因子分析法及熵值法，可谓各有千秋。TOPSIS法的基本原理是通过检测评价对象与最优解、最劣解的距离来进行排序，若评价对象最靠近最优解同时又最远离最劣解，则为最好；否则不为最优。其中最优解的各指标值都达到各评价指标的最优值，最劣解的各指标值都达到各评价指标的最差值。层次分析法是定性与定量相结合的方法，是对难以完全定量的复杂系统作出决策的模型和方法。层次分析法不仅适用于存在不确定性和主观信息的情况，还允许以合乎逻辑的方式运用经验、洞察力和直觉。该方法能在对复杂决策问题的本质、影响因素及其内在关系等进行深入研究的基础上，利用较少的定量信息使决策的思维过程数学化，从而为多目标、多准则或无结构特性的复杂决策问题提供简便的决策。探索性因子分析的基本思想是根据相关性大小把原始变量分组，使得同组内的变量之间相关性较高，而不同组的变量间的相关性则较低。对于所研究的某一具体问题，原始变量可以分解成两部分之和的形式，一部分是少数几个不可测的所谓公共因子的线性函数，另一部分是与公共因子无关的特殊因子。熵值法则用来判断某个指标的离散程度，离散程度越大，该指标对综合评价的影响越大。可根据各项指标的变异程度，利用信息熵工具，计算出各个指标的权重，为多指标综合评价提供依据。熵值法的优点在于它是一种客观赋权法，可以根据指标提供的信息量来得到较为客观的指标权重，可避免人为因素带来的偏差，运用这种方法能很好地反映指标对于综合评价体系的影响程度。熵值法也存在一定的局限性，其对数据的依赖性很强，数据一旦发生改变，指标的权重也会随之而变，容易忽视指标本身的重要程度，而本文的数据全部来源于官方发布的统计年鉴的数据，数据真实有效，可以很好地克服此缺点。

综上，本文拟采用熵值法进行计算。

二、成渝地区双城经济圈公共服务共建共享推进情况

（一）基本公共教育趋于公平

一是经济圈内教育资源不断丰富。2019年，成渝地区双城经济圈共有普通中学4738所，相比2018年增加了42所；共有普通小学专任教师360166人，相比2018年增加了2579人。二是区域间生师比保持均衡。经济圈内重庆部分和四川部分的普通小学生师比分别为16.51和16.32，普通中学生师比分别为14.8和14.64，差值均不超过0.2。三是人均教育经费差距较小。经济圈内重庆部分的人均教育经费为1794.3元，比四川部分高323.4元。

（二）医疗卫生事业成果显著

一是医疗水平发展态势良好。2019年，成渝地区双城经济圈共有卫生机构81653个，平均每市（区、县）数量超过1855个；共有卫生机构床位数735920张，各市（区、县）平均拥有1.67万张。二是每万人拥有的卫生人员数目较为平均。经济圈内重庆部分每万人拥有的卫生人员数为81.46人，四川部分为87.79人。

（三）公共文化事业蒸蒸日上

一是公共文化资源不断丰富。2019年成渝地区双城经济圈共有公共图书2065万册，比2018年增加了47万册；共有公共博物馆296座，比2018年增加了6座。二是公共文化资源分布均衡。经济圈内重庆部分每万人拥有0.035座博物馆，四川部分的对应数值为0.024，两地差距较小。

（四）劳动就业情况不断好转

一是就业形势保持平稳。2019年，成渝地区双城经济圈就业人数共有5446.8万人，比2018年增加了17.5万人。第二、三产业就业人数也大幅上升，分别增加16.1万人和47.5万人。二是登记失业率显著下降。其中重庆部分登记失业率由2018年的3.3%降至2019年的2.6%，四川部分登记失业率由2018年的3.5%降至2019年的3.3%，省内无一市的登记失业率增加。

（五）社会保障事业蓬勃发展

一是参保人数总体呈上升趋势。2019年成渝地区双城经济圈城镇职工基本养老保险参保人数较2018年增加了280.64万人；失业保险参保人数较2018年增加了87.71万人；工伤保险参保人数较2018年增加了271.44万人；生育保险参保人数较2018年增加了95.98万人。二是各地参保率都维持在较高水平。经济圈内各

地区的城镇养老保险参保率和基本医疗保险参保率均在93%以上,超过半数的城市在95%以上,区域间参保率差异不明显。

三、成渝地区双城经济圈公共服务共建共享存在的问题

(一)公共服务水平较低

依据熵值法,计算出2019年成渝地区双城经济圈的公共服务水平综合得分,发现大多数城市(区)的各项公共服务水平得分及综合得分都较低,除成都和重庆主城区"核心"城市(区)外,其余城市(区)的综合得分普遍在0.01至0.02之间波动。已有研究对成渝经济区内各项公共服务在2010—2018年的综合得分进行了测算,尽管由于所设置指标体系的不同和年份的差异,各城市(区)的公共服务综合得分与本文存在数值上的差异,但也能得到同样的结论,即除成都、重庆主城区外,其他城市(区)的公共服务水平综合得分处于相当低的水平(张润润,2021)(见表2)。

表2 2019年成渝地区双城经济圈基本公共服务水平综合得分

城市(区)	基本公共教育	基本劳动就业	基本社会保障	基本医疗卫生	基本公共文化	综合指数
渝中区	0.00537	0.05155	0.00147	0.00823	0.02766	0.09428
渝北区	0.00340	0.01282	0.00311	0.00270	0.00774	0.02977
江北区	0.00539	0.03484	0.00105	0.00624	0.01747	0.06500
沙坪坝区	0.00512	0.01936	0.00188	0.00383	0.01866	0.04886
九龙坡区	0.00373	0.01656	0.00371	0.00350	0.01535	0.04285
南岸区	0.00354	0.01818	0.00121	0.00353	0.00881	0.03525
北碚区	0.00346	0.01054	0.00305	0.00240	0.02491	0.04436
巴南区	0.00334	0.00748	0.00147	0.00194	0.01223	0.02646
大渡口区	0.00431	0.00717	0.00246	0.00266	0.02196	0.03856
涪陵区	0.00259	0.00431	0.00323	0.00132	0.01157	0.02302
大足区	0.00243	0.00253	0.00202	0.00107	0.00482	0.01287
忠县	0.00172	0.00122	0.00328	0.00140	0.00265	0.01027
垫江县	0.00230	0.00133	0.00307	0.00133	0.00565	0.01368
荣昌区	0.00555	0.00258	0.00229	0.00167	0.00299	0.01507
綦江区	0.00357	0.00362	0.00239	0.00181	0.00573	0.01714
万州区	0.00214	0.00269	0.00175	0.00097	0.00395	0.01149
黔江区	0.00498	0.00249	0.00255	0.00181	0.00911	0.02094

续表2

城市（区）	基本公共教育	基本劳动就业	基本社会保障	基本医疗卫生	基本公共文化	综合指数
长寿区	0.00395	0.00466	0.00331	0.00144	0.01097	0.02433
江津区	0.00170	0.00498	0.00204	0.00097	0.00878	0.01847
合川区	0.00152	0.00285	0.00341	0.00136	0.00326	0.01241
永川区	0.00280	0.00468	0.00268	0.00183	0.00751	0.01950
南川区	0.00278	0.00236	0.00489	0.00178	0.00575	0.01756
璧山区	0.00372	0.00577	0.00224	0.00217	0.02147	0.03537
铜梁区	0.00274	0.00483	0.00147	0.00190	0.00450	0.01544
潼南区	0.00301	0.00209	0.00147	0.00121	0.00387	0.01164
梁平区	0.00289	0.00127	0.00448	0.00113	0.00288	0.01266
丰都县	0.00319	0.00658	0.00130	0.00060	0.00579	0.01747
开州区	0.00192	0.00111	0.00373	0.00130	0.00367	0.01174
云阳县	0.00275	0.00107	0.00276	0.00133	0.00162	0.00954
成都市	0.00308	0.01362	0.00607	0.00392	0.00646	0.03317
绵阳市	0.00232	0.00392	0.00511	0.00291	0.00327	0.01753
南充市	0.00247	0.00091	0.00557	0.00295	0.00138	0.01329
泸州市	0.00291	0.00328	0.00478	0.00304	0.00272	0.01673
宜宾市	0.00348	0.00222	0.00531	0.00289	0.00206	0.01596
达州市	0.00198	0.00047	0.00467	0.00213	0.00129	0.01054
乐山市	0.00303	0.00278	0.00307	0.00278	0.00285	0.01451
德阳市	0.00159	0.00388	0.00477	0.00265	0.00320	0.01608
自贡市	0.00249	0.00199	0.00656	0.00256	0.00137	0.01498
内江市	0.00230	0.00145	0.00408	0.00237	0.00139	0.01158
资阳市	0.00213	0.00129	0.00608	0.00306	0.00083	0.01340
遂宁市	0.00252	0.00127	0.00654	0.00272	0.00166	0.01471
广安市	0.00411	0.00189	0.00692	0.00260	0.00169	0.01721
眉山市	0.00263	0.00231	0.00558	0.00232	0.00200	0.01483
雅安市	0.00264	0.00260	0.00488	0.00321	0.00617	0.01950

（二）区域间差异较大

无论是各城市（区）的公共服务综合得分还是各项子公共服务指标得分，都呈现出较大的区域差异。具体而言，成都市和重庆市主城区的基本公共服务得分遥遥领先，其余城市（区）的得分则呈断层式下降（如图1所示）。

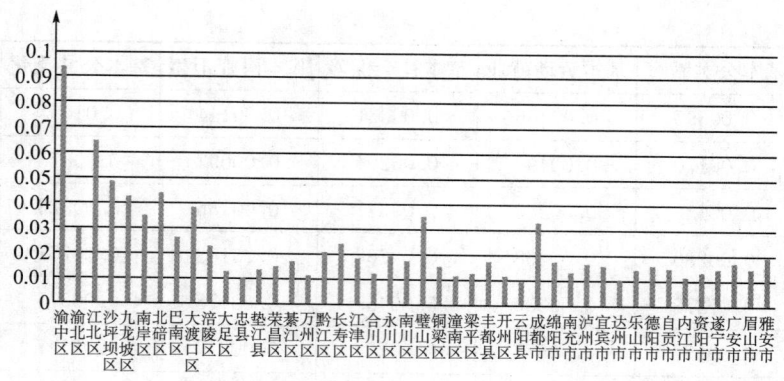

图 1　2019 年成渝地区双城经济圈基本公共服务水平综合得分

（三）中心城市的辐射带动作用较弱

根据 2019 年成渝地区双城经济圈各城市（区）公共服务水平综合得分的地理分布情况，中心城市（区）的辐射带动作用还有待加强。无论是成都和重庆之间，还是重庆主城区东侧的区县，都广泛分布着大量综合得分较低的城市，如达州、内江等城市。

（四）公共服务投入[①]效率有待提升

地方公共服务投入与公共服务综合得分大致呈正相关关系，公共服务投入差异影响公共服务水平。其中，四川部分各城市的财政支出水平明显高于重庆部分各区县，但公共服务综合得分之间并未体现出较大的差异，这可能由于各市统计口径的差异，地方财政支出的效率问题仍值得关注。成渝地区双城经济圈重点城市的公共服务非均等现象严重，共建共享成效不突出（如图 2 所示）。

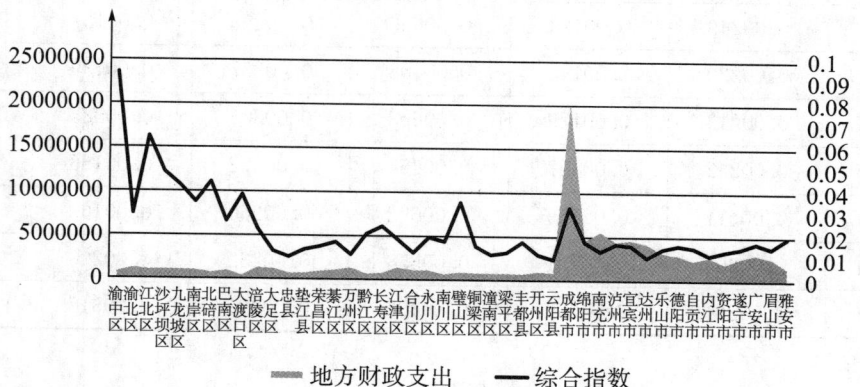

图 2　2019 年成渝地区双城经济圈基本公共服务综合得分与一般公共预算支出耦合图

---

① 基于数据可得性，本文用地方财政支出这一指标代替公共服务投入。

四、促进区域公共服务共建共享的经验借鉴

（一）坚持问题导向

地方政府往往追求本行政区域的效益最大化，由于利益分享机制的不完善，容易出现"本位主义"并导致公共服务碎片化。促进区域公共服务共建共享应梳理各地区公共服务水平的差距，加大财政转移力度，制定相应政策，主动补齐短板。

（二）引入外部力量

由于公共服务的公共性，政府长期以来都是公共服务的主要供给主体；在某些市场和社会力量发挥较好的地区，政府、市场、公众等供给主体的职能也容易出现机械相加而难以有机协调，未能真正实现多元供给的集体效应。因此，公共服务共建共享应推进政府、市场、社会力量的有机融合，促进区域公共服务的可持续发展。

（三）培养专业人才

一方面，着力提高公共服务专业人才的准入门槛。政府可采取岗位补贴、专业进修等扶植政策。另一方面，各城市间应开展公共服务相关专业的高校合作、校企合作，为经济圈内的人才提供学术交流、实践锻炼的机会，促进人才共同进步。培育城市间的产业集群，打造产业园区，加强人才的跨省市流动，拉动就业。

（四）完善监管机制

政府社会协同机制不健全、公共服务监管机制尚未成熟直接影响公共服务共建共享的成效。建立协同监管风险管控机制，制定一系列评估指标及信息公开条例，完善信息共享平台的建设，将便于社会和公众的监督，促进公共服务监管朝着网络化、透明化、信息化的方向发展。

五、成渝地区双城经济圈公共服务共建共享的优化路径

（一）内外协调，促进公共教育均衡发展

一是加强教育政策同频共振。成渝地区双城经济圈可研发统一的教育指标体系，推进区域教育政策衔接，增强各区域各级学校的内聚性。二是推进双城经济圈内学校的合作。推进成渝地区双城经济圈骨干教师进行经验分享、师资轮换等交流项目，开展高校合作、校企合作，打造区域一流大学、一流学科。三是搭建信息平

台。依托互联网技术，搭建教师联合培训平台、在线课程资源平台、信息互动分享平台，促进教育资源多区域渗透和共享。

（二）多头并进，构建公共卫生"一盘棋"格局

一是制定联合政策。推进区域制度规划设计一体化，建立健全地方性医疗卫生法律法规。二是加强区域医疗合作。推动以成都和重庆主城为"两核"对其他地区医疗卫生进行帮扶的医疗机制的实施，催生优质医疗卫生资源良性互动，并建立医疗卫生网络体系。三是提升医疗卫生服务水平。重点关注农村医疗保险的普及，为民众提供便捷的服务，高效配置医疗资源。四是加强医疗卫生领域的"放管服"，简化行政审批流程，积极推行线上"一网通办"工作，提升区域医疗卫生活力。

（三）精准施策，指导基本公共文化靶向推进

一是推动文化内聚。通过办理城市公共文化"一卡通"推动博物馆、公共图书馆、文化馆、美术馆等基本文化场所建立合作联盟，构建"书香成渝"全民阅读服务体系。二是打造区域文创产品。统筹成渝地区双城经济圈各城市特色，如大熊猫、名山、名水等，打造文化品牌IP，建设三星堆等国家文物保护示范区，推出特色文化旅游产品。三是举办文化活动。举办如中国诗歌节、"成渝地巴蜀情"成渝地区文旅公共服务采购大会等活动，建立常态合作机制，共同推动"数字平台互联互通、文化联手互动、人才队伍携手培训"。

（四）共商共建，引导就业资源良性互动

一是加强职业培训。构建和谐的劳动关系，鼓励"大众创业、万众创新"，大力开展毕业生就业培训及职工职业培训，并维护职工和企业的合法权益。二是搭建合作平台。成立成渝地区双城经济圈创业、就业联盟，设立就业服务联合办事窗口。联合开展诸如"川渝就业服务联动计划""川渝公共求职招聘互通计划"等合作项目，共同推动经济圈内各城市实现更高质量充分就业。三是打造优质服务品牌。打造出"就在山城""渝创渝新""创梦天府"等系列优质政策服务品牌，营造良好的就业生态环境。

（五）同频共振，推动社会保障行稳致远

一是建立基本公共服务标准体系。构建全覆盖、保基本、多层次、可持续的社会保障制度，支持探索发展灵活共享就业方式，加快推进医保信息平台跨省异地就医管理子系统建设及跨省异地医疗结算，建设统一的工伤认定和保险待遇政策机制。二是建设社会保障公共服务平台。推广以社会保障卡为载体的"一卡通"服务模式，支持社会保障卡在成渝地区双城经济圈能够跨地区、跨部门应用，推动全民公共服务迈向普惠化和公正化。三是确立最低生活保障标准。根据区域经济发展水

平及时调整低保标准，重点保障困难人群的基本权利，缩小贫富差距。四是完善养老政策。修订成渝地区双城经济圈养老服务相关规划；完善养老补贴政策，鼓励跨区域共建，制定统一的标准，提高政策规范性，建立人口发展监测分析系统。搭建经济圈内城市养老服务信息共享平台，促进资源同步共享。

（六）多措并举，加强基础设施共建共享

一是建设轨道网络。畅通高速铁路多向通道，继续加快铁路运输轨道的建设进度，提速城市轨道线，加快城市间融合进程。二是加快建设道路网络。畅通对外高速公路，完善普通公路网络，加速建设中心城市道路网络，强化主城区高速路与快速路的衔接，形成快速转换网络。三是建设水运网络。统筹港口资源，形成港口集群，打造高等级航线，提升航道互联互通的水平。四是打造航空网络。加强对外交流，提高航空服务水平；完善机场信息网络，支持新兴航空消费。五是完善管道网络，拓宽天然气惠及范围，逐步实现天然气走进家家户户。

负责人：雷叙川（西南交通大学）
成　员：唐学清（四川统计局）
　　　　　杨宜武（四川统计局）
　　　　　谢志军（四川统计局）
　　　　　安江丽（四川统计局）
　　　　　饶万婷（西南交通大学）
　　　　　黄秋玥（西南交通大学）
　　　　　林晶晶（西南交通大学）
　　　　　赵　巍（西南交通大学）

推动川渝毗邻地区一体化发展研究

四川有 6 市 17 县与重庆 13 个区县毗邻，毗邻地区协同发展是成渝地区双城经济圈建设的重要内容和川渝合作的切入点。本文基于区域一体化发展相关理论以及赴广安、遂宁等地实地调研情况，对川渝毗邻地区一体化发展的现状进行分析，找出川渝毗邻地区合作平台发展差距和制约因素，并借鉴国内外毗邻地区发展经验，有针对性地提出政策建议。

一、对毗邻地区一体化发展的几点认识

一是毗邻地区一体化发展的可行性。区域经济一体化发展经验表明，区域之间通过合理统筹规划，消除发展壁垒，实现资源优化配置，可以大大降低生产成本，促进规模经济的发展，提升区域综合竞争力。毗邻地区是两个或两个以上行政区域相互接壤的交界地区。这些地区在区位条件、文化习俗、资源要素、产业结构等方面具有明显的相似性，通过资源要素的优化和整合，有望提升区域规模经济效益。

二是毗邻地区一体化发展的可能性。根据增长极和"中心—外围"等理论，在极化效应作用下，中心城市吸引周边地区经济资源实现规模经济和经济集聚，毗邻地区面临资源流失风险，而在扩散效应作用阶段，根据空间相互作用理论，中心城市对周边地区的辐射力存在距离衰减规律，有的毗邻地区距中心城市较远，接受中心城市的辐射力相对较弱，面临边缘化风险。同时，受行政壁垒影响，毗邻地区无法很好地进行资源的优化组合和配置，区域整体利益无法充分发挥。基于过去的合作和亲近的地缘关系，毗邻地区具有较好的合作基础。面对边缘化风险，面对新形势新挑战，毗邻地区自身在加强协作实现共同发展和共同应对市场竞争方面的需求较为迫切，具有较强的主观能动性。

三是毗邻地区一体化发展的必要性。近年来，我国深入实施区域重大战略、区域协调发展战略、主体功能区战略，不断优化区域经济布局、促进区域协调发展。其中城市群和都市圈发展是我国促进区域协调发展、加快构建新发展格局、参与国际竞争合作的重要抓手。毗邻地区一体化发展是城市群和都市圈发展的前沿地带。打破行政壁垒，加快毗邻地区一体化建设，推动毗邻地区主动发展、加快发展，有

助于缩小城市群内部城市之间的发展差距、实现各地区均衡发展；打破省际市际行政壁垒，消除毗邻地区制度性障碍，降低要素跨区域成本，有助于畅通城市群区域内"小循环"、增强融入"双循环"的市场活力；加强毗邻地区经济合作，与中心城市实现优势互补、互利共赢，有助于提升城市群整体发展效能。

二、川渝毗邻地区发展基础和现状

成渝地区双城经济圈建设战略提出以来，川渝两地高度重视毗邻地区发展，出台了《川渝毗邻地区合作共建区域发展功能平台推进方案》（下文简称《方案》），提出将共建9个毗邻地区合作平台，其中遂潼川渝毗邻地区一体化发展先行区和川渝高竹新区已获批设立。按照合作平台区域范围，本文将四川毗邻重庆的达州、广安、遂宁、资阳、内江、泸州6市，重庆毗邻四川的万州、开州、梁平、垫江、城口、渝北、长寿、合川、潼南、大足、荣昌、永川、江津13个区县，作为研究对象。

（一）区位特征

从地理区位上看，达州与重庆的万州、开州、梁平、垫江、城口5个区县毗邻，6个地区距离中心城市成都和重庆主城都市区均较远；广安与重庆的渝北、合川和长寿3个区毗邻，泸州与永川、江津毗邻，距成都的距离较重庆远；遂宁、内江分别与潼南、荣昌毗邻，两市均处于成都和重庆的中间地带；资阳是成都都市圈的组成部分，与大足毗邻。

按照断裂点理论[①]，分别测算中心城市成都和重庆主城都市区对毗邻地区的辐射作用（见表1）。结果显示，对于四川毗邻重庆的6市，成都对资阳的边界辐射力较强且远大于重庆主城都市区，对泸州、广安的边界辐射力弱于重庆主城都市区，成都和重庆主城都市区对遂宁、内江的边界辐射力基本相当，而对达州的边界辐射力均较弱。对于重庆毗邻四川的13个区县，重庆主城都市区对毗邻达州的万州、开州、梁平、垫江、城口5个区县的边界辐射力相对较弱，而对其他8个区县的边界辐射力均较强，成都对13个区县的边界辐射力均较弱。

---

① 断裂点理论指出，在距离衰减规律作用下，两个城市间的辐射力会达到平衡，形成一个平衡点，这一平衡点叫作断裂点，起点城市到断裂点的距离为辐射半径 D_i，起点城市在断裂点处的辐射力大小为边界辐射力 F_{ik}。辐射半径 $D_i = \dfrac{D_{ij}}{1+\sqrt{\dfrac{M_j}{M_i}}}$，其中，$D_i$ 为 i 城市到断裂点的距离；D_{ij} 为 i 和 j 两城市间的距离；M_i、M_j 分别为 i、j 两城市的规模，i 代表起点城市，j 代表终点城市。临界辐射力 $F_{ik} = \dfrac{M_i}{D_{ik}^2}$，其中，$k$ 为断裂点；F_{ik} 为 i 城市在 k 点处的辐射力大小；D_{ik} 为 i 城市到 k 点处的距离；M_i 为 i 城市规模。F_{ik} 越大，表明 i 城市对 j 城市的边界辐射力越强。

表1　2020年成都和重庆主城都市区对川渝毗邻地区的边界辐射力

地区	成都边界辐射力	重庆主城都市区边界辐射力
达州市	0.2	0.7
万州区	0.1	0.4
开州区	0.1	0.3
梁平区	0.1	0.7
垫江县	0.2	1.2
城口县	0.1	0.1
广安市	0.3	2.1
渝北区	0.3	49.8
长寿区	0.2	4.3
合川区	0.4	5.7
遂宁市	1.1	1.2
潼南区	0.6	2.2
资阳市	3.4	0.5
大足区	0.5	3.1
内江市	1.0	0.9
荣昌区	0.4	2.2
泸州市	0.5	1.1
永川区	0.4	4.9
江津区	0.3	9.8

注：表中数据按照断裂点理论计算得出。

（二）经济发展比较

第七次人口普查数据显示，2020年毗邻地区常住人口达3426万，占川渝两地的比重达29.6%，其中，四川6市2115.8万，重庆13区县1310.2万；地区生产总值达19474.8亿元，占川渝两地的比重达26.5%，其中，四川6市地区生产总值为9253.2亿元，而重庆13区县为10221.7亿元。

一是从发展规模上看，毗邻地区呈现强强、强弱和弱弱三种结构特征。其中，达州、泸州地区生产总值超过2000亿元，分别与毗邻的万州、开州、梁平、垫江、城口5个区县经济总量的合计数以及永川、江津2区经济总量的合计数基本相当，呈强强毗邻特征；遂宁和内江地区生产总值分别为1403.2亿元、1465.9亿元，分别为毗邻的潼南、荣昌的3倍、2.1倍，而广安地区生产总值超过1000亿元，为毗邻的渝北、长寿和合川3区经济总量的35%，为强弱毗邻；资阳和大足地区生产总值基本相当，且均低于1000亿元，为弱弱毗邻。

二是从产业发展看,四川 6 市第一产业增加值占比较高,第二产业和第三产业发展还需加力。2020 年,遂宁和泸州三次产业呈"二三一"结构,正处于工业化加快发展阶段,服务业发展不足,其中,遂宁三次产业增加值均为毗邻潼南的 3 倍左右,两个地区三次产业占比相似度较高;而泸州第二产业增加值占比明显低于永川、江津。达州、广安、资阳和内江 4 市为"三二一"结构,第一产业增加值占比超过 18%,工业和服务业发展相对滞后。除略低于城口县外,四川 6 市第一产业增加值占比均高于其对应毗邻区县,同时除内江外,其余 5 市第一产业增加值增速均高于其对应毗邻区县。

三是从市场潜力看,毗邻地区消费市场大,但人均消费能力相对较低。毗邻地区社会消费品零售总额合计达 8176.8 亿元,占川渝两地的 25.1%。从消费总量看,除广安外,四川其余 5 市社会消费品零售总额均高于毗邻地区。从人均消费水平看,四川 6 市人均社会消费品零售总额低于四川平均水平、低于毗邻区县,除渝北、潼南外重庆 11 个毗邻区县低于重庆平均水平,消费潜力有待挖掘。

四是从发展水平看,四川 6 市财政实力好于重庆毗邻地区,但居民收入低于重庆毗邻地区。2020 年毗邻地区共实现地方一般公共预算收入 1048.5 亿元,占川渝两地的 16.5%,比地区生产总值占比低 10 个百分点。其中,四川 6 市实现地方一般公共预算收入 567.8 亿元,比重庆 13 区县高 87.1 亿元;6 市财政含金量(地方一般公共预算收入占地区生产总值的比重)虽低于全省平均水平,但高于对应毗邻地区。此外,除略好于城口县外,四川 6 市城乡居民收入与毗邻地区还有较大差距。(见表 2)。

表 2　2020 年川渝毗邻地区主要经济指标

地区	常住人口(万人)	地区生产总值(亿元)	第一产业增加值占比(%)	第二产业增加值占比(%)	第三产业增加值占比(%)	社会消费品零售总额(亿元)	人均社会消费品零售总额(万元)	地方一般公共预算收入(亿元)	居民人均可支配收入(元)
四川	8367.5	48598.8	11.4	36.2	52.4	20824.9	24907.2	4258	26522
重庆	3205.4	25002.8	7.2	36.2	52.8	11787.2	36853.6	2094.8	30824
成渝地区双城经济圈	—	66385.5	9.1	36.2	53.2	29527.9	—	4171.2	—
达州市	538.5	2117.8	18.6	34	47.4	1085	20075.9	112.3	24797.4
万州区	156.4	970.7	9.9	27.6	62.5	345.8	22083.1	67.1	34407
开州区	120.3	535.8	15.7	39.1	45.1	292	24291.8	25.3	25921
梁平区	65.5	493.2	12.1	49.2	38.7	232.8	36026.0	20.9	28475
垫江县	65.1	444.8	13.4	44.1	42.5	212.1	32520.7	17.4	28530
城口县	19.7	55.2	22.2	17.9	59.8	24.7	12519.0	4.4	18534

续表2

地区	常住人口（万人）	地区生产总值（亿元）	第一产业增加值占比（%）	第二产业增加值占比（%）	第三产业增加值占比（%）	社会消费品零售总额（亿元）	人均社会消费品零售总额（万元）	地方一般公共预算收入（亿元）	居民人均可支配收入（元）
广安市	325.5	1301.6	18.1	32	49.9	549.4	16915.0	86	25328.1
渝北区	219.1	2009.5	1.4	32.6	66	947	43680.8	67.1	41319
长寿区	69.3	732.6	8.3	56.5	35.1	250.3	35895.6	41.9	32991
合川区	124.5	972.4	10.8	45	44.2	348	27805.5	42.1	34131
遂宁市	281.4	1403.2	15.6	45.2	39.3	467.4	16489.7	79.9	26928.5
潼南区	68.8	475.3	16.2	43.4	40.4	259	37771.6	20.3	29320
资阳市	230.9	807.5	20.9	28.3	50.8	377.5	16262.9	53.1	26172.5
大足区	83.6	700.5	8.7	50.7	40.6	243	29222.5	42.3	31569
内江市	314.1	1465.9	18.4	32.7	49	558.9	17625.4	66.3	27315.2
荣昌区	66.9	709.5	9.1	54	37	229.2	34285.7	30.2	31973
泸州市	425.4	2157.2	11.9	48.1	40	1013.8	23854.1	170.1	28270.4
永川区	114.9	1012.4	7.7	53.5	38.8	416.6	36363.6	40.5	36321
江津区	136	1109.4	10.6	56.1	33.2	324.4	23905.7	61.2	35650

注：2020年各地区常住人口数据为第七次全国人口普查数据。

（三）合作平台建设情况

达州与重庆万州、开州地处川渝鄂陕四省结合部和三峡库区腹心地带，将共建万达开川渝统筹发展示范区，大力推动交通物流、产业能源、开放创新、公共服务和生态保护五个一体化，2021年将实施重大项目43个。达州的邻水、达川、大竹、开江与重庆的梁平、垫江6区县位于明月山两翼，将共建环明月山绿色发展示范带，打造"绿水青山就是金山银山"样板地，已谋划储备重大项目64个，计划投资5135亿元。同时，达州的万源、宣汉与重庆的城口还签订了《共建城宣万革命老区振兴发展示范区框架协议》，在用好合作资源、完善交通等基础设施、发展农业产业等方面上下功夫，为革命老区振兴发展提供示范。

广安与重庆接壤，曾是四川唯一的川渝合作示范区。广安与渝北以新区为载体推动融合发展，2020年12月底，致力于打造先进制造业集聚区的川渝高竹新区获批设立，截至2021年8月，共入驻企业158家。同时，广安积极融入重庆都市圈发展，将与合川和长寿共建环重庆主城都市区经济协同发展示范区，建设重庆都市圈北部副中心。

遂宁和潼南位于成渝发展主轴，遂宁的锂电新材料等五大优势产业和潼南的环保科技及新材料能源等六大产业、"遂宁鲜"和"潼南绿"等农产品品牌、遂宁死海和潼南菜花节等文旅品牌有着优势互补的基础。2020年3月遂潼两地签署了《推进遂宁潼南一体化发展合作协议》，2020年12月底《遂潼川渝毗邻地区一体化发展先行区总体方案》率先获批，成立了遂潼一体化发展领导小组及8个专项工作组，签订了50多个专项合作协议，共同推进基础设施、产业发展、生态环保、公共服务等5个方面一体化。目前遂潼跨省城际公交线路开行，共建蔬菜示范基地60万亩，天然气综合利用产业园储气调峰等项目开工建设，临港产业园、合作示范园区建设等加快推进。

资阳和大足地处成渝直线中点，在石刻文化方面一脉相承，目前两地已经签署了基础设施互联互通、文旅合作协议和共建文旅融合示范区共同合作协议，还将在特色文旅资源、旅游线路方面加强协同开发和挖掘，共促共建巴蜀文化旅游走廊。

内江和荣昌也为成渝发展主轴上的重要节点城市，拥有扎实的农业产业基础，将共建川渝唯一一个以农业农村为主的功能平台，主要聚焦农业高新技术创新示范。2021年3月内江荣昌现代农业高新技术产业示范区第一批6个重大项目已集中开工。此外，两地还在交通设施、畜牧科技、园区建设、生猪产业、稻渔种养、柑橘发展、环境整治等方面全面展开合作。

泸州与永川、江津均为长江经济带上的重要节点城市，将以跨行政区组团发展模式建设融合发展示范区，以创建长江经济带绿色发展示范区和长江上游港航生态化治理试验区为抓手，努力打造成渝地区双城经济圈第三增长极。2021年3月，泸永江融合发展示范区第一次集中签约举行，共签约项目9个，总投资175亿元。

三、川渝毗邻地区一体化发展的差距和制约因素

通过实地调研了解到，川渝毗邻地区合作平台建设已取得初步成效，但仍面临行政壁垒制约、合作机制尚需完善、要素资源集聚能力不足、产业同质化问题突出、基础设施建设滞后等问题。

（一）行政壁垒制约

川渝毗邻地区分属不同的行政区域，行政级别和事权财权存在较大差异，相关部门设置、职责划分不同，公共服务、基础设施建设等领域标准不一致，资源要素价格、地方优惠政策不统一，在合作中存在一定程度上的行政壁垒和地方保护主义带来的障碍，各地区合作动力不足，阻碍了区域间市场要素自由流动和资源有效配置，制约了毗邻地区的深度合作。

（二）合作机制不健全

一是配套机制建设不健全。受行政壁垒、财力差异等因素影响，毗邻地区发展基础存在较大差距，成本分担和利益共享机制、合作监督考核机制等制度设计难度

较大。目前，川渝毗邻地区合作多为定期或不定期会议、签署协议等方式，总体停留在表面，尚未越过行政区划的界限进行更深层次的合作，也未建立常态化沟通机制。同时，合作主体以毗邻地区各级政府为主，社会力量参与不足，市场化合作机制建设滞后。二是合作项目落地少。川渝毗邻地区各级各部门签署了诸多合作协议，但合作系统性、实效性不强，比如遂潼各级各部门在产业、交通、生态、文旅等方面包装储备项目50多个，总投资530亿元，但除渝遂绵绿色蔬菜基地等个别项目有实质性进展外，其他平台合作项目均未落地建设，缺少具有可操作性的推动区域协同发展的大项目、好项目支撑。

（三）要素集聚能力不足

一是资源要素单向流出问题突出。中心城市成都、重庆发展实力与京津冀、长三角等地区核心城市相比还有较大差距，仍处于极化效应主导阶段，中心城市成都对泸州、广安和达州3市以及重庆13个毗邻区县的边界辐射力较弱，重庆中心城区对万州、开州、梁平、垫江、城口等县区以及达州、资阳等市的边界辐射力也较弱，川渝毗邻地区发展水平、发展质量低于四川、重庆平均水平，经济发展相对滞后，资源单向流入中心城市的问题较为突出。二是区域内存在要素转移矛盾。毗邻地区内部存在强弱差异，发展较好地区集聚资源能力相对较强，欠发达地区面临资源流失风险，一定程度上会影响其参与协同发展的主动性。

（四）产业同质化问题突出

川渝毗邻地区因地理位置相邻，资源禀赋相近，产业选择、发展策略接近，既有形成规模经济的潜力，也存在产业同构化竞争的风险。达州与万州、开州在能源化工、电子信息、智能装备、医药等方面，广安与渝北在汽车制造、电子信息等方面，遂宁和潼南在电子信息、天然气化工等方面，内江和荣昌在机械制造、食品、医药等方面，泸州与永川、江津在机械制造、能源化工等方面，资阳和大足在文旅等方面，均存在一定程度的产业同质化竞争，产业分工协作不足。

（五）基础设施建设滞后

交通融合发展是区域一体化发展的基础，当前川渝毗邻地区虽地理距离较近，但交通短板较为突出，城际铁路建设还需加力，各类断头路、瓶颈路亟待打通。在公交开行方面，毗邻地区还存在线路矛盾、运营补贴等问题，短期内较难解决。同时，受土地指标、资金等因素制约，遂潼大道等部分项目无法立项并开工建设，要构建功能完善、高效快捷的城际交通网络体系尚需时日。

四、国内外毗邻地区一体化发展经验借鉴

长三角城市群是我国最大的城市群,近年来致力于加强跨区域合作、探索省际毗邻区域协同发展新机制,同时国外纽约城市群、巴黎城市群、伦敦城市群、东京城市群等也积累了许多协同发展经验,值得借鉴。

(一) 国内长三角城市群毗邻地区发展经验

一是打造多个都市圈。都市圈着眼于城市群内部核心城市与周边辐射区域的协调发展,以及相邻城市在交通、服务、市场等方面的一体化,是城市群形成的基础,是实现毗邻地区一体化发展的突破口。长三角城市群以基础设施一体化和公共服务一卡通为着力点,加快南京、杭州、合肥、苏锡常、宁波都市圈建设,统一规划建设都市圈内基础设施,毗邻地区公交线路对接,实现都市圈内教育、医疗、文化等优质服务资源"一卡通"共享,推动产业分工深层次协作。上海都市圈也继续扩大范围,连同江苏、浙江酝酿出台《上海大都市圈空间协同规划》。

二是多点多界别合作。上海和江苏联合打造嘉定—昆山—太仓协同创新核心圈,重塑北虹桥商务区发展空间,打造虹桥国际开放枢纽。江苏南京江北新区与安徽滁州来安县、南京浦口区与滁州南谯区、南京江宁区与马鞍山博望区分别签署了跨界一体化发展示范区共建框架协议,围绕基础设施、生态环保、产业协同、社会治理开展全方位深度合作。沪苏浙三地联合审定了《太浦河上下游管理单位深度合作协议》,共同推进太浦河饮用水源保护,地跨上海市青浦区、江苏省苏州市吴江区和浙江省嘉兴市嘉善县的长三角生态绿色一体化发展示范区揭牌,太浦河从"界河"成了"内河"。

(二) 世界级城市群毗邻地区发展经验

一是突出以法律保障规划。《巴黎大区总体规划》作为强制执行的法律文件,促进了法国经济发展和巴黎大城市群的最后建成。东京城市群的发展强调法制层面上的统一规划与治理,以市场化手段统一布局城市功能和产业分工。

二是形成多中心分工协作空间格局。英国伦敦城市群是地域面积最小的世界级城市群,以伦敦—利物浦为轴线,包括伦敦、伯明翰、曼彻斯特、利物浦等数个大城市和众多中小城镇,形成多中心产业网络格局,各城市各具特色,分别承担不同的职能分工,有效引导了人口和产业的合理集聚。东京城市群根据周边各城市功能能级,构建了中心—副中心—郊区卫星城—邻县中心构成的多中心网络型城市空间结构,减弱了各地区对中心城市的过度依赖,各级中心城市发挥自身特色,分工承担不同职能,有效弥补了经济空间对生活空间的破坏。

三是高度重视城市群内区域平衡发展。巴黎城市群颁布的《巴黎地区国土开发计划》中明确提出了降低巴黎中心地区密度、提高郊区密度、促进地区均衡发展的观点，《巴黎地区区域开发与空间组织计划》《巴黎大区总体规划》等规划的宗旨都是强化均衡发展，促进城市之间的合理竞争，保持协调发展。日本政府针对东京城市群建设先后制订了五次基本规划，全面考虑城市群中各城市的政治背景、经济水平、文化习惯、地域范围以及人口规模等诸多因素，保障各城市获得平等的发展机会，高效合理配置城市资源。

四是拥有高效发达的交通基础设施体系。东京城市群拥有目前全世界最密集的轨道交通网和公交线路，东海道新干线贯穿日本太平洋沿岸城市群，连接东京、名古屋、大阪三大城市群。纽约城市群采取优先发展公共交通的策略，形成了由轨道交通、公共汽车、小汽车、轮渡和航空等多种运输方式构成的公共交通运输体系。伦敦城市群以轨道交通与道路交通相衔接、地上地下相结合，形成了集地铁、火车、轻轨、公交于一体的立体化公共交通网络。

五、推动川渝毗邻地区一体化发展的政策建议

促进川渝毗邻地区一体化发展、破解一体化发展难题，是成渝地区双城经济圈建设的切入点和突破口，要积极探索行政区和经济区适度分离机制，强化资源保障，推进产业发展、基础设施、公共服务等一体化发展，为川渝两地协同发展、成渝地区双城经济圈建设提供更多可复制可推广的经验。

（一）加快探索经济区和行政区适度分离

经济区与行政区在同一地理单元不相兼容的矛盾，是制约川渝毗邻地区一体化发展的根本原因，要以9个合作平台为试点，探索经济区和行政区适度分离的管理模式，在不打破行政隶属关系的前提下，将经济管理权限让渡给专门管理机构，经济管理权外的其他行政管理关系保持不变，跨越行政边界共同推进区域开发建设。为保障合作机制的顺利实施，建议进一步转变政府职能，对相关部门职责权限进行调整，创新建立毗邻地区协调管理机构，统筹安排毗邻地区的规划编制、空间布局等经济管理事宜，建立健全川渝毗邻地区联动发展沟通机制。财税、统计等部门要配合做好跨区域合作项目成本分担和利益分享、主要经济指标核算等制度建设。

（二）选择差异化协同发展模式

各毗邻区拥有不同的区位特征，应选择不同的协同发展模式。达州与重庆的万州、开州、梁平、垫江、城口距离中心城市成都和重庆主城都市区均较远，处于政策红利和经济辐射的衰减区，无法依赖双核的溢出效应，泸州受双核辐射作用也不

突出，建议支持达州、泸州做大做强，分别形成辐射川渝东北和川南渝西的次级经济增长极。广安与重庆主城都市区距离较近，可主动融入重庆都市圈发展，将广安打造成为重庆主城都市区新型卫星城。内江、遂宁、资阳及其毗邻地区处于两核之间，既要借力双核辐射，也要主动发展，发展成渝主轴线上的次级都市圈和城市群，从而提升成渝地区双城经济圈整体效能。

（三）强化资源要素保障

川渝毗邻地区发展水平不高、资源要素集聚能力不强。建议从省级层面加大对川渝毗邻地区的财政支持和资源保障力度，重点支持毗邻地区重大基础设施、公共服务设施建设，在土地、资金、水电气等资源保障方面给予优惠，尽快缩小与全省发展的差距。制定毗邻地区产业发展支持政策，充分发挥川渝毗邻地区独特的资源优势和区位优势，开展精准招商、产业链招商，以好项目大项目集聚优势资源，增强毗邻地区内生发展动力。建立市场化资源配置体系，鼓励市场和社会力量参与川渝毗邻地区一体化建设。

（四）引导产业分工协作

川渝毗邻地区要进一步深化认识区域比较优势，围绕装备制造、电子信息、现代农业、能源化工、新材料等特色优势产业项目开展深度合作，在产业的不同环节和细分领域寻找协作空间，促进产业链上下游分工协作，推进产业集群化、融合化、智能化发展。例如遂宁和潼南主导产业、产业结构相似度较高，但资源禀赋、产业基础仍有差别，农副食品加工业方面，遂宁有"遂宁鲜"，潼南有"潼南绿"，遂宁生猪产业链最完整，潼南蔬菜优势更显著；在电子信息产业方面，潼南发展智能终端，遂宁发展基础电子元器件；遂宁还成功创建了陆港型国家物流枢纽，供应链优势更为显著，遂潼两地产业协作发展空间较大。此外，还要进一步优化产业空间格局，在加快发展四个省级新区的基础上，在成渝主轴线上的遂宁、内江、资阳等地以及川东北的广安、达州等地再打造几个省级高水平创新平台或先进制造业承载平台，助推发展次级增长极。

（五）加快基础设施建设

加快推进川渝毗邻地区交通互联互通，加快建设遂（宁）潼（南）、永（川）泸（州）、梁（平）开（县）等毗邻地区高速公路，加快开通川渝毗邻地区跨省城际公交，尽快打通断头路、瓶颈路，提高毗邻地区的路网通达性和出行便捷度，针对基础设施建设面临的规划、土地、资金等问题要加强沟通协调，做好重点项目储备和要素保障支持。加快推动川渝毗邻地区5G、工业互联网、数据中心、物联网等信息基础设施建设。推动公共服务共建共享，加强就业、教育、医疗卫生等领域合作发展，提高公共服务产品供给能力，促进基本公共服务普惠共享，增强各地区居民获得感。

负责人：徐　莉（四川师范大学）
成　员：周　怡（四川省统计局）
　　　　　　吴晓伟（四川师范大学）
　　　　　　曾宸浩（四川师范大学）
　　　　　　贺　嘉（四川省统计局）
　　　　　　袁秀洋（四川师范大学）
　　　　　　张　明（四川师范大学）
　　　　　　王世仪（四川师范大学）
　　　　　　唐学清（四川省统计局）

成渝地区双城经济圈毗邻地区县域经济一体化发展研究

毗邻地区又称交界地区、接壤地区、邻近地区，是两个或多个行政区的接壤区域。毗邻地区一般具有地理位置偏远、行政壁垒化与行政边缘化的特点。王谦光（1984）认为，毗邻地区是指两个或两个以上行政省区相互接壤的那一片地域。[①]还有学者认为，毗邻地区涵盖的内容十分广泛，包括自然因素界面地区（如山地平原、陆地海洋交界带等）和人文因素界面地区（如行政区交界地带等）；按尺度来分，又可分为国家级毗邻地区、省际毗邻地区及市域、县域毗邻地区等。毗邻地区最大的特点是山水相连，地域上接壤，相互往来不用经过其他省份，交往近便，多有共同的民族、共同的语言文化和生活习俗，经济关系往往源远流长。[②]

由于地理位置偏远、行政壁垒化与行政边缘化，毗邻地区往往成为经济社会发展的洼地。2016年，国家发改委印发《关于贯彻落实区域发展战略促进区域协调发展的指导意见》，明确提出支持和鼓励在省际交界地区开展区域一体化发展试点试验。2018年，中共中央、国务院发布的《关于建立更加有效的区域协调发展新机制的意见》中明确指出，加强省际交界地区合作，支持晋陕豫黄河金三角、粤桂、湘赣、川渝等省际交界地区合作发展，探索建立统一规划、统一管理、合作共建、利益共享的合作新机制；加强省际交界地区城市间交流合作，建立健全跨省城市政府间联席会议制度，完善省际会商机制。2020年，四川省委《加快推动成渝地区双城经济圈建设的决定》中明确提出要推动川渝毗邻地区联动发展。

对成渝地区双城经济圈而言，域内有着大量山水相连、人文相近、民俗相通、市场相融的毗邻县（市、区），具有较好的合作基础和潜力，一体化发展是其建设的必由之路和战略目标。从某种程度上来讲，没有成渝地区双城经济圈毗邻地区县域经济一体化发展，就不可能有真正意义上的成渝地区双城经济圈一体化，在推进成渝地区双城经济圈建设过程中，急需成渝地区双城经济圈毗邻地区一体化发展先行先试和积极探索，尤其是在县域经济一体化发展方面取得突破。本文以成渝地区

[①] 王谦光. 毗邻地区经济发展战略问题初探[J]. 江西社会科学，1984（2）：57-61.
[②] 蔡云辉. 省际毗邻地区经济发展研究现状[J]. 经济问题探索，2005（6）：16-20.

双城经济圈为研究对象,对其毗邻地区县域经济一体化现状、问题及制约因素进行分析,系统探讨如何将毗邻地区空间上的邻近优势转化为经济上的发展优势的对策措施,对助推成渝地区双城经济圈一体化发展具有积极意义。

一、问题梳理

(一) 成渝地区双城经济圈毗邻地区县域经济发展现状及问题分析

目前没有成渝地区双城经济圈毗邻地区的界定标准,本文按照现行行政区划标准,根据地理边界相邻的原则,认为成渝地区双城经济圈毗邻地区涉及30个县(市、区),包括:重庆13个区县,其中,渝东北5个(城口县、开州区、万州区、梁平区、垫江县)、渝西8个(长寿区、渝北区、合川区、潼南区、大足区、荣昌区、永川区、江津区);四川6市17县(市、区),其中,达州5个(宣汉县、开江县、大竹县、达川区、万源市)、广安4个(华蓥市、岳池县、武胜县、邻水县)、遂宁3个(船山区、安居区、蓬溪县)、泸州2个(泸县、合江县)、内江2个(东兴区、隆昌市)、资阳1个(安岳县)。总的来看,川渝毗邻地区县域可大致划分为川东北渝东北、成渝中部、川南渝西三大区域板块,覆盖两地30个区县的近8万平方千米土地,有2500余万人口,连接里程900多千米,人口规模大,经济发展潜力大。

成渝地区双城经济圈毗邻地区县域经济一体化的特殊性在于,其既涉及同一省域同一地级行政区县域经济体间的一体化,也涉及跨省域县域经济体间的一体化。2020年7月,四川省和重庆市联合出台《川渝毗邻地区合作共建区域发展功能平台推进方案》,立足川渝毗邻地区客观实际,围绕川东北渝东北地区、成渝中部地区、川南渝西地区三大区域布局了三大功能平台,明确提出川渝共建9个毗邻地区合作平台[①],并积极探索经济区与行政区适度分离,率先在规划统筹、政策协调、协同创新、共建共享等方面取得实质性突破,为成渝地区双城经济圈高质量发展提供重要支撑。

(二) 成渝地区双城经济圈毗邻地区县域经济发展存在的问题分析

川渝毗邻地区县域经济普遍存在发展水平不高、产业基础较差、创新能力较弱等特点。

---

① 2021年,四川省、重庆市在共建9个毗邻地区合作平台基础上,又增加了川南渝西融合发展试验区,因此,目前川渝共建的合作平台达到了10个,由于川南渝西融合发展试验区部分市县并不属于地理上的川渝毗邻地区,为了研究的一致性,本文主要还是以2020年的9个毗邻地区合作平台涉及的县域为研究对象。

1. 县域经济"川弱渝强"较为明显

从经济总量来看,川渝毗邻县域经济总量较小,区域不平衡、"川弱渝强"的特征较为明显。2019年,四川17个县(市、区)的地区生产总值为4444.9亿元,每个县(市、区)地区生产总值平均值为261.5亿元;除船山区达到404.3亿元外,其余16个区县均在400亿元以下,最低的万源市仅为131.3亿元。重庆13个县(区)地区生产总值为9560.9亿元,每个县(区)地区生产总值平均值为735.5亿元;除城口县外,其余12个县(区)地区生产总值均在400亿元以上,最高的为渝北区,达到1848.2亿元。

从经济活跃度看,川渝毗邻地区四川县(市、区)的经济活跃度低于重庆市的县(区),发展相对较慢,重庆县(区)的小微经济体数量明显更多、更活跃。2019年,地区生产总值增速、社销品零售总额增速、城乡居民人均可支配收入等核心指标,位居川渝毗邻县(区)前五位的均是重庆市的县(区)。例如,四川隆昌市与重庆荣昌区,2019年常住人口、地区生产总值隆昌分别是荣昌的90.9%、43.7%;从税收看,隆昌有纳税户1.1万户、入库税收12亿元,分别是荣昌的29.7%、41.8%。又如,四川邻水县与重庆垫江县,2019年常住人口、地区生产总值邻水分别是垫江的103.4%、55.8%;从税收看,邻水有纳税户1.1万、入库税收14.7亿,分别是垫江的36.7%、88%(见表1)。

表1 2019年四川与重庆毗邻县(市、区)发展水平比较

	面积(平方千米)	常住人口(万人)	地区生产总值(亿元)	人均地区生产总值(元)	城镇化率(%)	公路里程(千米)	公路密度(千米/平方千米)	地方财政收入(万元)	人均地方财政收入(元)
四川省	29981	1211.6	4444.9	36687	45.51	47878.9	1.597	1951804	1611.0
泸县	1525	85.0	378.4	43954	43.30	2823	1.851	158849	1868.2
合江县	2414	70.5	243.2	34492	42.79	2221	0.920	92569	1312.3
船山区	367	68.3	404.3	59287	83.03	1177	3.206	186324	2728.0
安居区	1258	63.8	188.0	29355	34.32	1735	1.379	78987	1238.0
蓬溪县	1251	52.4	178.4	33950	38.04	2013	1.609	54915	1048.0
东兴区	1182	80.6	248.9	31043	54.18	2321	1.964	91142	1130.8
隆昌市	794	63.3	292.1	46506	55.47	1957	2.463	94432	1491.8
岳池县	1458	78.5	251.3	32073	40.07	2505	1.7176	140399	1788.5
武胜县	960	58.6	236.6	40374	40.15	2830	2.948	137111	2339.8
邻水县	1909	70.6	232.5	32950	40.24	3829	2.006	121915	1726.8
华蓥市	470	28.1	167.5	59610	50.65	1265	2.691	82596	2939.4
达川区	2245	105.0	357.3	34095	47.30	2942	1.310	158286	1688.0

续表1

	面积（平方千米）	常住人口（万人）	地区生产总值（亿元）	人均地区生产总值（元）	城镇化率（%）	公路里程（千米）	公路密度（千米/平方千米）	地方财政收入（万元）	人均地方财政收入（元）
宣汉县	4271	102.3	369.9	36177	42.35	4172	0.977	200188	1957.0
开江县	1033	44.9	142.1	31675	41.92	2266	2.194	50092	1117.0
大竹县	2079	89.3	370.9	41578	43.98	4275	2.056	146888	1648.0
万源市	4065	42.4	131.3	31291	41.93	3249	0.799	48810	1163.0
安岳县	2700	107.9	252.3	23209	37.63	6300	2.333	108301	1003.7
重庆市	28212	1303.2	9560.9	73366	64.33	60760	2.154	4637077	3558.3
万州区	3457	156.3	920.9	55854	68.10	7188	2.079	533599	3413.3
开州区	3963	120.0	505.6	42800	49.58	4392	1.108	252617	2106.0
梁平区	1892	64.8	464.1	70749	48.36	4266	2.255	203193	3137.6
城口县	3289	19.7	52.5	28385	39.24	4360	1.3256	43483	2207.3
垫江县	1518	65.5	416.9	58638	47.43	5950	3.9196	166652	2545.9
长寿区	1424	70.3	701.2	81681	68.10	3603	2.530	351770	5007.4
渝北区	1452	213.7	1848.2	110501	88.68	3626	2.497	756743	3540.7
合川区	2344	125.8	912.5	64284	62.92	5777	2.4646	415329	3301.0
潼南区	1583	68.2	451.1	62368	56.33	4658	2.9425	202339	2965.1
大足区	1436	82.7	645.8	81876	60.05	3411	2.375	389395	4708.5
荣昌区	1077	66.8	652.5	90889	58.36	2559	2.376	279689	4188.2
永川区	1576	114.1	952.7	83383	68.33	4906	3.113	387362	3393.7
江津区	3200	135.3	1036.7	74452	59.63	6064	1.895	654906	4840.0

数据来源：《2020年四川统计年鉴》《2020年重庆统计年鉴》以及2019年各县（市、区）经济与社会发展统计公报。

2. 产业同质化现象较为突出

长期以来，川渝地区产业同质化竞争较为明显。受资源禀赋相近、行政区划以及地方保护主义思想影响，区域内高端发展平台的谋划和建设竞争大于合作，产业功能布局和资源配置缺少川渝两地层面总体规划。两地农产品生产和加工以及低端制造业等传统产业占比均较高，主导产业极为相似，产业同构现象较为突出，产业互补性、关联性和一体化程度较为落后，两地产业园区之间上下游产业的联系还需进一步加强，致使两地经济上尚未形成紧密的有机联系，协作发展的广度和深度尚需进一步提高。例如，遂潼两地三次产业结构均为"二三一"结构，从主导产业来看，遂宁已形成锂电及新材料、电子信息、机械装备、油气盐化工和食品饮料五大优势产业，潼南已形成清洁能源、电子信息、机械制造、精细化工和消费品工业五大优势产业，遂潼两地电子信息、机械制造、天然气化工等产业发展重合度较高（见附表1）。

3. 城镇化相对滞后

一是城镇化率整体偏低。2019年，四川城镇化率为53.79%，仅有船山区、东兴区、隆昌市3个区市高于平均水平，分别为83.03%、54.18%、55.47%，其余14个区市县均低于平均水平；重庆城镇化率为66.8%，万州区、长寿区、渝北区、永川区4个区高于平均水平，分别为68.10%、68.10%、88.68%、68.33%，其余9个区县均低于平均水平。二是人口外流现象明显。2019年成渝地区双城经济圈毗邻地区县域人口净流出规模为507.5万，占四川、重庆总人口数的9.5%，其中，四川320万、重庆187.5万，分别占四川和重庆人口净流出总量的35.7%、64.2%，人口聚集能力远远弱于成都都市圈和重庆都市圈。域内教育、医疗卫生、就业社保等基本公共服务和社会治理发展水平均偏低。

表2 2019年成渝地区双城经济圈毗邻县域人口发展情况

地区	户籍人口（万人）	常住人口（万人）	人口净流出规模（万人）	城镇化率（%）
四川省	9100	8204	896	53.79
泸县	106.7	85.0	21.7	43.30
合江县	89.6	70.5	19.0	42.79
船山区	69.5	68.3	1.2	83.03
安居区	76.9	63.8	13.1	34.32
蓬溪县	68.2	52.4	15.8	38.04
东兴区	88.3	80.6	7.7	54.18
隆昌市	76.4	63.3	13.1	55.47
岳池县	115.4	78.5	36.9	40.07
武胜县	81.5	58.6	22.9	40.15
邻水县	100.9	70.6	30.3	40.24
华蓥市	35.4	28.1	7.3	50.65
达川区	116.5	105.0	11.5	47.30
宣汉县	127.8	102.3	25.5	42.35
开江县	57.9	44.9	13.0	41.92
大竹县	108.3	89.3	19.0	43.98
万源市	56.9	42.4	14.5	41.93

续表2

地区	户籍人口（万人）	常住人口（万人）	人口净流出规模（万人）	城镇化率（%）
安岳县	155.6	107.9	47.7	37.63
重庆市	3416.3	3124.3	292	66.8
万州区	173.6	156.3	17.2	68.10
开州区	168.6	120.0	48.7	49.58
梁平区	92.7	64.8	27.9	48.36
城口县	25.2	19.7	5.5	39.24
垫江县	96.9	65.5	31.5	47.43
长寿区	89.1	70.3	18.9	68.10
渝北区	142.1	213.7	−71.7	88.68
合川区	151.8	125.8	26.0	62.92
潼南区	95.3	68.2	27.0	56.33
大足区	107.5	82.7	24.8	60.05
荣昌区	85.0	66.8	18.3	58.36
永川区	114.2	114.1	0.1	68.33
江津区	148.9	135.3	13.6	59.63

数据来源：《2020年四川统计年鉴》《2020年重庆统计年鉴》。

4. 互联互通水平不高

成渝地区双城经济圈毗邻地区区位优势明显，其中，川东北渝东北地处川渝陕甘鄂结合部腹心地带，成渝中部地处成渝直线主轴及两侧，川南渝西地处川渝黔接合部，以上区域均位于"一带一路"、长江经济带以及陆海大通道的联结点上，是西部陆海新通道的重要承转区，是融入长三角和长江中游城市群、连通京津冀、丝绸之路经济带的战略节点区域，在联动东西、连接南北上具有独特的优势。但也要看到，以上三大板块区域内路网整体密度不高，快速通道缺乏，中心城市与部分县域通道数量偏少、层级低、通畅性差，且内部交通也存在不同程度的"通而不畅"现象，域城间以及各县城之间联系通道单一、道路等级偏低、通行能力弱，例如，川东北渝东北除达川和梁平、开江和万州外，县域之间均无铁路，且固定班次客车次数少，每日大部分只有1～2班。同时，沿江港口建设缺乏统筹，航道等级总体偏低，多式联运水平较低，严重阻碍了一体化所需要保障的人流、物流、信息流的顺畅流通，难以有效支撑一体化发展。

二、原因分析

(一)政策规划协同程度不够

一方面,部分功能平台所在市区县还需加强协同,在工作推进过程中,对平台功能定位、空间布局等问题亟待加大协调力度,完善顶层设计,加快总体方案编制。另一方面,部分专项规划还需加强协同,川渝共建的 10 个毗邻地区合作平台,在编制经济社会发展、交通、产业、公共服务、城市等专项规划的过程中,相关行业主管部门还需进一步加强协作。

(二)实体化常态化运作机构缺乏

目前,在川渝共建的 10 个毗邻地区合作平台中,决策层、协调层已经初步建立,执行层尚缺乏实体化机构运作。从决策层来看,川渝毗邻地区间已经基本建立起市县层面的党政联席会议以及党委政府分管领导协调会议机制,定期会商一体化发展过程中的具体问题。从协调层来看,大部分区域尚未正式组建实体化组织机构来推进相关事宜,也缺乏高层次工作机构统筹,极容易造成参与单位之间关系不够明确、合作机制不够完善、协调力度不到位等后果,导致一体化行动缺乏强有效的约束力。从执行层来看,主要面临管理机构组建的政策障碍。对川渝毗邻地区县域而言,建设产业合作园区是其实现县域经济一体化的有效手段,但是按照 2020 年中央机构编制委员会印发的《关于规范开发区管理机构促进开发区创新发展的指导意见》精神,四川省、重庆市对开发区管理机构实行限额管理,新增设机构十分困难,毗邻地区产业合作园区若无法增设专职管理机构,将不利于合作园区实体化、规范化、高效化运行。

(三)跨地区行政部门协作亟待加强

主要体现为"谁说了算"的问题未能妥善解决。在毗邻地区开展合作,尤其是涉及较深层次的一体化问题时,首先要解决的便是行政层面"谁说了算"的问题,并明确两地职责和利益分享机制。目前川渝毗邻地区县域通常采取共同管理的模式来开展合作,其中,综合实力强的管经济,以资源要素投入弥补基础设施等短板,承担更多责任;综合实力弱、出土地的管社会事务。同时,虽然合作区域是在毗邻县域范围内展开,但为了体现对等原则,重庆的区(县)名义上往往不是与四川的县级政府直接合作,而是与四川的市级政府、县级政府开展三方合作。听起来分工明确,实际上互相掣肘,重大事项还是要市级双方同意。

（四）川渝县域权限不对等

首先，基础设施建设方面，目前，川渝两地针对高速公路前期工作推进权限不同，重庆方面已将推进权限下放至区县级，四川方面权限在省厅（未下放），无法同步开展项目可行性研究等前期工作，一定程度影响了项目前期的深度和进度，虽然《川渝毗邻地区合作共建区域发展功能平台推进方案》鼓励毗邻先行先试，但未出台文件予以明确。其次，税收分享方面，当前，由于四川与重庆对市州、区县财政体制不同，两地在企业所得税、个人所得税、资源税、城镇土地使用税等省县分享比例上存在一定差异，四川毗邻县级税收地方留存比例普遍低于重庆毗邻区县水平。

（五）各类要素保障存在制约

目前，土地、资金、能源、排放指标等生产要素在毗邻地区县域间的流动还尚未突破传统的行政区划限制，共享共用水平还不高。以土地资源为例，川渝基本农田审批权限不一，重庆市可直接审批，四川需报国务院审批，时间较长，程序复杂，要求严格；重庆市可实行地票制试点，土地审批和使用更灵活。同时，土地要素市场化配置方面也受现行政策制约，目前，除2018年开始探索的"三区三州"及深度贫困县增减挂钩结余指标在东西部扶贫协作和对口支援框架内开展交易外，川渝两省市间尚无直接土地指标跨省域交易，2021年1月，中共中央办公厅、国务院办公厅印发了《建设高标准市场体系行动方案》，明确提出要推动经营性土地要素市场化配置，开展土地指标跨区域交易试点，但川渝两地还没有开展试点。

三、对策建议

先毗邻地区发展后纵深推进已经成为城市群一体化的重要策略，尤其是在跨省域城市群一体化进程中，毗邻地区县域经济体将经历由各自为政的竞争关系向休戚相关的竞合关系的转变，并逐渐实现县域经济一体化，其实质是县域间多元利益主体逐渐消融的过程。这也是省际毗邻地区县域经济体加快发展的必然趋势与客观要求。目前，在推动跨省际毗邻地区县域经济一体化发展方面，国内外还没有成熟的经验和样板可以参考，如何将毗邻的空间优势转化为现实的发展优势，是摆在成渝地区双城经济圈毗邻地区县域经济体面前的一项重要课题。具体而言，需要从以下五方面着手：

（一）聚焦重点领域一体化改革

体制机制改革创新是毗邻地区县域经济一体化需要解决的首要问题。毗邻地区县域经济一体化涉及毗邻地区市、区、镇（街）等多元主体，重点领域改革要充分发挥多元主体的集合动能。

1. 切实解决"谁说了算"的问题

从行政层面来看,成渝地区双城经济圈毗邻地区县域一体化往往涉及四川的市级、县区政府和重庆的县区政府等三大利益主体。表面上看,四川、重庆县域行政级别先天不对等是制约毗邻地区县域开展合作的因素之一。但是,由于四川、重庆毗邻地区县域存在显著的"川弱渝强"特征,强弱对比较为明显,这恰恰也是四川、重庆毗邻地区县域开展合作的优势所在。国内跨行政区毗邻县域合作的实践表明,在强弱对比较为明显的毗邻县域开展合作,需要相对弱势的一方充分让渡试点地区经济社会的管理权限,如试点合作区域的资源配置、规划建设、管理运营等权限,交由相对强势的一方主导,更好地发挥其资源和能力优势,至于相对弱势一方的权益,可通过事前协议、试点地区发展带动等方式来得到体现和保障。

2. 实现规划和政策协同联动

一是统筹区域规划协作,按照统一编制、联合报批、共同实施的规划管理体制,一体化推进国土空间、生态环保、基础设施、公共服务等规划编制,推进多规合一。探索建立项目统筹机制,总体谋划、联合审批、共同推进实施重大基础设施、重大公共服务项目建设。例如,以经济区为单元开展跨区域国土空间规划编制,并由两省市共同明确规划编制和审批层级,即对经济区空间规划由毗邻市区自然资源和规划部门联合属地政府共同编制,报毗邻市区政府联合审批,更好地推动成渝地区双城经济圈毗邻区域基础设施互联互通、产业发展共兴共荣、公共服务共建共享。

二是建立重点领域制度规则和重大政策沟通协调机制,强化政策制定统一性、规则一致性和执行协同性。建立区域政策协商机制。加强政策协同,在企业登记、土地管理、环境保护、投融资、财税分享、人力资源管理、公共服务等政策领域建立政府间协商机制,协同制定相关政策措施。实行统一的市场准入规则。健全一体化招商机制,整合制定统一的企业投资项目核准目录,对目录以外的企业投资项目实行告知性备案。建立统一的项目在线审批监管平台,实行统一受理、并联审批、实时流转、跟踪督办。提高政策执行的协同性。建立地方执法工作协同常态化机制,实行违法案件的线索信息共享、案件调查取证协作配合制度,联合开展专项执法和集中整治行动。

(二)突出重点区域一体化建设

由于成渝地区双城经济圈毗邻地区县市区经济社会发展差异较大,县域经济一体化应遵循由易到难、循序渐进、突出重点的原则,挑选若干合作基础良好、合作意愿强烈、合作前景广阔的县域经济体进行重点突破。一方面,要依据具体的客观情况和基本的外部条件来考虑，不能操之过急，应当根据不同地区、不同领域的情况灵活决策，不能搞一刀切，也不宜在所有地区、所有领域都要齐步走。另一方面，合作必须遵循"预期收益—交易成本"的市场化逻辑，以市场化带动一体化，充分激发不同利益主体的合作意愿。

（三）推动重点产业一体化发展

产业一体化发展是助推毗邻地区县域经济一体化的主引擎，要系统梳理毗邻地区县域产业基础、产业结构、产业空间布局等方面的情况，以构建优势互补产业体系为导向，详细研究现有产业哪些重构、哪些合作大于竞争。具体来讲有以下几点。一是川东北渝东北板块要着力提升特色优势资源深度开发和加工转化能力，合力打造高端装备制造业、智能制造等若干领域具有全国影响力的制造产业集群；依托重庆、成都国家级物流枢纽功能打造万州、达州、广安等一批商贸物流基地，建设全国综合性物流枢纽。二是成渝中部板块要整合成渝中部汽摩整车及零部件等装备制造业优势资源，发展壮大交通装备产业集群和电子信息配套产业集群，提升川渝中部丘陵地区粮油、水果及畜禽等特色农产品生产、加工、配送的综合配套服务能力。三是川南渝西板块要联动集聚食品饮料、装备制造、汽摩、能源化工、节能环保等产业，打造具有影响力的地域产业品牌；协同推进页岩气勘探开发和综合利用，共同规划建设天然气地下储气库，合力打造川渝页岩气勘探开发示范基地。

（四）实现重点平台一体化打造

功能平台是毗邻地区县域经济一体化的核心引擎，国内外经验也表明，在毗邻地区率先开展示范区、试验区、先行区建设等是城市群、经济圈起步阶段的必要工作。推进成渝地区双城经济圈建设不能空对空，需要一批发展平台来承接重大功能布局。要综合考虑发展需要和现实基础，依托两省市已确立并重点推进的9个毗邻地区合作平台，促进毗邻合作、各类县域间合作在实质项目上的运行。同时，以行政区与经济区适度分离为引领，探索构建统一经济体系，消除财税分享、产业扶持、市场准入、项目审批等政策差异。

1. 打造多元化合作平台

发挥川渝毗邻地区区位、交通、产业、资源等优势，在合作发展基础较好、辐射带动作用较强的地区和毗邻地区县域规划布局一批新型功能区、协同发展示范区、各类新区、产业转移示范区、综合改革试验区等重大功能平台，探索"一区多园""飞地"建园方式，在改革上先行、政策上先试，努力打造高质量工业园区、省际区域合作的经济区与行政区适度分离改革试验区、产业试验区，并发挥其先导作用和引领效应，引领成渝次级区域发展，破解"毗邻塌陷"难题。

2. 创新利益分享机制

探索跨区域合作平台财税分享机制，支持平台形成的税收增量跨地区分享，并根据相关政策因素变化动态调整分享比例。对由地方政府主导迁移的企业，完善企业税收收入分享办法，引导迁入地和迁出地共同商定税收分享比例和年限，促进资源要素合理流动。研究制定"飞地经济""总部经济"等跨区域合作经济指标统计办法，合理确定"飞出地"和"飞入地"、总部和分支等的核算数据。

3. 创新平台管理机制

推行平台行政管理主体、开发建设主体和平台营运主体"三分离"的管理运行模式。行政管理主体负责平台内行政职能和社会职能，精简调整内设机构和体制机制，实行扁平化管理和一站式服务。开发建设主体负责平台土地开发与建设，鼓励社会资本和入园企业参股共同开发、分享收益。平台营运主体承担平台的招商、经营与管理等市场化运作功能。培育和发展社会中介组织，推进园区公共服务社会化。强化政府统一规划，市场联合开发，共建共享，协同管理。

（五）加强重点要素一体化保障

1. 强化人力资源一体化保障

加快户籍制度改革，全面放开落户限制，促进毗邻地区县域间劳动力自由流动；鼓励毗邻县域联合提供政策咨询、职业指导、职业介绍、创业服务等一体就业服务；联合开展人力资源职业技术培训，推行人才资质互认共享。加强高层次人才的协同管理，探索人才柔性流动机制。

2. 强化资金投入一体化保障

积极探索设立具有长效性和广泛性的一体化区域合作发展基金，明晰"基金会规则"，明确"多付出多收益"的利益分享机制。资金筹措上，一方面尝试先将两个行政区内各种扶持落后地区性质的资金和政策性贷款等资金进行整合，集中使用，用于支持一体化发展中落后地区的发展；另一方面通过搭建融资担保平台，吸引各级政府的建设基金和社会资金积极参与，同时抓好基础设施建设债券发行。

3. 强化土地资源一体化保障

积极争取国家支持，探索建立用地指标市场化调剂和有偿使用机制，鼓励用地指标在毗邻地区县域间跨省（市）域调剂，促进土地生产要素有序流动、共享共用；依法推动农村土地综合整治、城乡建设用地增减挂钩，健全盘活存量建设用地机制；建立收储出让管理机制，探索执行统一绩效标准、资源利用效率标准的土地利用全生命周期管理机制。

附表 1　川渝毗邻地区各县域"十四五"规划发展的重点产业

地区	重点产业
四川省	
泸县	做强绿色化工、绿色食品、医药及先进制造业四大千亿级集群；建成以建筑工程总包、专业分包和建筑装配式制造、建筑服务为主的建筑产业集群，做响"中国建筑之乡"品牌；做活商贸物流、文化旅游、电子商务、新兴服务业增长极；强化现代农业基础，做实做优粮食、生猪、龙眼、水产四大主导产业，完善种养产业配套，发展绿色、无公害和有机食品
合江县	大力发展现代制造业，加快推进绿色化工和新材料、绿色建材、食品加工、包装材料四大百亿主导产业发展；大力发展现代农业，巩固粮食、生猪重点产业，做优荔枝、真龙柚、中药材等特色产业，壮大特色养殖、优质水产、高效林竹等优势产业；大力发展现代服务业，打造康旅业和全域旅游业，创新商业贸易业，优化房地产业
船山区	大力发展先进制造业，加速壮大锂电配套、PCB及配套、智能终端等电子信息产业，瞄准智能机械、智能汽车、医疗健康等装备制造产业，培育数字基础、数字服务、数字制造业；推进中央商务区转型升级，着力培育"三大夜间经济带"，提升发展围绕"两岛一河一镇"的全域旅游业，突出发展社区养老、医疗康养产业；做精做特都市农业，大力发展立体智能生态养殖业和"渝遂绵"优质绿色蔬菜种植业，推动发展白芷种植业和精深加工业
安居区	重点发展锂电及新材料产业，优化发展汽车与装备制造产业，有序发展天然气清洁能源产业，做优食品及特色消费品产业，着力发展通航配套服务；着力优化商业贸易业，跨越发展"一廊三区"文旅产业，加快发展教育服务、体育服务业，特色发展健康养老产业，融合发展电子商务产业，规模发展现代物流产业；优质发展粮油、蔬菜加工、水果种植、生猪养殖、水产加工产业，特色发展生态安居·西部生态农业产业、农旅安居·中部都市农业产业、现代安居·南部现代农业产业，创新发展"互联网+"现代农业和信息化农业，融合发展农旅、农工产业
蓬溪县	打造西部最大智能家居产业，做精锂电及新材料产业，做大绿色食品饮料产业，加快聚集线缆线束产业，改造提升电子、纺织、建材、机械等传统产业；围绕书法文化、"中国革命老区"、"国家现代农业示范区"、中国·红海景区、赤城湖自然资源等打造精品文旅产业，提升发展现代农贸、物流服务产业，加快发展现代商贸服务产业，积极发展现代金融产业，推动发展成长型服务业；培育数字化、智慧化产业，推进农工产业数字化转型；巩固发展粮油产业、生猪养殖业、现代畜牧业，大力发展优质菌菜、精品水果、健康水产、道地中药材、高效林竹等五大特色产业，拓展发展休闲农业、体验农业和乡村旅游业
东兴区	突破发展中医药大健康产业，支持蚕桑、巨黄竹、青花椒、优质商品猪、特色水产、蒲葵等产业成链发展；规划发展成渝循环经济产业，大力发展循环经济、新装备、新材料主导产业；培育引进大数据产业，重点发展成本和人才敏感性呼叫中心、数据处理与互联网营销等BPO产业和软件研发、教育培训、电子商务等ITO及关联产业；配套发展现代物流和电子商务服务产业，大力发展农产品冷链物流、川渝川菜"中央大厨房"、粮食物流、医药物流等特色物流业；融合发展文化旅游产业，推动商贸、夜经济、特色美食、节会经济等服务业

续表1

地区	重点产业
隆昌市	做优做强装备制造业、食品饮料业，大力发展新材料产业、特色发展玻璃陶瓷业；重点发展稻渔产业，配套发展优品柑橘、内江黑猪，融合发展木本油料、特色竹类，培育现代农业种业、现代农机装备和现代农业烘干冷链物流三大先导性产业，推进农业与乡村休闲旅游、文化体验、养生养老等深度融合；积极发展全域旅游，加快推进电子商务业，大力发展现代物流业，转型升级商贸服务业，创新发展育幼产业；大力培育数字经济产业，发展工业互联网、人工智能产业
岳池县	加速壮大以生物医药、输变电、岳池米粉为主攻方向的现代工业产业，聚焦发展制剂、高端原料药、医疗器械、医美化妆品等重点产业，鼓励发展5G、工业互联网、人工智能产业；引进发展康养、托幼、数字娱乐新产业，支持发展线上配送、无接触零售新业态，打造发展文化旅游产业，科学布局物流产业，扶持完善商贸产业；大力发展稻米、生猪两大主导产业，提质发展中药材、藤椒、蔬菜三大特色产业，完善农家生态文化旅游融合产业
武胜县	集聚发展节能环保新材料、装备制造、农产品加工三大主导产业，发展"火锅＋啤酒＋丝绸"工业旅游；围绕构建"1＋3"现代服务业体系，推动精品旅游产业带动消费产业，加快物流产业发展，建设农贸商贸市场，做实现代服务业；做优建筑业和房地产业，发展天然气和输变电产业
邻水县	依托装备制造产业基础，培育壮大新技术、新业态、新模式、新产业，大力发展高端装备制造、先进材料、新一代信息技术产业；特色发展邻水脐橙主导产业，优质发展粮油产业、稻渔产业、生猪产业、花卉苗木产业、果树产业，配套发展现代农业种业、现代农业装备、现代农业烘干冷链物流三大先导性支撑产业；培育发展医药养生、文化体验、乡村民宿等新业态，加快发展文旅融合产业、乡村旅游、精品旅游、"苗木＋旅游＋文化"产业，重点发展康养文旅产业
华蓥市	坚持工业主体地位不动摇，加快发展玄武岩纤维新材料产业，推动电子信息产业向创新消费和军民融合领域拓展，支持发展装备制造智能化产业和数字化产业，持续规范发展水泥、砂石等建材产业；繁荣发展文旅产业，加快培育现代物流产业，优化发展核心商业服务，大力发展对外贸易产业
达川区	重点发展高端陶瓷、新型建筑材料、装配式建筑等产业，转型发展钒钛特钢、钒钛合金、钒钛制品等产业，大力发展汽车中控、灯箱、零部件等汽摩配套产业，大力承接PCB板、终端制造、数字经济等产业，壮大乌梅、花椒、生猪肉制品加工产业；聚焦乌梅、花椒、安仁柚三大特色产业，推进农业与旅游、文化、教育、科技等产业深度融合，打造电商产业；大力发展生产性服务业，培育壮大集时尚购物、智慧养老、总部经济、数字经济于一体的商贸产业，大力发展"1＋3＋N"物流产业，完善发展金融市场及配套服务产业；依托历史人文、自然生态和红色基因等特色文化资源，突破发展文旅产业
宣汉县	提质做大工业经济，持续做大天然气硫磺产业，延链发展微波纤产业，加快发展锂钾综合开发产业，着力壮大金属新材料产业；提速做精文旅产业，提档做强商贸物流产业；持续特色发展"牛、药、果、茶、菌"等产业，大力发展"农业＋旅游、康养"等新业态
开江县	聚焦发展智能装备制造、电子信息和大数据、农产品加工三大主导产业；优质发展稻渔产业、生猪养殖产业和特色水禽种业、渔业养殖和有机产品产业；培育发展特色街区、夜间经济、休闲经济商业，大力发展电子商务和物流产业，持续发展禅意生活、康养休闲、农旅体验为主的全域旅游业

续表1

地区	重点产业
大竹县	突破发展电子信息配套产业，大力发展智能制造产业，全力引进苎麻面料和成衣生产、鞋服加工及配套产业，发展工业互联网、数字经济等新兴产业；大力发展商业贸易、现代物流、科技研发和数据服务、金融服务、文体旅游五大支柱型服务业，着力发展人力资源与教育培训、商务会展、竹城美食、医疗康养、家庭社区、绿色交通六大成长型服务业；持续打造竹、苎麻、香椿、糯稻、白茶"五张名片"，壮大粮油、畜禽、蔬菜、水果、水产"五大产业"
万源市	持续推进文化旅游、农产品加工、医药健康、商贸物流和绿色能源、绿色建材重点产业，加快发展电子商务产业，壮大康养旅游，大力推进文旅、农旅、工旅、"旅游+服务"等产业融合发展
安岳县	重点发展柠檬标准化种植、科技研发、精深加工等国际柠檬融合产业，柠檬和红薯精深加工、医药制造等食品健康产业，天然气净化等清洁能源产业，时尚女鞋、服装等纺织鞋业产业，石刻文化创意旅游产业，柠檬交易、空港物流配套等现代物流和现代电子商务产业
重庆市	
万州区	重点发展新材料、食品医药产业，提升发展汽车、绿色照明、智能装备产业；大力培育信息技术、生物产业、高端装备、新材料产业、新能源产业、智能及新能源汽车、节能环保、数字创意等战略性新兴产业；发展壮大山地高效型农业产业；发展集散融合型文化旅游产业；发展绿色智慧型物流业；发展休闲养生型大健康业；发展功能共享型金融业
开州区	重点发展电子信息、生物医药、家居建材三大主导产业；重点发展摩托车整车生产、新能源汽车、汽车零部件等产业；发展特色乡村旅游产业；建设金融、物流、社会服务产业；壮大数字经济产业链条
梁平区	做优"三峡制造"绿色工业，围绕智能产业、智能装备、绿色食品、中药材、纺织服装、特色轻工、汽车零部件、新材料、清洁能源、装配式建筑、旅游商品等领域发展现代化农业、文化产业
城口县	提质发展现代山地特色生态农业；全域发展生态文旅产业；加快发展现代服务业；创新发展生物医药、绿色资源加工、节能环保、新材料等产业；加快发展线上业态、线上服务、线上管理，积极培育智能化新产业
垫江县	构建绿色建材、医药健康、智能装备、天然气综合利用、汽摩整装及零部件、消费品工业六大百亿级产业集群；加快培育新型智能终端、新型电子元器件、高端装备、轻量化材料、合成材料、医药器械、新能源与智能网联汽车等新兴产业
长寿区	重点发展轴承、齿轮、无缝钢管、螺旋焊管、高强钢筋、钢绞线、特种线缆、胎圈钢丝等产业链，加快发展聚氨酯及高性能树脂、轻量化材料、功能性膜材料、玻璃纤维复合材料、电子材料、动力电池材料等新材料产业，发展具有西部特色的高端装备制造产业；加速发展化工医药、信息技术、消费品、商贸物流、金融等产业
渝北区	优化升级智能终端、汽车、装备、材料等产业，培育壮大高端装备、新材料、生物医药、节能环保等战略性新兴产业；提质发展现代服务业；培育壮大总部贸易、服务贸易、创新金融等高端商务商贸业态，加快发展新兴金融、总部经济、公园经济、临空经济、数字经济、专业服务、国际贸易、研发设计、新兴消费等新兴业态；大力发展现代山地特色高效农业；重点培育具有原创品牌资源、高端制作能力、市场运营能力的骨干动漫游戏企业

续表1

地区	重点产业
合川区	加快发展网络安全产业；发展汽车整车、摩托车整车、汽摩核心零部件、汽车后市场等产业；大力发展气凝胶新材料产业，培育发展装配式建筑、新型建筑材料制造业，大力发展绿色食品、日用玻璃等特色消费品工业；加快大数据、云计算、人工智能、物联网、软件服务、集成电路、智能硬件等重点产业培育和发展；发展金融、现代物流、商贸服务文旅等产业
潼南区	大力发展智能制造、清洁能源、农副食品、金属表面电镀、塑料表面电镀、泡沫电镀等多种类产品，重金属在线回收、工业固废资源化循环利用等绿色建筑建材等产业，加快培育数控机床、精密模具、工程机械等产业集群，加快新型智能终端、新型电子元器件、医药原料药、高端装备、合成材料、新能源应用等重点领域实现集群化发展；提升现代物流、能源、现代服务业
大足区	打造五金、汽摩、智能、静脉、文创五大现代工业产业集群，大力发展汽摩产业集群，重点培育节能环保材料、节能环保设备研发、节能环保技术与服务等产业，重点发展智能制造装备、电梯、无人机、智能机器人、集成电路、智能终端等产业，培育壮大特色高效农业，积极发展现代物流、外贸、电子商务金融、专业中介、软件信息服务等产业
荣昌区	优化升级食品、医药、陶瓷、服饰四个产业，重点培育农牧高新、电子信息、装备制造等产业，加强新一代信息技术、高端装备、新材料、生物医药四大新兴产业，大力发展现代物流、金融、商贸服务等产业
永川区	重点推进汽车整车、新能源摩托车、新能源汽车、智能网联汽车、汽车零部件、汽车电子等领域产业发展，重点发展高端数控机床、机器人、能源装备、动力装备等领域。围绕"高端机床+普及性机床+研发检测平台+关键零部件"的全产业链条，着力推动纸制品、食品、家具等特色消费品产业，重点发展新型建材、先进金属材料、新型非金属材料、精细化工等领域。发展高端瓷砖、智能卫浴等陶瓷制品，绿色节能、保温、装饰一体化材料和装配式建筑材料等产业，重点发展高端新型影像技术和智能医疗辅助产品
江津区	推进数字产业化和产业数字化，大力发展5G、云计算、物联网、人工智能等产业，打造重庆消费品工业高质量集聚区；发展壮大商贸物流、文化旅游、金融服务等优势服务业，推进现代化农业产业

资料来源：根据各县（市、区）国民经济和社会发展第十四个五年规划和二〇三五年远景目标纲要整理而成。

负责人：刘　航（中共四川省委党校）
成　员：赵歆岚（中共四川省委党校）
　　　　仟晓萱（中共四川省委党校）

川渝毗邻地区投资现状、存在问题及政策建议

川渝毗邻地区双城经济圈建设不仅会促发成都、重庆两大国家中心城市的发展后劲，也会带动西南乃至西部区域的高质量发展，进而缓解区域经济发展不平衡问题。川渝毗邻地区包含四川和重庆相邻的 6 个市及 13 个区县①，作为川渝毗邻地区双城经济圈建设的先行者，应努力发挥其示范作用，并在区域合作中展现新作为、实现新突破。投资是促进经济发展的重要因素，加强投资合作，携手打造区域发展新增长极是未来双城经济圈建设的重要方向。本文以川渝毗邻地区为研究主体，在把握其投资现状的基础上，深入挖掘投资存在的问题和不足，为推动两地投资协同，最大化投资效应，推动经济向更高层级发展奠定基础。

一、川渝毗邻地区投资现状分析

成渝双城经济圈是继京津冀、长三角、粤港澳大湾区之后，被锚定的我国"第四极"。为把握其投资现状和发展潜力，我们将川渝毗邻地区的投资情况与京津冀、长三角进行对比。② 同时，我们也对川渝毗邻地区内重庆地区和四川地区的投资情况进行了对比分析，为进一步加强投资合作提供依据。

（一）投资总额分析

1. 川渝毗邻地区投资增长较为平稳

从表 1 可见，川渝毗邻地区投资增长较为平稳，2019 年到 2021 年三年投资同比增速均维持在 9.0% 以上，波动幅度较小。而京津冀地区和长三角地区投资同比增速波动幅度较大，2020 年受疫情影响，投资增速均呈明显的先降后升趋势。2019 年川渝毗邻地区投资同比增速分别高出京津冀地区和长三角地区 3.3 个百分

---

① 川渝毗邻地区指重庆毗邻四川的万州区、开州区、梁平区、城口县、垫江县、长寿区、渝北区、合川区、潼南区、大足区、荣昌区、永川区、江津区共计 13 个区县（文中简称重庆部分），以及四川毗邻重庆的达州市、广安市、遂宁市、资阳市、内江市、泸州市共计 6 个市（文中简称四川部分）。

② 之所以排除粤港澳大湾区，是因为其包括了香港、澳门两个特别行政区，发展情况差异较大。

点和2.4个百分点，2020年则分别高出6.2个百分点和3.7个百分点。

表1 投资总额同比增速对比

单位：%

经济区	2019年				2020年				2021年	
	季度									
	1	1–2	1–3	1–4	1	1–2	1–3	1–4	1	1–2
川渝毗邻地区	8.1	10.0	9.1	9.2	−6.1	4.1	7.3	9.0	15.0	9.3
京津冀地区	1.1	12.6	8.4	5.9	−9.9	−1.5	1.6	2.8	19.5	5.3
长三角地区	5.2	6.3	6.5	6.8	−1.2	1.1	4.3	5.3	23.7	12.0

注：数据经各省市统计局整理而来。

2. 川渝毗邻地区投资季节波动明显

从图1可见，2018年以来，川渝毗邻地区投资整体呈上升趋势，季均环比增速约为4.18%，且受春节等传统节日假期的影响，具有明显的季节变动规律，每年二季度投资较多，为波峰，一季度投资较少，为波谷。四川地区投资总额明显高于重庆地区，且差距有略微扩大的趋势，2021年上半年投资总额的差距是2018年的1.8倍。四川地区对川渝毗邻地区整体投资的带动作用更显著，季均投资环比增速高出重庆0.4个百分点。

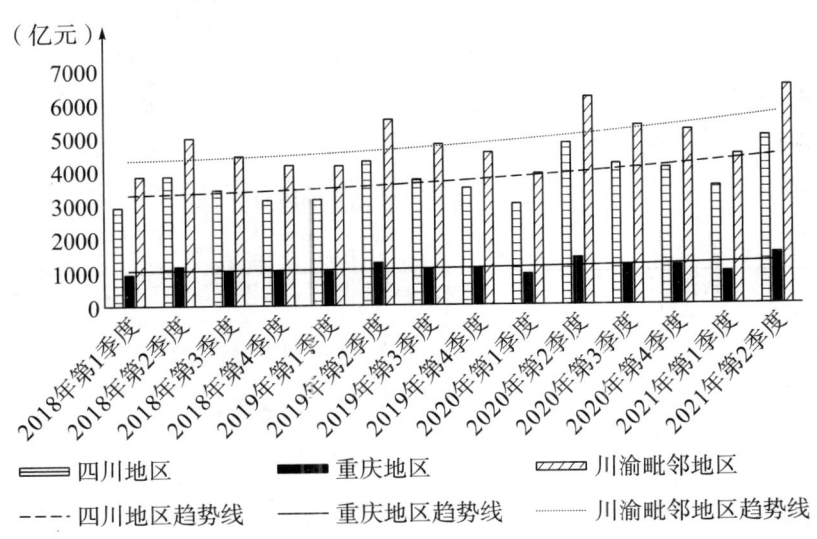

图1 川渝毗邻地区内投资总额分区对比

注：数据经各省市统计局整理而来。

从图2可见，除2020年一季度受疫情影响投资为负增长外，四川地区的投资同比增速在大多数季度都比重庆地区高，投资增长较快，季均同比增速差异为4个百分点左右。

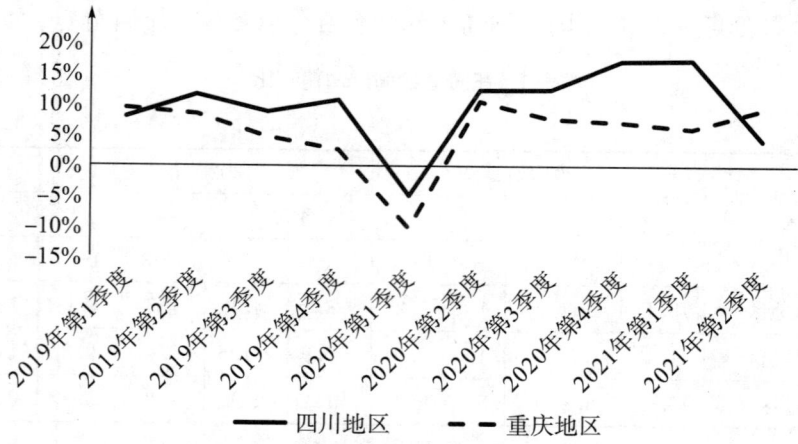

图 2　川渝毗邻地区内投资同比增速对比

注：数据经各省市统计局整理而来。

（二）投资结构分析

1. 外部对比

（1）从投资的产业结构看，川渝毗邻地区各次产业投资均增长较快

从表2可见，京津冀地区第二产业和第三产业投资同比增速加快，第三产业2021年上半年较2019年提高了13.5个百分点，第一产业投资同比增速有所下滑；长三角地区除第一产业投资增速下降外，二、三产业投资增长均加快；而川渝毗邻地区各次产业投资同比增速均有显著提升，一、二、三产业2021年上半年比2019年的同比增速分别提升了15.8个百分点、4.3个百分点和1.1个百分点。可见，川渝毗邻地区三次产业处于"全面"较快发展状态。

表 2　各次产业投资同比增速对比

单位：%

经济区		2019年	2020年	2021年上半年
川渝毗邻地区	第一产业	13.4	14.4	29.2
	第二产业	10.5	6.8	14.8
	第三产业	8.5	6.3	9.6
京津冀地区	第一产业	9.1	18.0	-11.1
	第二产业	6.7	20.9	10.8
	第三产业	15.8	6.5	29.3
长三角地区	第一产业	33.3	48.9	25.5
	第二产业	7.5	5.7	12.3
	第三产业	5.1	6.6	9.5

注：数据经各省市统计局整理而来。

（2）从投资主体结构看，川渝毗邻地区民间投资增长较快

从表3可见，2021年，川渝毗邻地区民间投资增长较快，1—8月同比增速分别比京津冀地区和长三角地区高出12个百分点和4.9个百分点；但外商及港澳台投资增速不如京津冀地区，1—8月同比增速差距为29个百分点；川渝毗邻地区、京津冀地区和长三角地区国有投资的同比增速均明显减缓，1—8月同比增速分别比1—2月降低了27.6个百分点、16.9个百分点和23.8个百分点。这也显示出川渝毗邻地区民间投资活跃，经济具有较强的活力。但同时，由于地缘因素在吸引外资方面有一定劣势。

表3 2021年各主体投资同比增速对比

单位：%

经济区	投资主体	1—2月	1—3月	1—4月	1—5月	1—6月	1—7月	1—8月
川渝毗邻地区	民间	20.1	15.4	14.4	15.1	13.8	12.5	16.2
	国有	34.7	12.2	9.8	7.5	8.3	7.9	7.1
	外商及港澳台	39.3	28.7	20	15.3	14.6	10.1	9.1
京津冀地区	民间	7.8	6.3	6.9	8.0	4.2	5.2	4.2
	国有	22.6	29.4	21.9	10.9	3.0	4.0	5.7
	外商及港澳台	72.8	62.6	62.4	44.9	35.7	34.1	38.1
长三角地区	民间	32.8	23.3	19.9	16.5	13.3	11.0	11.3
	国有	29.2	18.5	14.4	10.1	6.5	6.3	5.4
	外商及港澳台	44.9	19.5	12.8	10.5	9.1	7.7	4.3

注：数据经各省市统计局整理而来。

（3）从投资去向结构看，川渝毗邻地区基础设施投资增长较快，房地产投资和产业投资增速明显回落

从表4可见，川渝毗邻地区基础设施投资同比增速虽有降低，但1—8月增速仍居三个经济区首位，分别超出京津冀地区和长三角地区3.7个百分点和6.9个百分点；但房地产投资和产业投资增速回落明显，1—8月房地产投资同比增速与京津冀地区和长三角地区的差距分别为4.9个百分点和3.7个百分点，产业投资差距分别为9个百分点和1.7个百分点。

表4 2021年投资去向同比增速对比

单位：%

经济区	去向	1—2月	1—3月	1—4月	1—5月	1—6月	1—7月	1—8月
川渝毗邻地区	基础设施	34.0	12.5	11.1	9.9	10.6	10.8	10.3
	房地产	46.0	19.3	16.3	12.2	8.2	6.8	6.4
	产业投资	44.4	20.0	18.6	15.4	15.5	15.5	14.1

续表4

经济区	去向	1—2月	1—3月	1—4月	1—5月	1—6月	1—7月	1—8月
京津冀经济区	基础设施	45.3	25.3	26.3	13.7	8.0	3.3	6.6
	房地产	28.9	27.2	22.7	15.4	14.5	13.2	11.3
	产业投资	28.8	34.5	31.4	18.5	17.0	16.5	23.1
长三角经济区	基础设施	38.9	27.7	18.0	9.5	3.6	2.8	3.4
	房地产	41.1	26.5	19.3	14.8	11.2	10.1	10.1
	产业投资	34.7	25.2	21.0	17.2	16.8	15.9	15.8

注：数据经各省市统计局整理而来。

2. 内部对比

（1）从投资产业结构看，川渝两地投资倾向存在差异

从投资的产业结构来看，川渝毗邻地区三次产业投资保持全面较快增长，2019年三次产业投资增速分别较2018年上升7.9个、4.2个、0.2个百分点，2020年受疫情影响，除第一产业投资增速缓慢上升外，二、三产业投资增速都明显下滑，2021年随着经济的逐步回暖，三次产业投资进入全面快速增长阶段，上半年增速分别较2020年上升了14.8个、8.0个、3.3个百分点。

表5　川渝毗邻地区三次产业投资增速

单位：%

产业	2018年	2019年	2020年	2021年上半年
第一产业	5.5	13.4	14.4	29.2
第二产业	6.3	10.5	6.8	14.8
第三产业	8.3	8.5	6.3	9.6

注：数据经四川省和重庆市统计局整理而来。

从图3八大行业投资同比增速对比来看，除住宿和餐饮业投资呈现两极分化外，四川地区和重庆地区的其他行业投资走势基本相同，且分别对科学研究和技术服务业、文化体育娱乐业投资力度较大。四川地区科学研究和技术服务业投资的同比增速高出重庆地区38.56个百分点，而重庆地区的文化体育娱乐业投资同比增速高出四川地区14.17个百分点。

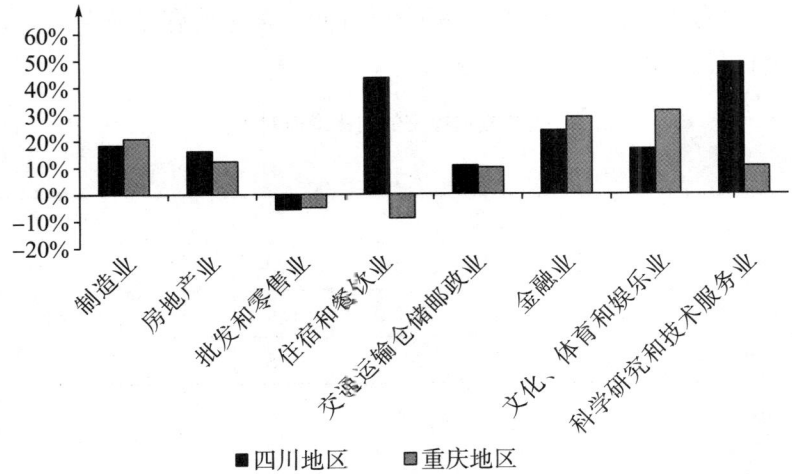

图3 川渝毗邻地区内各行业投资的同比增速对比

注：数据经四川省和重庆市统计局整理而来。

(2) 从投资主体结构来看，四川地区外商投资持续增长，重庆地区外商投资出现负增长

从图4可见，四川地区和重庆地区国有投资均有减缓趋势，四川地区国有投资的同比增速由2021年2月的25.3%下降到8月的11.9%，重庆更是由44%下降到2.2%；重庆地区外商投资连续六个月出现负增长，而四川地区外商投资持续增长，同比增速均维持在10%以上；四川地区民间投资增长稳定，同比增速维持在14%左右，而重庆却由52.8%下降到11.4%。

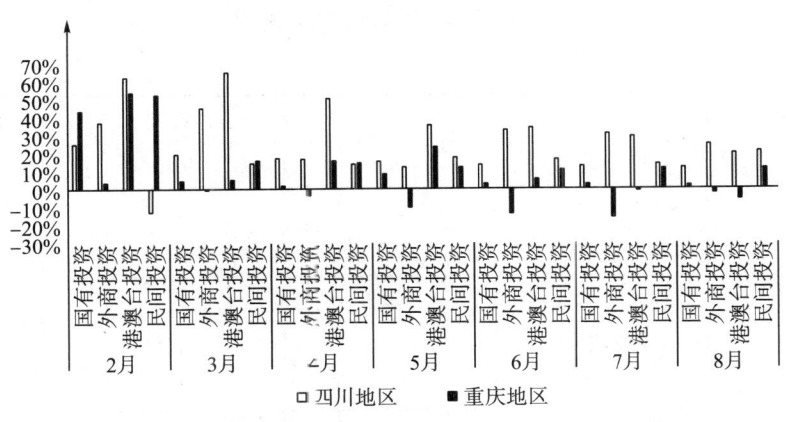

图4 2021年川渝毗邻地区内投各主体投资同比增速对比

注：数据经四川省和重庆市统计局整理而来。

(3) 从投资去向结构来看，四川地区基础设施投资平稳增长，而重庆地区两类投资均明显减缓

从表6来看，川渝毗邻地区内部四川地区基础设施投资和房地产开发投资平稳增长，同比增速均略微上升：2021年1—8月分别比2021年1—2月增加了0.8个

百分点和 0.4 个百分点。而重庆地区的两类投资同比增速均有显著下滑，下降幅度分别为 39.2 个百分点和 54.7 个百分点。

表 6　各类去向投资的同比增速对比

单位：%

地区	四川地区				重庆地区			
时间	1—2月	1—4月	1—6月	1—8月	1—2月	1—4月	1—6月	1—8月
基础设施	31.4	32	32.5	32.2	51.9	9.4	12.2	12.7
房地产开发	22.7	22.1	22.5	23.1	54.8	13.9	1.1	0.1

注：数据经四川省和重庆市统计局整理而来。

（三）投资的区域均衡性分析

1. 与京津冀和长三角相比，川渝毗邻地区投资增长的区域均衡性更高

从表 7 可见，各经济区内投资的增速均存在明显差异。京津冀内各地区投资呈现你追我赶的态势，投资增长最快的地区由 2019 年的天津地区转变为 2020 年的河北地区，地区投资增速差异没有减小趋势；长三角内各区域投资增速均随时间推移明显增加，但投资同比增速的地区差异仍维持在 5% 左右；而川渝毗邻地区中四川地区投资虽增长较快，但区域差异有减缓趋势，四川地区与重庆地区投资的同比增速由 2019 年相差 3.3 个百分点降低到 2021 年上半年相差 1.2 个百分点。

表 7　投资增速分区对比

单位：%

经济区	内部区域	2019年	2020年	2021年上半年
川渝毗邻地区	四川地区	9.9	9.8	9.2
	重庆地区	6.3	4.2	8.0
京津冀地区	北京地区	−2.4	2.2	9.2
	天津地区	13.9	3	6.2
	河北地区	6.1	3.2	0.4
长三角地区	上海地区	5.1	10.3	10.9
	浙江地区	5.1	0.3	10.3
	江苏地区	10.1	5.4	14.9

注：数据经各省市统计局整理而来。

2. 从川渝毗邻地区内部来看，四川地区投资区域分布较稳定，但区域分布的均衡性略低于重庆地区

用投资总额的标准差系数[①]来比较川渝毗邻地区内投资的区域分布差异。从图5可见，2018年1季度到2021年2季度，四川地区各市州投资总额的标准差系数均高于重庆地区各区县，季均标准差系数分别为1.35和1.04，说明重庆地区投资的区域均衡性略高于四川地区。从变动趋势来看，四川地区投资的区域均衡性随时间推移较为稳定，而重庆地区投资的区域分布波动更大。

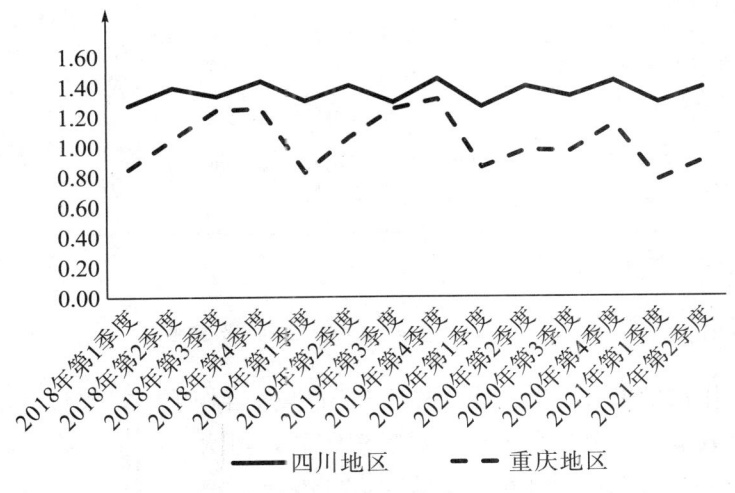

图5 投资区域分布均衡性对比

注：数据经四川省和重庆市统计局整理而来。

（四）合作互动情况分析

1. 从顶层政策支持来看，川渝地区政策数量更多，内容更细

从顶层政策数量来看，川渝地区近几年连续颁布了合作平台类、区域发展规划类和交通网络建设类共计6项较重要的政策，而京津冀地区和长三角地区分别为3项和4项。可见，为将川渝地区打造成我国经济增长第四极，政策支持力度较大。从政策内容来看，川渝地区的平台类政策更侧重推进交通、产业、生态、公共服务等各方面的合作，并打造9个毗邻地区合作平台，而京津冀地区和长三角地区更强调产业合作。川渝地区的发展规划类政策既有整体建设规划，又分区域因地制宜地设计了较为详尽的发展计划，而京津冀地区和长三角地区基本都是总体发展规划。川渝地区交通网络建设类政策既有关于综合交通网络建设的，也有分时间点的行动

---

① 标准差系数又称均方差系数，是反映标志变动程度的相对指标。标准差系数的计算公式如下：$V=\frac{\rho}{x}$。V 为标准差系数，ρ 为标准差，x 为平均数。V 越大，表明现象的波动越大，V 越小，表明现象的波动越小。

规划，相对于京津冀和长三角地区更完善。这也显示出，相较于地缘以及发展较晚方面的"劣势"，川渝地区通过加强协同规划来弥补短板，加快"追赶"的速度。

表8 合作政策数量对比

经济区	合作平台类	区域发展规划类	交通网络建设类
川渝地区	《川渝毗邻地区合作共建区域发展功能平台》	《成渝地区双城经济圈建设规划纲要》《泸永江融合发展示范区总体方案》《明月山绿色发展示范带总体方案》	《成渝地区双城经济圈交通发展三年行动方案》《成渝地区双城经济圈综合交通运输发展规划》
京津冀地区	《关于加强京津冀产业转移承接重点平台建设的意见》	《京津冀自贸试验区三方战略合作框架协议》	《京津冀协同发展交通一体化规划（2014—2020年）》
长三角地区	《企业、产业服务联盟》	《长江三角洲区域一体化发展规划纲要》《一体化发展三年行动计划》	《长江三角洲地区交通运输更高质量一体化发展规划》

注：数据经各省市政府网站整理而来。

2. 从项目合作来看，川渝地区项目合作投资总额更大，合作领域更广

从项目合作数量来看，川渝地区共计67个重大合作项目，比长三角和京津冀地区的合作项目数量少；但从合作项目总投资来看，川渝地区位居第一，总投资接近5000亿元，分别超过京津冀和长三角地区1627亿元和2725亿元。从项目合作的内容来看，京津冀地区侧重产业合作，还有很大一部分是涉及产业转移的项目合作，长三角以产业融合项目为主，而川渝地区项目合作的内容较为丰富，涵盖了交通、产业、科技、能源、基础设施建设、文化旅游和公共服务等各个领域，合作领域更广。

表9 项目合作情况

经济区	合作项目数量	总投资
川渝地区	综合交通运输体系合作项目24个，现代产业体系合作项目23个，科技创新合作项目5个，能源基地合作项目1个，平台基础设施建设合作项目4个，文化旅游合作项目6个，公共服务合作项目4个	4917亿元
京津冀	52个产业合作项目（涉及智能制造、大数据、节能环保、医疗健康等领域）；科技项目11个，产业转移项目51个	3290亿元
长三角	区域一体化重大合作项目86项（产融结合、先进制造和新型科创）	2192亿元

注：各项目正在逐步开展中，数据经各省市政府网站整理而来。

二、川渝毗邻地区投资存在的问题分析

(一)产业投资力度有待进一步加强

从表10来看,2021年1—8月川渝毗邻地区产业投资同比增速最小,与京津冀和长三角分别相差9个百分点和1.7个百分点;并且川渝毗邻地区产业投资同比增速下降幅度最大,2021年1—8月产业投资同比增速比1—2月下降了30.3个百分点,京津冀和长三角分别下降了5.7个百分点和18.9个百分点。

表10 2021年产业投资同比增速对比

单位:%

经济区	1—2月	1—3月	1—4月	1—5月	1—6月	1—7月	1—8月
川渝毗邻地区	44.4	20.0	18.6	15.4	15.5	15.5	14.1
京津冀地区	28.8	34.5	31.4	18.5	17.0	16.5	23.1
长三角地区	34.7	25.2	21.0	17.2	16.8	15.9	15.8

注:数据经各省市统计局整理而来。

从表11来看,川渝毗邻地区第一产业投资的年均同比增速与长三角地区相差16.9个百分点,第二产业投资和第三产业投资的年均同比增速与京津冀地区分别相差2.1个百分点和9.1个百分点,三次产业投资与其他经济区也存在一定差距。可见,为推动成渝双城经济圈现代产业体系的打造和建设,需进一步提升和加强川渝毗邻地区产业投资力度。

表11 各经济区产业投资年均同比增速对比

单位:%

产业	川渝毗邻地区	京津冀地区	长三角地区
一产投资	19.0	5.3	35.9
二产投资	10.7	12.8	8.5
三产投资	8.1	17.2	7.1

注:数据经各省市统计局整理而来。

(二)外商及港澳台投资与京津冀经济区仍有差距

从表12来看,川渝毗邻地区外商及港澳台投资同比增速虽赶超了长三角地区,但与京津冀地区仍有差距。由于京津冀地区有较为成熟的投资环境和产业集群,对外商及港澳台投资更具吸引力。2021年1—8月,京津冀外商及港澳台投资同比增速为38.1%,超过川渝毗邻地区29个百分点。并且从变动趋势来看,川渝毗邻地

区外商及港澳台投资同比增速下降幅度较大,1—8月的同比增速较1—2月低了30.2个百分点。针对此问题,需要从机制、环境、人力、产业等各方面来提升对外商及港澳台投资的吸引力。

表12　2021年外商及港澳台投资同比增速对比

单位:%

时间	川渝毗邻地区	京津冀地区	长三角地区
1—2月	39.3	72.8	44.9
1—4月	20.0	62.4	12.8
1—6月	14.6	35.7	9.1
1—8月	9.1	38.1	4.3

注:数据经各省市统计局整理而来。

(三)民间投资的地区协同性有待提升

从表13来看,川渝毗邻地区民间投资同比增速虽一直维持在两位数,四川地区民间投资稳步增长,但重庆地区的民间投资同比增速快速下降,由1—2月的52.8%降低为1—8月的11.4%,下降幅度高达41.4个百分点,民间投资的地区协同性有待提高。究其原因,四川民间资本发展起步较早,政府扶持力度更大,大中型民营企业数量和营业总收入均较高,2021年营业总额在千亿元以上的民营企业高达28家;并且四川对第三产业的电子信息、交通运输等领域扶持力度较大,而重庆地区更倾向于扶持重工业和装备制造业,2021年民营企业100强中,制造业占比约50%,也造成两地大中型民营企业所处领域大相径庭。

表13　2021年川渝毗邻地区民间投资的同比增速

单位:%

经济区	1—2月	1—3月	1—4月	1—5月	1—6月	1—7月	1—8月
川渝毗邻地区	20.1	15.4	14.4	15.1	13.8	12.5	16.2
四川地区	-12.5	14.4	13.8	17.5	16.5	13.7	21.0
重庆地区	52.8	16.4	15	12.7	11.1	11.3	11.4

注:数据经四川省和重庆市统计局整理而来。

(四)投资的区域极化现象仍旧明显

从表14来看,川渝毗邻地区市州、区县投资的区域分化明显。四川地区的投资主要由成都市带动,其历年投资总额占四川地区的60%以上,且变动不大;重庆地区的投资主要由渝北区和江津区拉动,两地投资总额占重庆地区的40%左右,2021年上半年占比虽有降低,但仍占36.0%,说明川渝毗邻地区内部投资的区域极化现象仍非常明显,虽然投资"极核"能在一段时期内推动区域快速发展,但长期的"短板效应"仍值得重视。

表 14 川渝毗邻地区内投资占比情况

单位:%

内部区域	2018 年	2019 年	2020 年	2021 年上半年
四川成都市	62.3	62.8	62.8	62.3
重庆渝北区和江津区	47.2	45.3	42.4	36.0

注:数据经四川省和重庆市统计局整理而来。

从川渝毗邻地区投资总额的标准差系数时序图来看,标准差系数由 2018 年 1 季度的 1.91 上升到 2021 年 2 季度的 2.06,投资的地区差异仍有略微扩大趋势。投资增长极的区域带动力有待进一步提升,以提高投资的区域均衡性。

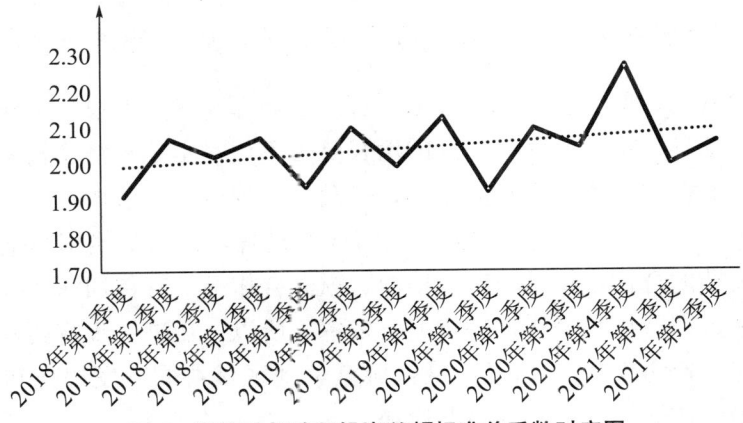

图 6 川渝毗邻地区投资总额标准差系数时序图

注:数据经四川省和重庆市统计局整理而来。

(五)川渝毗邻地区投资合作的经济联动效应有待增强

选择地理权重,通过空间杜宾模型测算川渝毗邻地区投资的空间经济溢出效应,即某一市州或区县投资的增长是否不仅对本地经济增长有推动力,同时还会产生溢出效应,对更多地区的经济产生推动力。

从结果来看(表 15),由于投资总额的空间项在 10% 的显著性下显著为正,表明川渝毗邻地区内部某一市州(区县)投资增加在推动本地经济发展的同时,也会引起其他区域经济的联动效应,投资的空间溢出效应明显。但系数估计值较小,反映出投资对跨区域经济联动效应的影响程度有待进一步提高。随着成渝双城经济圈的打造,应该更充分发挥投资的空间辐射力,最大化投资效应。

表 15 投资的空间经济溢出效应结果

变量	系数估计
投资总额	0.81***
创新力度	0.01***
城镇化	−25.4
产业结构	−6.11
投资总额空间项	0.09*
创新力度空间项	0.02***
城镇化空间项	1131.42***
产业结构空间项	−33.90***

注：***、**、* 分别表示1%、5%和10%的显著性水平。

注：数据经四川省和重庆市统计局整理而得。

（六）川渝毗邻地区产业投资合作经济带动力有待进一步提升

选择产业权重，通过空间杜宾模型测算川渝毗邻地区产业投资合作所产生的经济溢出效应，即某一市州或区县投资的增长是否不仅对本地经济增长有推动力，同时还会通过产业合作渠道产生空间溢出，带动更多地区的经济增长。

从结果来看（表16），投资总额的空间项不显著，说明虽然川渝地区在经济上已经进行了长期的合作，但是在产业横向、纵向合作上仍有待加深，投资的经济带动力还有待通过产业投资合作进一步充分发挥。所以，需进一步将两地产业合作走深走实，共抓产业协作"一条链"，从区域竞争到区域协同，发挥优势产业的合作效应是未来增强产业投资效率的重要途径。

表 16 产业合作渠道结果

变量	系数估计
投资总额	0.25**
创新力度	0.002***
城镇化	29.43
第二产业结构	59.15***
第三产业结构	61.88***
投资总额空间项	0.02
创新力度空间项	0.0001
城镇化空间项	−420.74**
第二产业结构空间项	64.53**
第三产业结构空间项	77.00**

注：***、**、* 分别表示1%、5%和10%的显著性水平。

注：数据经四川省和重庆市统计局整理而来。

三、川渝毗邻地区投资合作潜力分析

（一）顶层政策设计为投资合作提供外部保障

为实现川渝经济区的协同发展，相关部门持续颁布了一系列的支撑政策和文件，也为两地投资合作提供了政策保障。税收征管一体化采取互认两地市场主体的涉税"身份证"的方式，推进跨省（市）业务办理"一网通"，为两地企业投资管理奠定了基础。健全协调联动机制打造了川渝地区公交、社保、医保、文化等领域"一卡通"，使人才的跨区域流动更便捷。数据交换共享政策聚焦医疗教育、公共交通、文体旅游等各种领域，将企业应用频次高的数据纳入共享范围，为企业在川渝地区投资合作提供了真实有效的参考。另外，优化市场环境政策和跨区域协同监管政策，允许合作园区内企业自由选择注册地，精简许可条件和审批材料，减轻企业办事负担，既为川渝两地投资合作提供了更加便捷的平台，又为区域企业的发展保驾护航。

（二）产业协同配套发展为投资合作提供持续动力

川渝两地产业门类齐全、自然资源丰富、基础实力雄厚，其电子信息、智能制造、装备制造等产业已成为国内优势产业。在此基础上，两地携手全面提升制造业竞争力和产业带动力，打造国家重要先进制造业基地。比如，签署汽车产业协同发展战略合作协议，组织100家汽车及零部件企业现场对接交流和实地考察，搭建两地汽车产业链供需信息线上对接平台，共同建设汽车产业集群。同时，共同推动国家数字经济创新发展试验区，共建电子信息产业经济走廊，打造全球电子信息高端研发制造基地。除此之外，还打造了消费品领域的协同发展，比如打造现代农产品加工产业链、产业联盟，以及火锅、茶叶、柠檬产业协同发展区。产业的协同合作发展为川渝投资合作提供了持续的内部动力。

（三）交通网络便捷为投资合作提供强大支撑

川渝地区位于"一带一路"和长江经济带交汇处，是西部陆海新通道起点，具有连接西南西北，沟通东亚与东南亚、南亚的独特优势。2017年3月，国务院印发《"十三五"现代综合交通运输体系发展规划》，"十纵十横"综合运输大通道中有7条在川渝地区交汇处。2020年7月和8月，两地联合出台《成渝地区双城经济圈交通发展三年行动方案》《川渝毗邻地区合作共建区域发展功能平台推进方案》，要建成16条川渝高速公路，开通13条以上跨省城际公交，推动两地交通形成网络式分布。同年10月出台《成渝地区双城经济圈建设规划纲要》，重点打造成都—重庆国际性综合交通枢纽，推进区域性综合交通枢纽衔接带动作用，优化不同层次枢纽城市分工协作。同时还构建了以成渝主轴为骨架、双核放射为主体、其他节点城市连接为补充的城际铁路网。交通的便捷为川渝投资合作提供了强大的支撑。

四、政策建议

（一）完善协作机制，推动川渝毗邻地区一体化发展

通过设立多级协调机构，完善协调制度，促进川渝毗邻地区的一体化发展。各地区应立足自身定位和比较优势，找准自身发展切入点和突破口，积极融入双城经济圈的发展。位于重要交通干线和流域的毗邻地区，应强化通道功能协作，协同发展通道经济和枢纽经济，做强川渝毗邻地区建设的轴带支撑；具备产业发展基础和协作条件的毗邻地区，应强化产业功能协作，携手共建上下成链、左右配套、优势互补、集群发展的产业生态圈。

（二）优化投资结构，加强第三产业投资力度

一方面，认真落实"稳农业、强工业"工作思路，在保持农业、工业投资稳步增长基础上，扩大第三产业投资，进一步优化投资结构；另一方面，积极引导投资流向高新技术产业和川渝特色优势产业，增强对文化、旅游、金融、物流、养老等现代服务业的投资力度，充分发挥投资对第三产业发展的推动作用。

（三）优化投资环境，提升投资吸引力

从经济实力、基础设施、政策保障等各个方面优化川渝毗邻地区投资环境，提升区域投资吸引力。一是依托川渝优势产业进一步打造区域产业集群，提升产业配套能力，以产业发展增强川渝毗邻地区的经济实力，提升对外商及港澳台投资的吸引力。二是连通基础设施，进一步打破地理空间局限，为川渝地区实现高水平、全方位对外开放创造更有利的区位条件。对外加大面向欧洲、中亚、东南亚和南亚的基础设施大通道的建设力度，推动通道沿线地区基础设施互联互通，对内推动川渝内铁路、公路、港口和机场一体化建设、管理和运营，提升川渝毗邻地区基础设施密度、连通度和效率。三是优化外商投资环境。促进服务政策体系和法律保障体系建设，提供更加便捷和高效的政府服务，简化手续，增强沟通。四是以项目为载体，多渠道多手段引导外商及港澳台投资投向川渝毗邻地区。

（四）加强政府引导，带动民间投资快速发展

加强政府引导，转变政府投资定位，发挥政府投资的杠杆作用，充分发挥民间投资、民营经济在保持和推动经济持续稳定增长中的重要作用。一是政府牵头搭建平台，推动川渝毗邻地区民间投资合作，促进川渝毗邻地区民间投资同步发展。二

是扩大民间投资领域，放宽市场准入条件，建立投资项目库，使民间投资能够持续参与。三是简化投资审批手续，杜绝恶意竞争。

负责人：何艳秋（四川农业大学）
成　员：丁　娟（四川统计局）
　　　　王　燕（四川农业大学）
　　　　陈弘谨（四川统计局）
　　　　戴小文（四川农业大学）
　　　　王鸿春（四川农业大学）
　　　　侯思琦（四川农业大学）
　　　　夏顺洁（四川农业大学）

万达开川渝统筹发展示范区建设战略研究

2020年1月3日,中央财经委员会召开第六次会议,明确提出要创建万达开川渝统筹发展示范区,推动渝东北和川东北地区一体化发展。建设万达开川渝统筹发展示范区,符合经济社会高质量发展的客观规律,是落实中央推动成渝地区双城经济圈建设重大战略部署的具体行动,有利于发挥合作平台的先导作用和集聚效应,提升区域发展能级和核心竞争力;有利于探索经济区与行政区适度分离,推动资源要素向优势区域集中,为实现川渝统筹发展提供示范;有利于推动川东北和渝东北地区一体化发展,巩固提升秦巴山区精准脱贫成效,助力革命老区振兴发展。

一、万达开川渝统筹发展示范区建设的基本现状

万达开川渝统筹发展示范区范围包括重庆市万州区、开州区和四川省达州市,面积2.4万平方千米,2020年常住人口815.3万人,地区生产总值3624.29亿元,分别占川渝两省市的4.2%、7.4%和4.9%。万达开三地发展的基本情况见表1。在成渝地区双城经济圈建设大背景下,万达开合作领域不断拓宽、内容不断深化、层次不断提高,为创建川渝统筹发展示范区打下了良好基础。

表1 万达开的经济发展概况(2020年)

地区	面积 (平方千米)	户籍人口 (万人)	常住人口 (万人)	地区生产 总值 (亿元)	工业增加值 (亿元)	社会消费品 零售总额 (亿元)	进出口总额 (亿元)
达州	16591	658.9	538.5	2117.8	479.9	1085.0	26.6
万州	3457	172.6	156.44	970.7	114.0	345.8	39.8
开州	3963	167.8	120.33	535.8	118.9	292.0	3.1
合计	24011	999.3	815.3	3624.3	712.9	1722.9	69.5
川渝合计	568452	12500	11572.9	73601.6	20419.5	29604.9	14595.3
万达开占比	4.2%	8.0%	7.4%	4.9%	3.5%	5.8%	0.5%

（一）现实基础

1. 协同发展机制高效运行

一是建立"三地三级"工作机制。建立并落实"党政联席会议、分管领导协调会议、联合办公室＋专项工作组"的工作运行机制，截至目前已召开党政联席会议2次、分管领导协调会议5次。建立领导联系重点项目机制，对具有支撑引领作用的重大项目逐一分解细化，共打表推进43个重点项目。二是建立多层次长效协作机制。各领域各行业加强对接沟通，交通、农业等部门组织交流座谈130余次、签订《交通一体化发展合作备忘录》等合作协议或备忘录90余份、启动合作事项250余项。三是建立宣传推介机制。联合成立和运行万达开微信公众号，实时推送示范区创建过程中的重大新闻、成果经验等。设计万达开统一标识，共同向外界展示万达开的鲜明形象。

2. 重大事项有序推进落实

一是协同谋划储备重大项目。万达开围绕产业体系、基础设施、生态屏障、公共服务等领域，谋划成渝地区双城经济圈建设川渝合作共建储备项目326项。二是协同打造重大功能载体。万达开协同提出新兴产业合作示范区建设暨制造业合作、川渝东出智慧物流港建设暨物流产业合作、"大三峡•大巴山"国际文化旅游节暨文旅产业合作、省际毗邻地区绿色发展论坛等6个重大功能载体，目前已完成重大功能载体工作方案制定。三是协同推进落实重大任务。万达开协同制定示范区建设年度目标任务，联合印发《创建万达开川渝统筹发展示范区2021年重点任务》，聚焦目标任务和重点任务，协同推进达万铁路扩能改造、万达开智能制造示范园区等43项重点项目建设。

3. 产业协同发展日益明显

一是推进产业合作示范园区建设。出台《川渝产业合作示范园区（万达开智能制造示范区）创建工作方案》，万达开智能制造示范区已纳入重点川渝合作项目，达州开江经开区、开州工业园区成功申报为首批成渝地区双城经济圈产业合作示范园区。二是加快发展物流产业。聚力推进秦巴（达州）物流园区建设，加强多式联运、推动物流园区合作互连等方面的合作，成功开通四川东出铁水联运班列，达万两地大宗货物互通时效提升20%、物流成本降低30%。三是促进文旅产业集聚发展。联合成立"大巴山•大三峡"文旅发展联盟，共同推介高峡平湖等6条精品旅游线路，大巴山国际旅游度假区、巴蜀非遗文化产业园等项目纳入共同实施的重大项目库，优化整合了文化旅游资源。

4. 交通区位优势不断凸显

一是区位条件较为优越。万达开地处川渝鄂陕接合部的几何中心，也是丝绸之路经济带、长江经济带和西部陆海新通道的重要节点，具备承东启西、连南接北的区位优势，能较好地发挥辐射带动作用。二是交通基础设施不断改善。襄渝、兰渝、达万铁路纵贯全域，沪蓉、沪渝、包茂、兰海等高速公路在此交汇，成达万高铁共同加快建设，西达渝高铁和达万铁路扩能改造前期工作协力加快推进，开江至开州川渝城际公交和农村客运线路开通。三是物流枢纽能力持续提升。成功开通四川东出铁水联运班列、西部陆海新通道达州班列、中欧班列达州专列"三向班列"，启动建设三峡综合物流枢纽，共建万达开川渝东出智慧物流港，积极建设周边地区货物东向进出的重要集散基地。如图1所示。

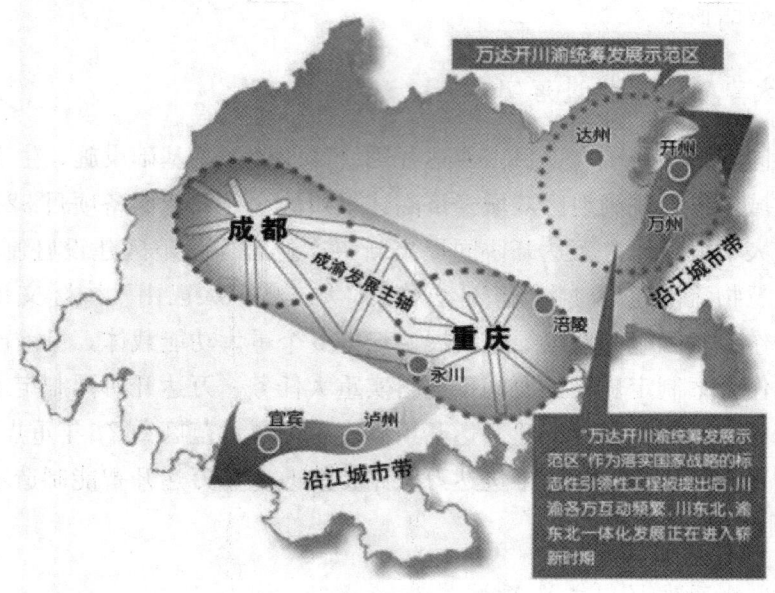

图 1　万达开的区域位置

5. 共建共治共享见势成效

一是体制机制加快共建。积极推进经济区与行政区适度分离改革，探索建立万达开一体化财税投入、利益分享等机制，完成《万达开毗邻地区经济区与行政区适度分离改革项目建设实施方案（审议稿）》的编制。二是生态环保加快共治。共同建立了生态环境监测、联合执法、流域横向生态保护补偿、森林病虫害防治等联动协作机制和生态环境分区管控体系，开展毗邻区县国控市控考核断面、饮用水监测和送样分析164项。三是公共服务加快共享。成立高校联盟、职业教育联盟，实现"二甲"以上60项医院检查检验结果互认和跨省异地就医直接结算，实现养老保险关系无障碍无纸化转移接续、工伤保险协议服务机构互认。目前万达开权限内 186 项川渝通办事项落实了 155 项。

(二) 主要问题

1. 经济发展实力整体较弱

万达开总体上仍属于经济欠发达地区,无论从经济总量还是区域带动力来看,都与成渝地区双城经济圈内其他区域存在较大差距。从经济总量来看,2020 年万达开地区生产总值合计 3624.3 亿元,仅为成都都市圈、重庆都市圈、川南渝西地区的 20.5%、38.3%、60.7%,达州、万州、开州的地区生产总值分别为 2117.8 亿元、970.7 亿元和 535.8 亿元,其中达州位列四川省 21 个市州的第 7 位,万州、开州分列重庆市 38 个区县的第 9、第 20 位,均未能进入所在省市经济发展的第一梯队。万达开与周边地区相比也存在不足。例如,与湖北省副中心襄阳市相比,达州市地区生产总值、财政收入、固定资产投资额和进出口总额分别仅为襄阳市的 46.0%、35.7%、47.3% 和 11.5%(见表 2)。

表 2 万达开与周边地区经济指标对比 (2020 年)

地区	地区生产总值 (亿元)	财政收入 (亿元)	固定资产投资额 (亿元)	进出口总额 (亿元)
达州	2117.8	112.3	1725.3	25.0
万州	970.7	67.1	202.9	39.8
开州	535.8	25.3	166.6	3.1
南充	2401.1	133.9	2125.2	35.6
安康	1088.8	28.4	1385.0	10.1
襄阳	4601.9	314.7	3647.5	218.1

资料来源:各地区 2020 年国民经济和社会发展统计公报。

2. 产业联动协作发展不足

万达开地区地缘条件、资源禀赋大致相当,产业发展存在一定的竞争,是一体化发展必须克服的问题。一是产业布局缺乏统筹规划。受资源禀赋相近、行政区划分割和地方保护主义影响,区域内支柱产业发展竞争大于合作,产业布局缺少更高层面的统一规划。二是产业发展关联性不高。达州的主导产业是能源化工、农产品加工、现代物流等,万州的主导产业是新材料、绿色照明、汽车制造等,开州的主导产业是能源建材、服装家具、食品医药等,在重点产业错位、产业链匹配等方面呈现出各自为政的现象,上下游产业的联系还需加强,协作发展的广度和深度尚需进一步提高(见表 3)。三是产业集聚发展水平有待提升。产业布局较为分散,工业园区规模小、距离远、产业链联系松散，要素资源难以实现有效共享，制约了产业集群效应的发挥。

表3 万达开三地的主导产业

地区	主导产业
达州	能源化工、智能装备制造、新材料、农产品加工、现代建筑业、电子信息、生物医药、文化旅游、现代物流
万州	智能制造装备、新材料、绿色照明、汽车制造、食品医药
开州	农业、能源建材、服装家居、食品医药、电子信息、装备制造

资料来源：各地区政府工作报告。

3. 基础设施互联互通不强

万达开地区交通条件已逐步改善，但水陆空交通总量不足、结构不优、衔接不够顺畅，综合交通网络远未形成。铁路方面，缺乏从西向、西北向融入新亚欧大陆桥经济走廊的高等级通道，成达万、西渝、郑万等东出北上高铁、西部陆海新通道达州—北部湾"冷链＋普货"班列尚处于规划建设和初步实施阶段，三地间尚无高铁互联互通，开州甚至还未通铁路。公路方面，区域公路等级偏低，路网覆盖率不高，2020年高速路网密度仅为2.8千米/百平方千米，尤其是开州区高速公路仅有60千米，与周边相比内部交通通达性不强（见表4）。水运方面，长江、嘉陵江、渠江、涪江等航道等级总体偏低，沿江港口建设缺乏统筹。航空方面，区域内机场航线数量少，资源集成力和开放影响力较弱。

表4 万达开与周边地区基础设施指标对比（2020年）

地区	公路总里程（千米）	高速公路（千米）
达州	28845	547
万州	7340	195
开州	8151	60
南充	23100	574
安康	25359	706
襄阳	30989	736

资料来源：各地区统计年鉴。

4. 生态环境约束日益趋紧

万达开地区是长江上游重要的水源涵养地和秦巴生物多样性生态功能区的重要组成部分，承担着生态环境保护和修复方面的重大职责。首先，生态保护任务繁重。达州的开江、渠县、宣汉属于限制开发区，达州万源、万州、开州属于生态涵养区，肩负着涵养水源、水土保持和长江上游生态屏障的重要作用，生态建设和环境保护任务艰巨。其次，经济发展与生态保护存在一定矛盾。高耗能产业占比较高，煤炭、化工等产业排放的废弃物超过生态环境的自净能力和承载力，"散乱污"企业排污、城乡污水处理能力、大气污染治理等问题亟待解决。最后，联防联控机制不健全。生态补偿机制、碳排放权交易机制等多停留在文件层面，在实践中还没有得到有效的推进和落实。

5. 区域合作障碍亟待破解

万达开区域互动逐步增强，为示范区建设打下了坚实的基础。但由于三地行政区划的限制，协调合作的深度和广度远远不够，统筹发展面临诸多深层次的体制机制障碍。长期以来，行政区划的"一亩三分地"惯性思维成为万达开川渝统筹发展的主要壁垒，资源配置、市场环境、公共服务、环境保护等方面都存在不同程度的体制机制障碍，政策不一、资源分散、重复投资、信息分割等现象十分明显，从而制约了万达开统筹发展的进程。从已有的合作情况来看，合作框架协议多是一种协商形式，实质性和已落地的不多。并且缺乏相应的成本投入分担机制、市场化投融资机制和利益分享机制，尤其是公共服务共享共建处于起步阶段，也加大了区域统筹发展的难度。

二、万达开川渝统筹发展示范区建设的总体思路

立足万达开地区经济发展水平和现实基础，始终坚持以人民为中心，加快形成统筹发展格局，着力提升区域发展能级，实现产业协作配套、资源要素自由流动、经济协同发展的全方位迈进，示范引领周边区域一体化发展，不断强化在全国区域发展版图中的战略地位。

（一）总体定位

1. 中西部省际交界区域合作示范区

突出规划共绘、交通共联、市场共享、产业共兴、生态共保。共同编制万达开川渝统筹发展示范区规划，协调解决重大基础设施建设、区域共同市场构建、产业布局、生态保护等问题，营造区域一体化发展的基础条件。以重点城镇为节点，以主要交通基础设施为骨干，强化交通基础设施互联互通。以统一产品检测标准、统一市场准入标准、互认检测结果、联合打造区域品牌、共同维护市场秩序为突破口，构建区域共同市场。注重产业分工协作，以能源化工产业、商贸物流、文化旅游的合作为突破口，提升区域产业的市场竞争力和影响力。

2. 长江经济带上游绿色经济践行区

突出绿色、低碳和循环发展，追求效率更高、供给更有效、结构更高端、更绿色的增长。遵循"产业生态化、生态产业化"发展思路，协同发展生态农业、生态工业和现代服务业，降低资源能源消耗，提升绿色化发展水平。构建跨地区、跨部门的山水林田湖草系统治理机制，加强生态环境联防联治，实现生态文明建设目标。以低能耗、低污染、低排放为基础，以"减量化、再利用、资源化"为主线，提高能源利用效率和清洁能源比重，构建节约型建设模式、生产模式和消费模式。

3. 西部地区重要的先进制造业基地

按照"打好产业基础高级化和产业链现代化攻坚战"的要求，逐步提高产业链的完整性、安全性、稳定性，加快构建现代产业体系。瞄准能源原材料等基础性工业，不断改进基础工艺，突破能源原材料关键技术，提升产业技术基础，推进产业基础向高级化发展。按照强链、补链、建链要求，全力实施精准招商、有效招商，着力打造具有竞争力的产业集群。依托产业集群，积极引进国家级、省级工程中心、检测中心，建立跨区域的产学研技术创新联盟，借助外力推动产业链上的通用技术、关键技术、核心技术创新，提升产业链发展质量。推进工业互联网发展，促进先进制造业和现代服务业融合，提升产业发展效益。

4. 成渝地区跨区域统筹发展样板区

万达开是成渝地区双城经济圈的重要组成部分，有条件在"统一谋划、一体部署、相互协作、共同实施"等方面率先示范。探索行政区与经济区适度分离的发展模式，加快培育万州、达州、开州等区域性中心城市，增强区域性中心城市的经济和人口承载力，妥善解决库区生态环境保护和秦巴山区振兴发展问题。打破行政壁垒，促进要素在区域内的有序合理流动，推进经济社会高质量发展。积极借鉴京津冀的通州和廊坊北三县、长三角青浦吴江嘉善地区的跨省域协同发展经验，在统一标准、统一政策、统一管控等方面先行先试，形成可复制、可推广的合作模式，并向成渝地区和西部地区逐步推广。

（二）发展目标

1. 协调发展水平不断提升

经济密切程度明显提升，协作分工高效有序，资源要素有序流动，统一开放的市场体系基本建立，基础设施、公共服务、环境治理等领域逐步形成统一的标准体系。力争地区生产总值超过6000亿元，常住人口城镇化率超过60%，服务业增加值占比55%，城乡收入差距、全域人均地区生产总值差距低于全国平均水平。

2. 综合基础设施加速成网

形成内畅外联、安全高效、绿色智慧的铁公水空综合立体交通运输网络，建成成渝地区双城经济圈东出北上的综合交通枢纽，实现万达开1小时通勤。通勤交通网络更为便捷高效，轨道交通网和高速公路密度高于全国。能源安全供应能力显著提高，5G等新一代信息设施布局成网，清洁安全的水网结构全面形成。

3. 协同创新体系基本建立

坚持"资源共享、优势互补、协同发展、互惠共赢"的原则，围绕创新平台共建、科技项目合作、园区结对、信息资源共享等展开合作，长期稳定、可持续发展的协同创新发展格局初步形成。研发投入强度、万人发明专利拥有量、高技术产业增加值占地区生产总值的比重、科技对经济增长贡献率等指标高于全国平均水平。

4. 社会民生福祉持续改善

就业更加充分，公共服务、社会保障体系更加健全，防震减灾应急能力、社会治理能力现代化水平全面提升。教育现代化取得实质进展，群众的健康水平进一步提高。基本公共服务共建共享水平显著提升，全面实现城乡教育、文化、卫生等公共服务均等化，居民生活达到高水平小康，推动共同富裕的基础不断稳固。

三、万达开川渝统筹发展示范区建设的战略路径

万达开三地按照区域一体化发展思路，坚持以新发展理念为引领，在充分发挥比较优势的基础上，重点构建现代产业体系，推进基础设施互联互通，打造开放合作高地，加强生态环境保护，提升公共服务共建共享能力，有效支撑成渝地区双城经济圈高质量发展。

（一）构建现代优势产业体系

1. 高质量发展先进制造业

建设西部地区重要的化工基地。以磷、硫资源深度开发为导向，巩固提升全国最大的磷酸盐基地建设成果，加快建成全国最大的硫化工基地、天然气高端燃料产业基地和精细化工基地。启动"天然气—合成氨—尿素—三聚氰胺"生产线、"天然气＋高炉煤气—甲醇—二甲醚"生产线技术升级改造，扩展三聚氰胺纤维、阻燃泡沫、食品级磷酸盐等主导产品生产能力。依托中国（普光）锂钾综合开发产业园，打造以锂钾资源综合开发利用为核心，兼顾钠、溴等副产资源综合利用的长产业链，加快建设全国锂钾综合开发利用示范区。

建设西南地区装备制造产业基地。依托川渝合作（达州·大竹）示范园，加快布局VR及AR设备、汽车电子、个人智能穿戴设备、智能音箱等终端产品生产线，打造成为行业有竞争力的智能终端电子及核心配件生产基地。围绕整车制造和汽车零部件、电气机械、通用设备等产业，强化与成渝地区装备制造核心区的产业协作，建设成渝地区双城经济圈的智能制造产业中心、汽车配套零部件绿色制造中心、智谷机电产业中心、装配式建筑制造中心。

建设成渝地区新材料产业基地。按照"应用定制—产品研发—原丝生产—后制品制造—检验检测—产业化运用"全产业链发展理念，加快延伸玄武岩纤维、玻璃纤维、苎麻纤维的"三纤"产业链，加强技术联合创新开发。加快"三纤"应用突破，积极推进"三纤"在轨道交通工程、汽车轻量化、金属及非金属建材、化工新材料、建筑节能新材料等领域的示范应用，推动纤维产业集群式发展。

2. 高水平培育现代服务业

建设区域性重要物流枢纽。依托沿江大通道、西部陆海新通道、中欧国际班列西部通道，强化与秦巴地区及周边省市的物流连接，建设川渝陕结合部区域重要物流通道。围绕集中实现货物集散、存储、分拨、转运的功能要求，建设信息化智能化物流基础设施，完善货运站场、专用线、专业化仓储、多式联运转运、区域分拨配送等物流设施。实施秦巴综合物流园扩容工程，打造万达开地区物流体系中枢。提升双龙铁路物流园、达川商贸物流园等物流园配套能力，形成区域性物流体系重要支点。

建设区域性旅游服务中心。依托机场、高铁站、高速公路出口等交通枢纽设施，以巴文化、红色文化和山水资源为载体，整合万州、开州及毗邻地区景点资源，发展旅游集散换乘服务和旅游咨询服务。实施大巴山生态康养国际旅游度假区、巴文化旅游艺术走廊、荔枝古道文化旅游走廊、川陕苏区红军文化公园、巴蜀非遗文化产业园、达万开乡村旅游示范带和明月山绿色发展示范带的重大项目建设，形成巴文化、红色文化、宗教民俗文化、大巴山大三峡、乡村旅游等精品旅游线路。引进培育一批高水平旅游服务中介机构，促进本地旅行社发展。

建设区域性新兴服务业集聚区。以品牌化、大型化、专业化为导向，共同发展多门类、高档次的现代会展业，吸引国际会展公司和会展承办机构落户万达开地区。依托达州省级电子商务示范城市的政策环境和平台资源优势，做大做强电子商务服务业，推动电子商务与现代物流集成创新。推动服务组织、商会等组织交流，建设万达开区域商贸流通与综合服务平台、中小商贸流通企业公共服务平台，鼓励三地连锁企业到异地建立销售网点。

3. 高品质做优特色山地农业

发展山地特色高效农业。推进优质粮油、特色果蔬、生态畜禽、生态渔业、柑橘、有机（富硒）茶叶、道地中药材等产业集群化发展，联手打造优质高产高效粮油战略保障基地、优质生猪战略保障基地、优质晚熟柑橘产业带、高山生态茶叶产业带和道地中药材产业带。推进绿色食品、有机产品认证，培育茶叶、脆李、黄花、山胡椒等农产品地理标志品牌。健全农产品流通体系，推动农产品线上线下销售，促进农业"接二连三"发展。

共建农副产品深加工基地。适应山地农产品小规模、多品种特点，培育多元化的农产品加工业集群，做优做精特色深加工产品。围绕优质粮油、富硒茶、苎麻等特色农产品资源，打造秦巴山区农产品加工示范基地。开发道地中药材大品种，突出发展中成药和中药饮片，打造中药现代科技产业示范基地。强化农副产品加工的招商引资工作，吸引知名企业进驻万达开地区，利用其品牌效应拓展特色农副产品加工品的消费市场。

（二）提升互联互通发展水平

1. 构建内联外畅交通网络

强化铁路大通道建设。配合成南达万高铁建设，形成东出连接长三角、北上连接京津冀的高铁主通道。配合西达渝高铁建设，形成北上高铁新通道。配合郑万高铁建设，协同推进渝西高铁安康至重庆段（东西线）、沿江高铁重庆至万州段、成南达万高铁等项目，全面融入国家"八纵八横"高速铁路网。依托达成铁路、襄渝铁路、达万铁路、广巴达铁路，建设四川东出北上西进南下的铁路货运枢纽。推动建设达州—广元—兰州高铁，对接西北和中部地区。

加快区域性公路枢纽建设。建设万达开城区一体衔接的半小时通勤交通网，畅通加密渝东北、川东北地区高速公路主通道，协同提升内部直连直通水平。全面融入成渝地区双城经济圈公路网体系，强化高速公路网、公路干线网、基础公路网"三网多通道"建设，提升高等级公路比例。协同推进达万直达高速等项目前期工作，提升对外联通能力，夯实万达开国家综合性交通枢纽基础。

促进开放型航空枢纽建设。推进万州五桥机场升级干线机场，按开放口岸标准建设达州新机场，规划建设开州通用机场。加快完善机场集疏运体系建设，支持万州、达州机场开辟连接"一带一路"和长江经济带重要节点城市的新航线，实现航空与全国重点城市快速通达，加强与成都天府国际机场、重庆江北国际机场的融合对接。支持建设万源、渠县、大竹、开江通用机场。

推动水运大通道建设。加快建设达川金垭、渠县宕渠货运作业区，新建风洞子航电枢纽，改扩建金盘子航电枢纽，实现渠江航道三级通航能力。加快打造区域港口枢纽，联动达州无水港和开州港发展，建成渝东北、川东北地区对外开放的航运大通道，打造三峡综合客货运枢纽。推进万州新田港和达州"无水港"建设，协同推动新田港铁路集疏运中心建设，构建铁公水多式联运体系。

2. 聚力打造对外开放平台

设立对外开放口岸。以区域关联性优势产业和骨干企业为重点,加强协同联动,在万州经开区和达州高新区建设承接产业转移示范区。加快建设航空、铁路开放口岸和保税物流中心(B型),争取建设自由贸易试验区协同改革先行区,共建共用达州"无水港"、万州新田港和万州综合保税区。拓展对外开放口岸建设领域,前瞻性谋划建设水果、粮食、钢材等功能性口岸。加强与沿江通道、西部陆海新通道、中欧班列西部通道进出境口岸协同,推进跨部门、跨区域的通关一体化协作。

打造产品进出口基地。充分发挥万达开区域特色农业和农产品加工优势,培育一批农产品出口企业和农产品加工企业,建设国家级特色农产品出口基地(出口示范区)和农产品加工出口基地。依托陆水联运优势,协同建设经开区、高新区、工业园区等川渝大宗进口产品出口基地。依托国家天然气综合开发利用示范区,创建以天然气产业为主导的中外合作园区,支撑川渝国际产能合作。

推动联合办展办会。共建中国·西部国际会展中心,协同办好秦巴地区商品交易会、秦巴口岸物流发展峰会等地方展会。开展特色产品电商促销活动,组织三地企业到电商展示展销中心参展。整合巴文化、红色文化、宗教民俗文化、大巴山大三峡、乡村旅游等自然生态和人文旅游资源,通过项目共建、品牌共塑、线路互联、客源互推,开展区域性文化旅游交流活动。

3. 创新区域合作体制机制

建立多层次合作机制。完善党政领导联席会议制度,优化合作重点和合作方式,支持跨地区、跨行业设立行业协会或联盟。完善区域合作联动机制、决策咨询机制、监督管理机制等,强化政府部门和行业协会良性互动。探索"总部+基地""研发+生产"协同招商模式,促进要素资源在区域内高效配置。实施营商环境联建、重点领域联管、监管执法联动,市场信息互通、标准体系互认、市场发展互融,逐步实现统一市场规则、统一信用治理、统一市场监管的"三联三互三统一"工程。

建立区域利益联结机制。推动建立跨区域产业转移、重大基础设施建设、园区合作的成本分担和利益共享机制,明确税收等分成方式,推进园区跨区域合作。设立"统筹发展基金",为生态环境保护、改善基础设施、职业培训和就业帮助、改进农业产业结构和非农产业提供资金支持,基金来源按地区生产总值或财政收入的一定比例缴纳。探索建立生态补偿专项资金,向重点生态功能区、水系源头地区和自然保护区倾斜,增加生态环境保护各类专项资金额度。

(三) 促进生态环境共保联治

1. 促进区域生态共建共享

实施重要生态系统保护。协同推进天然林保护、退耕还林等生态工程，全面推进渠江流域、城镇周边、坡耕地等水土流失治理工程，共同推动三峡库区及嘉陵江上游小流域建设。完善退耕还林补偿和管护机制，实行退耕农户生活补助与管护责任挂钩机制，对管护难度大、管护不到位的退耕地以村组为单位进行统一管护。

强化生物多样性保护。加强秦巴生物多样性重点生态功能区建设，联合推进野生植物及小种群拯救保护和珍稀濒危野生动物保护。以花萼山国家级自然保护区为核心，保护珍稀濒危野生动植物、古树名木及生态环境。推进万州城市山地公园群等建设，共同创建特殊生态类型国家公园。建立碳汇林融资机制，利用绿色气候资金、金融机构绿色贷款支持生态建设。

建立生态环境共治机制。严格执行规划环评要求，新建项目应满足"三线一单"管控要求。严格控制嘉陵江、长江上游区域环境风险项目，与毗邻区域建立环境影响评价区域会商机制。加强跨区域应急联动机制建设，共同应对跨界突发环境事件和环境污染事件事故，建立灾害性天气联防协作和信息通报机制。完善环境保护法规，推进跨区域、跨流域的环境联合执法。

2. 加强环境污染联防联控

强化大气污染联防联控。协同实施工业源、移动源、生活源综合治理，强化二氧化硫、氮氧化物、颗粒物、挥发性有机物等多污染物协同控制。建设空气质量网格化微站，进一步优化重污染天气区域联合预警机制。

协作开展流域水污染防治。开展长江干流、渠江、嘉陵江等流域污染治理省际合作试点，推动工业污染、畜禽养殖、入河排污口等协同管理。建立跨区域"河长制"，加快跨界河流断面水质联合监测，推进水环境质量监控网建设。加强水污染联防联控和流域突发环境事件应急联动，有效预防处置跨区域环境污染及突发环境事件。

统筹加强土壤污染防治。强化土壤污染管控和修复，全面实施土壤污染防治行动计划，共推土壤环境监测预警、污染治理与修复工程，推广使用生物农药、生物有机肥等天然植物源。开展矿山地质环境恢复和综合治理，加强固体废弃物污染防治。

3. 加快生态产品价值转化

推动传统产业循环化改造。支持现有工业园区、重点企业循环化改造，促进园区循环式发展、企业循环式生产。强化生产企业间、生产单元间产业的共生网络构建,重视生产过程中能源和水的梯级利用及副产品、废弃物的资源化。全面推广农业清洁生产技术,推动农业生产循环化改造、农村清洁能源沼气工程,创建一批"猪—沼—果""秸秆—食用菌—有机肥—种植""林—禽—渔"立体复合种养等模式的循环型生态农业示范园。

促进生态产品向生态产业转化。围绕打造"万达开生态绿色农产品"品牌,大力发展生态农业、林业和渔业。推进生态与健康、旅游、文化、休闲融合,通过生态旅游业带动运动休闲、养生保健及餐饮、购物等业态发展。围绕湿地公园、自然保护区等生态旅游资源,打造一批湖边渔家、温泉小镇、茶叶小镇等生态休闲养生基地。发展林业经济,推动森林公园旅游综合开发,培育森林康养、森林旅游等新业态新产品,提高林业附加值。

(四)推动公共服务普惠共享

1. 优化教育医疗资源配置

协同提升教育质量和水平。鼓励采取集团化办学、组建学校联盟、打造学校共同体等方式,组建基础教育学校联盟。积极申办教育合作联盟、教育论坛、青少年交流等活动,推进区域内学校友好结对,鼓励开展教学、教研和教师的交流合作。完善跨地区就业人员随迁子女的就学政策,实现区域常住人口子女能够平等接受学前教育、义务教育和高中阶段教育。依托重庆三峡职业学院、万州职教中心等搭建职业教育一体化协同发展平台,鼓励互设分校和分支机构。推动职业教育与产业园区对接,建设一批校企合作开发的培训课程,建立政府引导、行业参与、校企合作的培训机制,增强职业院校的就业创业服务能力。

促进医疗卫生事业发展。构建跨区域疾病防控、卫生监督一体化合作体系,统筹制定三地公共卫生应急预案和传染病监测预警机制。完善传染病医疗机构基础设施建设、重大疫情防控救治基地建设、疾病预防控制中心和血站建设,在适当位置共建区域社会化公共卫生应急物资储备中心。依托华西达州医院、达州中心医院、中西结合医院、妇女儿童医院,共同培育建成一批区域疑难重症救治中心、医疗综合救治中心、中医医疗保健中心和妇幼保健服务中心。推动中医药事业发展,依托秦巴山区丰富的中药材资源,打造中医药研究中心。

2. 加强就业人才社保合作

促进劳动力合理流动。完善覆盖城乡的公共就业创业服务体系,制定统一的人才流动、引进、创业等政策,形成统一开放、竞争有序的人力资源市场。推动人力资源、就业岗位信息共享和服务政策有机衔接、整合发布,联合开展就业洽谈会和专场招聘会,促进人力资源高效配置。建立健全农业转移人口市民化配套政策,推动在城市稳定就业和生活的农业转移人口举家在城市落户。推动实施返乡创业工程，支持外出劳动力返乡创业就业，探索成立区域就业创业服务联盟，打造公共创业服务品牌。

推行人才资质互认。探索建立统一的人才评价体系，推行专业技术人员职业资格、继续教育证书、人力资源市场服务人员资质等互认互准制度。制定实施符合发展需求的特殊人才政策，支持放活人才引进培育机制、评价激励机制、流动配置机制、管理服务机制等，引进一批工程技术建设管理人才、科技研发及应用型人才、教育医疗文化高端专业人才等。组建人才服务联盟，统筹协调人才的招聘、培养、发展全过程，互派管理人才跟岗学习或挂职锻炼，积极推进人才联合培养和交叉任职。

推进社会保障跨区域转移接续。做好基本养老保险、医疗保险、失业保险关系的跨区域转移接续，探索区域内异地就医转诊和医疗费用结算服务。加快社会保障信息平台互联互通，推进失业保险政策的对接。建立健全劳动保障监察执法区域协作机制，实现劳动合同、社会保险征缴、劳动争议等信息共享和衔接处置。推行住房公积金转移接续和异地贷款，逐步扩大公租房保障范围。

负责人：邓睦军（四川大学）
成　　员：李太后（四川省经济和社会发展研究院）

成渝地区产业结构变动路径与优化对策研究

2020年1月3日,中央财经委员会第六次会议指出:推动成渝地区双城经济圈建设,有利于在西部形成高质量发展的重要增长极,打造内陆开放战略高地,对于推动高质量发展具有重要意义。此举正式将成渝地区双城经济圈建设上升为国家战略。时隔1年,《成渝地区双城经济圈建设规划纲要》印发,正式将政策赋能与外界预期完美结合,打开了成渝两地协同发展新局面。自此,成渝双城经济圈如何优化结构、科学发展成为各界关注的重要课题。

本研究认为产业结构调整最关键的环节是对现有结构进行准确定位,而高度化、合理化水平是进行产业结构准确定位的重点。因此,本文在描述分析基础上,采用结构超前值、泰尔指数分别测度两个地区各门类行业、产业大类的高度化、合理化水平,以此判断两地产业结构是否发生了可称为优化的质变。然后,运用多元回归模型,分析产业结构优化的作用机理。最后,在此基础上提出政策建议,以期成渝两地真正实现强强联合、协同发展,成为推动全国高质量发展的重要增长极和动力源。

一、描述分析

(一)成渝两地综合实力不断增强

近年来,重庆市紧紧抓住西部大开发等国家发展战略机遇,充分发挥长江经济带重要节点优势,历经20年快速发展后转向高质量发展阶段。2011—2020年,全市以年均增速10%实现较好增长,至2020年经济规模达到2.5万亿元,是2011年的2.5倍。社会消费品零售总额达到1.18万亿元,是2011年的2.7倍。外贸依存度达到26.1%,较2011年提高7.1个百分点。与此同时,成都市积极融入"一带一路"、长江经济带、西部陆海新通道建设等重大战略,以全省1/30的土地、1/4的人口贡献了全省超过1/3的经济总量,在GaWC发布的世界城市排名中跃升至全球第59位,成为西部地区最具发展潜力的城市之一。2011—2020年,全市以年均增速8.8%实现较好增长,至2020年经济规模达到1.77万亿元,是2011年的2.4倍。

社会消费品零售总额达到 0.81 万亿元，是 2011 年的 2.5 倍（如图 1 所示）。

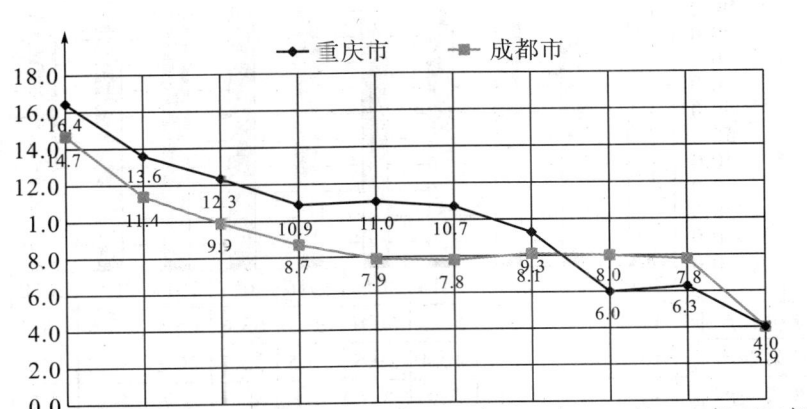

图 1　2011—2020 年重庆市、成都市地区生产总值增速

（二）成渝两地产业结构稳固优化

10 年间，重庆市第一产业经济占比基本稳定，维持在 7% 左右；第二产业经济占比波动下降，至 2020 年达到 40.0%，较 2011 年下降 5.0 个百分点；第三产业经济占比波动上升，至 2020 年达到 52.8%，较 2011 年提高 5.6 个百分点。从对经济的贡献来看，除 2020 年疫情短期影响外，其余年份均呈现出二产贡献逐渐回落、三产贡献逐步上升态势。其中，以信息技术、租赁商务等为代表的其他服务业增加值达到 5655.32 亿元。与此同时，成都市积极调整产业结构，第三产业发展势头强劲，10 年间经济占比由 49.0% 提升至 65.6%，提升幅度高于重庆市 10.6 个百分点，至 2020 年对经济增长的贡献率达到 52.2%。其中，现代服务业发展全面提速，信息传输、软件和信息技术服务业增加值达到 947.06 亿元（如图 2、图 3 所示）。

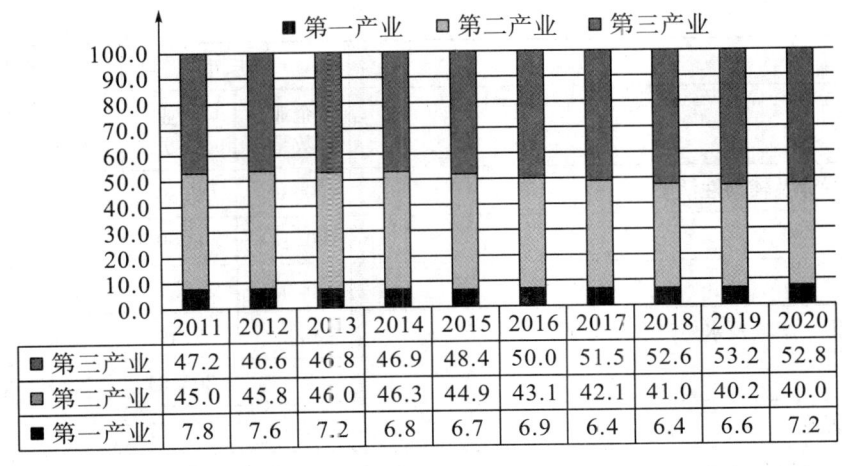

图 2　2011—2020 年重庆市三次产业结构

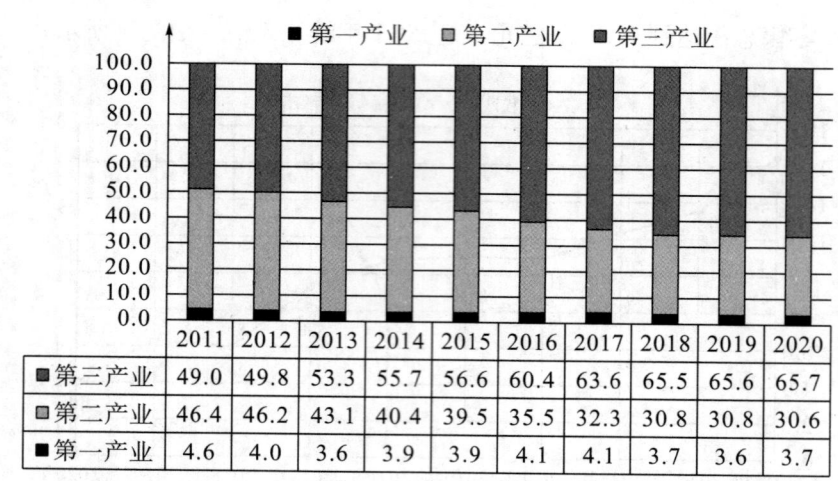

图3 2011—2020年成都市三次产业结构

(三) 成渝两地要素配置效率较高

截至经济普查年度，重庆市共计企业51.25万个、从业人员979.15万人。分产业看，第三产业企业数量、从业人员占比分别达到84.6%、55.5%。分行业看，批发和零售业、租赁和商务服务业、制造业企业数量分列前三位，占比达到34.4%、12.5%、10.8%；制造业、建筑业、批发和零售业从业人员分列前三位，占比达到21.7%、21.0%、12.8%。与此同时，成都市共有企业31.64万个、从业人员613.64万人。分产业看，第三产业企业数量、从业人员占比分别为83.8%、63.4%。分行业看，批发和零售业、租赁和商务服务业、建筑业企业数量分列前三位，占比达到28.4%、16.5%、8.0%。制造业、建筑业、批发和零售业从业人员分列前三位，占比分别为18.8%、17.2%、11.0%。

表1 重庆市、成都市分行业企业及从业人员数量

单位：万个、万人

行业	重庆市		成都市	
	企业数量	从业人员	企业数量	从业人员
农业牧渔专业及辅助性活动	0.36	2.30	0.08	0.43
采矿业	0.14	8.09	0.01	0.14
制造业	5.52	212.20	2.50	115.20
电力、热力、燃气及水生产和供应业	0.23	8.49	0.07	3.09
建筑业	1.93	205.61	2.52	105.75
批发和零售业	17.61	125.57	8.99	67.65
交通运输、仓储和邮政业	1.17	42.09	0.81	25.45

续表1

行业	重庆市 企业数量	重庆市 从业人员	成都市 企业数量	成都市 从业人员
住宿和餐饮业	2.64	25.21	0.80	17.54
信息传输、软件和信息技术服务业	2.27	20.63	2.22	34.87
金融业	0.18	29.34	0.17	7.98
房地产业	1.66	43.49	1.24	32.57
租赁和商务服务业	6.40	66.72	5.22	62.23
科学研究和技术服务业	2.12	23.79	2.24	32.68
水利、环境和公共设施管理业	0.32	8.45	0.20	6.34
居民服务、修理和其他服务业	1.75	15.75	1.01	10.53
教育	1.66	53.72	0.87	34.28
卫生和社会工作	0.65	26.21	0.45	21.49
文化、体育和娱乐业	1.70	14.05	1.07	8.55
公共管理、社会保障和社会组织	2.94	47.44	1.16	26.87
合计	51.25	979.15	31.64	613.64

二、实证分析

（一）产业结构优化的模型构建

1. 产业结构高度化模型——结构超前值

$$V_i = \frac{b_i - a_i(1+r)^n}{B - A} \times 100\%$$

其中，V_i表示i部门的结构超前值，a_i和b_i分别表示i部门基期和报告期增加值，A 和 B 分别表示基期和报告期经济总量，r表示经济年均增长速度，n表示基期与报告期的间隔年限。结构超前值既能体现产业结构变化的程度方向，又能满足超前行业与滞后行业指标值之和为 0。若 $V_i < 0$，则表现 i 部门相对发展滞后，V_i越小发展越滞后；若 $V_i > 0$，则表示 i 部门相对超前发展，V_i 越大发展越超前。

2. 产业结构合理化模型——泰尔指数

$$TL = \prod_{i=1}^{n}(Y_i/Y)\ln[(Y_i/L_i)/(Y/L)]$$

其中，TL 表示泰尔指数，L 表示就业人数，Y 表示产值，i 表示具体产业，n 表示产业部门数。泰尔指数以增加值比重为权重，综合反映增加值与就业比例之间的关系。泰尔指数值越接近 0，产业结构越趋向均衡，反之产业结构越不合理。

3. 产业结构优化的影响因素模型——多元回归

$$Y_t = \beta_0 + \beta_1 X_{1t} + \beta_2 X_{2t} + \cdots + \beta_i X_{it} + u_t$$

其中，Y_t 表示被解释变量，X_{it} 表示解释变量（$i = 1,2,3\cdots$），$t = 1,2,3\cdots$ 表示时间，u_t 是随机干扰项。

逐步回归基本思想是通过剔除不太重要又和其他变量高度相关的变量，降低多重共线性程度。即将解释变量逐个引入模型，每引入一个解释变量进行一次 F 检验，并对已选入解释变量进行逐个 t 检验。当原来引入的解释变量由于后面变量的引入不再显著时将其删除，以此确保回归方程只包含显著性变量。经若干步"逐个引入—剔除—引入"过程后，出现既无显著解释变量引入、又无不显著解释变量剔除时，得到最优线性回归模型。其变量选择过程为：

首先，定义一个统计量，设原模型为所含解释变量的集合为 A，则在解释变量中加入 X_i 后，有下列形式和 F 统计量类似，称为伪 F 统计量：

$$F = \frac{SSE(A) - SSE(A)}{\dfrac{SSE(A_k X_i)}{n - l - 1}} = \frac{SSR(X_i \mid A)}{MSE(A_k X_i)} \sim F(1, N - L - 1)$$

其次，逐步回归基本步骤如下：

第一步：对每一个 $X_i(i = 1,2,\cdots,M)$，对解释变量 Y 单独做回归计算 $F_i^l = \dfrac{SSR(X_i)}{MSE(X_i)}$ 有 $F_{il}^{(l)} = \max F_i^l$，若 $F_{il}^{(l)} > F_\alpha(1, n-2)$，则选择 X_{il} 进入模型，否则没有变量进入模型，这时我们认为所有解释变量对 Y 的影响都不显著。

第二步：将剩下的 $M - 1$ 个解释变量逐个加入模型，并计算相应的 $F_i^{(2)}$，$F_{i2}^{(2)} = \max F_i^{(2)}$，若 $F_{i2}^{(2)} \leqslant F_\alpha(1, n-3)$，没有变量进入模型，第一步得到的模型就是最优模型。否则选择 X_{i2} 进入模型，考虑是否要将 X_{il} 剔除：$F_{i1}^2 = \dfrac{SSR(X_{il} \mid X_{i2})}{MSE(X_{il} \mid X_{i2})}$，若 $F_{i1}^2 \leqslant F_\alpha(1, n-3)$，则剔除 X_{il}。

第三步：对 $F_i^k = \dfrac{SSR(X_i \mid X_{i1}, X_{i2}, \cdots, X_{ik-1})}{MSE(X_{i1}, X_{i2}, \cdots, X_{ik-1}, X_i)}$，$F_{ik}^{(k)} = \max F_i^{(k)}$，若 $F_{ik}^{(k)} \leqslant F_\alpha(1, n-k-1)$ 没有变量进入模型，上一步得到的模型就是最优模型。否则选择 X_{ik} 进入模型，考虑是否要将 X_{i1}，X_{i2}，$\cdots$，X_{i1-1} 剔除。

第四步：重复 3 直到没有变量进入模型，且进入的变量均不能被剔除，最后一个模型为最优模型。

本文从经济发展、投资、劳动力、技术创新、消费需求、外资利用、经济外向性、经济政策八个方面入手分析产业结构优化影响因素。

①经济发展。经济发展较好地区规模性强、生产效率好、积累能力高,更加容易推动产业结构优化升级。地区生产总值可作为代表性指标。

②投资。资本投入可通过货币资源供给和投向偏好,影响产业结构升级速度、规模、方向和趋势。固定资产投资可作为代表性指标。

③劳动力。随着新兴产业对劳动力素质要求的提高,能否源源不断输送劳动力成为产业结构优化的重要条件。从业人数可作为代表性指标。

④技术创新。生产要素从生产率较低部门向较高部门转移,通过技术创新推动产业结构升级转换。高新技术企业可作为代表性指标。

⑤消费需求。需求总量和结构变动均会影响供给部门扩张和缩小,引起产业结构变动。社会消费品零售总额可作为代表性指标。

⑥外资利用。外资可通过资源和资产质量的改善优化投资结构、促进经济增长,最终实现产业结构升级。实际利用外资可作为代表性指标。

⑦经济外向性。国际贸易将通过进出口刺激产能增长推动新产业产生发展,进而推动产业结构升级。对外贸易依存度可作为代表性指标。

⑧经济政策。政府通过制定产业发展战略、优惠政策实现宏观调控目的,进而影响产业结构变化。财政收支可作为代表性指标。

(二)产业结构优化的评价结果

1. 产业结构高度化结果

根据前述产业结构高度化模型,对近十年重庆市、成都市三次产业结构超前值进行测度,结果见表2。

表2 重庆市、成都市分产业结构超前值

单位:%

指标	重庆市	成都市
第一产业	-1.02	-1.66
第二产业	-8.46	-24.10
第三产业	9.48	25.77

由表2来看,重庆市、成都市第一产业结构超前值分别为-1.02%、-1.66%,第二产业结构超前值分别为-8.46%、-24.10%,相对滞后;第三产业结构超前值分别为9.48%、25.77%,有明显超前发展倾向。由此可见,两地产业结构优化趋势明显,以第三产业为主的产业结构形态逐步明显。与此同时,重庆市第二产业超前值高于成都市15.64个百分点,滞后水平相对低于成都;成都市第三产业超前值高于重庆市16.29个百分点,超前发展水平明显高于重庆。

根据前述产业结构高度化模型,对近十年重庆市、成都市分行业产业超前值进行测度，结果见表3。

表3 重庆市、成都市分行业结构超前值

单位：%

指　标	重庆市	成都市
农业	−1.02	−1.66
工业	−14.24	−23.67
建筑业	5.78	−0.43
交通运输、仓储和邮政业	−3.20	0.94
批发和零售业	1.41	−3.27
住宿和餐饮业	−0.26	−0.84
金融业	2.18	4.55
房地产业	3.11	4.31
其他服务业	6.24	20.08

由表3来看，重庆市工业、交通运输仓储和邮政业、农业、住宿和餐饮业发展相对滞后，结构超前值分别为−14.24%、−3.20%、−1.02%、−0.26%；其他服务业、建筑业、房地产业、金融业、批发和零售业发展超前，结构超前值分别为6.24%、5.78%、3.11%、2.18%、1.41%。成都市工业、批发和零售业、农业、住宿和餐饮业、建筑业发展相对滞后，结构超前值分别为−23.67%、−3.27%、−1.66%、−0.84%、−0.43%；其他服务业、金融业、房地产业、交通运输仓储和邮政业发展超前，结构超前值分别为20.08%、4.55%、4.31%、0.94%。两地均呈现出工业发展相对滞后，以信息传输、软件和信息技术服务、租赁和商务服务、科研技术服务、文化、体育和娱乐等为代表的其他服务业发展态势较好。与此同时，成都市其他服务业超前值高于重庆市13.84个百分点，超前发展水平明显高于重庆市。

2. 产业结构合理化结果

根据前述产业结构合理化模型，对重庆市、成都市十年来的泰尔指数进行测度，结果见表4。

表4 2011—2020年重庆市、成都市产业不平衡泰尔指数

年份	重庆市	成都市	重庆市与成都市比较
2011	0.3268	0.2470	0.0798
2012	0.3024	0.2286	0.0738
2013	0.2816	0.2198	0.0618
2014	0.2635	0.2070	0.0564

续表4

年份	重庆市	成都市	重庆市与成都市比较
2015	0.2490	0.2043	0.0448
2016	0.2312	0.2002	0.0310
2017	0.2166	0.1834	0.0332
2018	0.2069	0.1724	0.0345
2019	0.1954	0.1667	0.0287
2020	0.1884	0.1653	0.0231

由表4来看，重庆市泰尔指数从2011年的0.3268下降到2020年的0.1884，成都市泰尔指数从2011年的0.2470下降到2020年的0.1653，两地产业结构呈逐年均衡合理态势。与此同时，成都市泰尔指数长期低于重庆市，产业结构合理性明显好于重庆市。然而，重庆市泰尔指数变化显著，2020年低于2011年0.1384，成都市2020年仅低于2011年0.0817，相对差距由2011年的0.0798缩小至2020年的0.0231。

3. 产业结构影响因素结果

对数据作无量纲化处理，建立多元回归模型。根据完全回归模型结果，以泰尔指数为被解释变量，地区生产总值X_1、固定资产投资X_2、就业人员X_3、高新技术企业X_4、社会消费品零售总额X_5、实际利用外资X_6、外贸依存度X_7、一般公共预算收入X_8为解释变量，对重庆市、成都市、九龙坡区的产业结构发展水平影响因素进行分析，可以得出参数的估计结果见表5。

	重庆市	成都市
(Intercept)	0.636483582	0.344619917
X_1	4693.823348	1482.849737
X_2	−0.053566599	0.004646815
X_3	−1013.458225	−211.9576887
X_4	3.207166022	51.96921846
X_5	−615.3227543	276.1020051
X_6	2.898648591	0.026239908
X_7	0.018650612	−0.060465262
X_8	−22.12670454	−104.7880597
Multiple R-squared	0.9999	0.9994
F检验的P值	0.016	0.053

从回归模型拟合的结果来看,整体回归方程显著性检验结果 R^2 值较优,各变量系数显著性检验结果 P 值则处在 0.01 至 1 之间,因此所有自变量对因变量的整体解释具有一定的参考作用。在不考虑多重共线性等因素影响情况下,地区生产总值 X_1、就业人员 X_3、社会消费品零售总额 X_5、一般公共预算收入 X_8 对重庆市泰尔指数影响较大,地区生产总值 X_1、就业人员 X_3、高新技术企业 X_4、社会消费品零售总额 X_5、一般公共预算收入 X_8 对成都市泰尔指数影响较大。

进一步进行逐步回归分析,根据逐步回归模型结果,可以构造最优回归方程分别为:

重庆市:
$$Y_1 = 0.08 + 4215.98X_1 - 739.26X_5 + 0.02X_7$$

成都市:
$$Y_2 = 0.11 + 1040.84X_1 - 0.02X_7$$

可以知道,重庆市 8 个影响因子中对因变量泰尔指数有显著影响的为地区生产总值、社会消费品零售总额、外贸依存度,成都市 8 个影响因子中对因变量泰尔指数有显著影响的为地区生产总值、社会消费品零售总额。

(三)产业结构优化的路径描述

根据对成渝两地产业结构高度化、合理化及影响因素的分析,可以得出:

1. 共通点

成渝两地产业结构转换能力与经济发展水平、消费升级存在紧密的相关关系,经济发展水平高、消费升级快则产业结构转换潜力大,反之则转换能力较低。当前,两地正沿着产业结构由低水平状态向高水平状态道路迈进,第三产业相对比重逐步上升、第一产业相对比重逐步下降。

2. 差异点

两地产业结构转换速度、方向和能力有明显差异。其中,成都市得益于雄厚的经济实力和庞大的消费人群,工业、建筑业以及传统的农业、住宿餐饮业、批发零售业发展进入稳定期,相对应的信息技术、科学研究、租赁商务、金融、房地产等新兴行业聚集明显、发展迅猛,成为经济增长的有力推动器。重庆市经济发展水平较高、外向型经济向好,但仍处于工业化推进阶段和第三产业优化升级阶段,建筑业、批发零售业等传统性产业仍然在经济发展中起着重要作用。

3. 融合点

成渝双核联动、毗邻地区融合还未真正发生"化学反应",暂未完全形成跨区域产业联动协同发展模式。一是产业同质化竞争、低水平重复建设较为突出。两地历史文化同源、资源禀赋相近，大规模吸纳同质企业入驻，短期的难以形成紧密的产业协作关系，在新型显示、智能终端、集成电路、汽车制造、新一代信息技术等细分领域存在同质化竞争和资源错配。二是产业发展自成体系、自我配套情况较为突出。两地分工合作受行政区划和地域限制，尚未形成基于产业链的优势互补产业集群。比如，重庆作为全国重要的汽车生产基地，具有汽车整车和零部件配套产业体系全等优势；成都以电子信息产业发展为主，集中精力攻坚智能终端、新型显示、集成电路、高端软件等高技术产业。两类产业在两地行业中的占比均在40%以上，但两大产业链的配套基本布局在各自辖区，未进行深层次、高水平合作互补。三是高新产业优势不显、科技成果转化率偏低较为突出。截至2020年，两地有效期内高新技术企业达到10342家，不足上海市的60%，推动产业结构优化升级作用较小。同时，两地技术市场签订成交合同金额、R&D占比明显低于其他城市群，科技成果转化对产业结构优化的推动作用有限。

三、政策建议

当前，世界正经历百年未有之大变局，新一轮科技革命和产业变革深入发展，全球价值链、产业链、供应链、创新链加速重构，国际政治、经济、科技、文化、安全等格局进入深刻调整和变革期。发展环境日趋严峻复杂。我国已由高速增长阶段转向高质量发展阶段，共建"一带一路"、长江经济带发展、西部大开发等重大战略深入实施，供给侧结构性改革稳步推进，扩大内需战略深入实施，为成渝地区新一轮发展赋予了全新优势，创造了重大机遇。在中央支持下，两地按照习近平总书记作出的重要指示精神，坚持从全局谋划一域、以一域服务全局，统筹推进稳增长、促改革、调结构、惠民生、防风险、保稳定，经济平稳健康发展和社会大局稳定，各项事业迈上新台阶，改革、开放、创新的强大动能正在加快集聚，双城经济圈建设正当其时、大有可为。

（一）聚焦毗邻共建，形成常态化务实合作长效机制

一是以一体化为目标，构建区域多方合作机制。建立地区政府合作机制，形成共同招商、政策协同、人才引进良好机制，撬动成渝"大圈"较好发展。建立民间组织合作机制，建立包括非政府组织、企业主体、各类协会在内的多种合作机制，定期召开工作联席会，实现各领域信息共享共商。建立重大政策协商机制，打破跨行政区域发展中各种阻碍资源和人为障碍，在体制机制、生态环保、基础设施、产业发展、公共服务方面推进重大政策协商制度，增强地区经济集聚度、政策协同效率和空间连接性。二是以合作园区为抓手，构建区域发展协同机制。在政策供给、资源保障、要素配置等方面予以便利优惠，吸引优秀企业、先进技术在成渝地区合作共建示范区、试验区、开发区、自贸区、保税区等，合作共建农业园、工业园、

科技园、文化园、创业园等，不断承接东部地区规模化产能转移。三是以约束力为导向，建立务实有效的工作机制。建立正负向合作机制，强化政府"无形手"的引导，有意识进行干预、规划、协调，促进要素流动。建立监察督导机制，探索跨区域常态化日常监督合作新模式，为成渝地区协同发展提供坚实有力的保障。

（二）聚焦协同发展，探寻区域分工与产业协作机制

一是合力打造先进制造业集群。实施产业基础再造和产业链供应链现代化水平提升工程，全面提高基础领域产品质量和核心竞争力。紧盯国内外新兴产业发展动态，面向产业发展未来趋势，围绕新材料、信息技术、高端装备制造、轨道交通等领域，加快大数据、智能化等未来产业布局，促进制造业智能化、绿色化、人文化转型发展。二是协同培育现代服务业。第三产业作为成渝地区经济增长的主引擎，有效巩固了两地产业结构从制造型向服务型转型升级。需继续提升服务业市场化、国际化、品牌化水平，促进服务半径由面向区域向面向全国转变，由劳动力和资源密集型向资本和知识密集型转变。推动互联网、大数据、人工智能等与现代服务业深度融合，在金融、旅游、商贸、物流等领域创新应用推进数字化转型。三是建设现代高效特色农业带。协同发展柑橘（柠檬）、榨菜、调味品、中药材、特色水果、茶叶、生态畜牧、生态渔、特色粮油、特色经济林等现代山地特色高效农业集群。聚焦农产品精深加工，加快发展乡村旅游、休闲农业、农村电商，支持打造网货生产、产地直播基地，扩展农民增收空间。

（三）聚焦优势环节，推动产业功能互补和产业链衔接

一是加强重点区域差异分工。空间布局优化与产业链优势互补是促进产业结构优化的必由之路，两地必须因地制宜，从实际出发发挥各自优势，对不同地区发展目标、产业发展和产业组合提出不同要求。比如，以两地中具备条件的中心城区作为区域增长极和区域间主要网络节点，采取有针对性的投资对策，把产业政策同区域政策结合起来，集中力量推进城市创新体系建设和经济发展，通过扩散效应带动区域内经济的整体发展。二是加强优势领域错位分工。根据自身优势环节谋划产业发展，率先实现区域分工与产业协作，形成有各自特色的产业优势，避免不必要竞争和资源浪费。重庆产业链优势主要集中在生产制造领域，需重点关注科技成果转化环节；成都产业链优势主要集中在电子、商业等领域，应重点关注科技研发和创意环节。区域内具有土地、劳动力、资源等优势的其他城市，应注重承接成渝产业链低端、劳动密集型产业转移。三是加强互补领域协作分工。将成都优势的计算机、通信和其他电子设备制造业产业链条，重庆优势的汽车制造业产业链条向对方延伸，利用两地的创新优势和资源优势，完善产业链配套，最终实现成渝双城经济圈产业链优势互补。

（四）聚焦创新开放，营造睦邻友好的产业优化环境

一是提升协同创新能力。高水平建设成渝综合性科学中心，成渝两地开展深入合作，联合承担国家重大科技任务、共同发起大科学计划、推动科学仪器设备共享。打造以国家战略科技力量为引领的基础研究多元群落，争取新增国家（重点）实验室落户。推进环大学创新生态圈建设，打造高水平创业孵化平台。精准对接科研机构成果和企业发展需求，培育一批技术经理。二是共同营造一流营商环境。建设营商环境创新试点，全面落实市场准入负面清单制度，探索建立"市场准入异地同标"机制，推动要素市场一体化改革，建设高标准市场体系。协同深化"放管服"改革，创新行政管理和服务方式，推动有效市场和有为政府更好结合。对接国际高标准经贸规则，加快联通国内国际两个市场，持续推动跨境贸易便利化，严格落实外商投资准入前国民待遇加负面清单管理制度，探索更加高效的人员流动机制，打造市场化、法治化、国际化的一流营商环境。

负责人：胥　欢（重庆市九龙坡区统计局）
成　员：卜发香（重庆市九龙坡区统计局）

成渝地区制造业竞争力比较研究

对一个国家或地区而言，制造业是经济社会发展的根本基石，制造业竞争力更是衡量其综合实力和现代化水平的重要标志。我国"十四五"规划和2035年远景目标纲要提出：要坚持把发展经济着力点放在实体经济上，深入实施制造强国战略。因此，在把握新发展阶段、贯彻新发展理念、构建新发展格局的时代背景下，开展关于区域制造业竞争力方面的研究具有一定的理论和现实意义。

2020年10月，中共中央政治局召开会议，审议通过《成渝地区双城经济圈建设规划纲要》，提出推动成渝地区双城经济圈建设是当前形势下构建以国内大循环为主体、国内国际双循环相互促进的新发展格局的一项重大举措，要将成渝地区建设成为具有全国影响力的重要经济中心、科技创新中心、改革开放新高地、高品质生活宜居地，打造带动全国高质量发展的重要增长极和新的动力源。一直以来，制造业都是成渝两地的经济支柱，在促进经济社会方面发挥着决定性作用。因此，本研究对成渝两地制造业竞争力开展比较研究的目的主要有以下两点：一是通过建立评价指标体系，比较两地制造业竞争力水平，总结各自的发展特征，指出不足与问题；二是从促进成渝地区制造业协同发展的角度，探讨提升两地制造业竞争力水平的方法和路径，为唱好"双城记"、建好"经济圈"提出对策建议。

一、成渝地区制造业竞争力评价指标体系

（一）指标体系构建原则

制造业竞争力是一个由众多要素构成的复杂系统，建立其评价指标体系是一项系统性、综合性、客观性的研究。因此，本课题在探索建立成渝地区制造业竞争力评价指标体系时主要遵循以下原则：

1. 科学性与可行性相结合的原则

制造业竞争力评价指标体系的建立必须立足发展实际，各项指标的含义不仅要界定清晰，还要能科学反映竞争力的内涵及基本特征。同时，还要考虑目前统计方

法制度的局限性及部分指标数据可获取性、时效性较差这一现状,保证评价指标体系建立后相关数据的可获得性和可靠性。

2. 系统性与代表性相结合的原则

制造业竞争力的评价研究涉及众多领域,不仅包含其自身的总量规模、质量质效等,还要充分体现创新驱动、绿色制造等新发展理念要求,既要全面具体,又要层次分明。同时,评价指标的选择还需具有高度的代表性,同一层次的各指标尽量不重合,不存在因果关系,把握重点指标,实现全面与简洁的有效统一。

3. 动态性与静态性相结合的原则

制造业竞争力具有动态变化特征,因此建立的评价指标体系既要能综合反映一个地区在某一时间点的制造业竞争力现状,也要体现制造业竞争力的发展过程,可预测未来趋势,便于后期监测和管理。同时,还要充分考虑建立的指标体系在一定时期内的相对稳定性。

(二)指标体系基本框架

在文献综述和理论研究的基础上,依据《成渝地区双城经济圈建设规划纲要》以及两地"十四五"规划等,本研究将通过总量规模、综合质效、转型升级、科技创新、绿色发展五个一级指标构建成渝地区制造业竞争力评价指标体系。

1. 总量规模竞争力

规模经济能有效促进产业向集群化方向发展,而产业集群作为一种高效的生产组织方式,通过专业化分工、便利的交通优势、完善的产业链以及协同创新条件,不仅能让企业实现成本节约,更能积极推动区域经济增长。从这层意义上讲,总量规模既体现了区域制造业当前的竞争力水平,也是未来竞争力提升的重要基础。其包含的二级指标有:规模以上工业企业数、规模以上工业企业资产总计、规模以上工业总产值、全口径工业增加值。

2. 综合质效竞争力

我国制造业已从高速增长迈向高质量发展阶段,更加注重综合质效的提升。宏观层面,效率效益反映的是地区制造业生产与消耗间的差额;微观层面反映的则是企业生产经营中的获利能力,是衡量竞争力水平的核心维度之一。其包含的二级指标有:规模以上工业总资产贡献率、规模以上工业成本费用利润率、规模以上工业人均实现利税、规模以上工业从业人员平均工资。

3. 转型升级竞争力

制造业转型升级中的"转型"是指转变经济增长类型，并非单纯的转行业；"升级"既包括所处产业链条上的位置提升，也包括产业自身的纵深化发展，实现技术集约化，不断提高生产效率。简言之，转型升级的本质就是实现从低附加值生产转向高附加值生产，是制造业竞争力的重要组成部分。其包含的二级指标有：规模以上工业技改投资额增速、规模以上高技术制造业增加值增速。

4. 科技创新竞争力

创新是引领发展的第一动力，它以高技术和新的知识作为最重要的资源驱动经济增长。科技创新不仅是制造业企业保持竞争优势、增强市场适应能力的关键，更代表了未来的发展潜力。其包含的二级指标有：规模以上工业R&D投入强度、规模以上工业R&D人员折合全时当量、规模以上工业新产品销售收入占营业收入比重、规模以上工业每亿元工业产值有效发明专利数。

5. 绿色发展竞争力

加强生态文明建设，如期实现碳达峰碳中和目标是当前经济发展的主题之一。绿色是可持续发展的必然要求，因此绿色发展水平是区域制造业竞争力优势得以保持或提升的关键。其包含的二级指标有：规模以上工业企业单位增加值能耗降低率、工业固废综合利用率。

（三）指标权重的确定

本研究主要通过主观评价和客观反映相结合的方式来综合计算制造业竞争力评价指标权重。其中，5个一级指标的赋权采用德尔菲法确定，16个二级指标的权重采用德尔菲法和熵权法相结合的组合赋权法确定。

1. 德尔菲法

德尔菲法是通过专家进行多轮次调查、综合各自匿名发表的意见进行预测并达成一致的结构性方法。根据21位专家德尔菲法打分结果，一级指标总量规模竞争力、综合质效竞争力、转型升级竞争力、科技创新竞争力、绿色发展竞争力的权重分别为 $W_{ai} = \{0.250, 0.250, 0.125, 0.250, 0.125\}$（权数总值设为1）。

2. 熵权法

对比主观赋值的德尔菲法，熵权法能够更客观地评价各个指标在指标体系中的重要性，熵权法主要是根据指标变异的大小来确定指标的权重，目前在经济研究领域应用较广，熵权法的原理是当某个指标的信息熵值越小，代表该指标的变异程度

越大,即该指标提供的信息就更多,因此,在综合评价中该项指标的权重也就越大,反之则权重较小。具体计算步骤如下:

(1) 数据处理。由于制造业竞争力评价指标体系中的各项指标的量纲不同,且数量级相差较大,因此需对基础数据进行无量纲化处理,根据极值的差距大小,采用两种方式。

方式一:对指标数据最大值和最小值比值在 100 以内的指标,采用一般标准化公式进行无量纲化处理。假设给定了 k 个指标 $X_1, X_2, \cdots, X_k$,其中 $X_i = \{x_1, x_2, \cdots, x_n\}$,假设无量纲化处理后的值为 $Y_1, Y_2, \cdots Y_n$,那么数据标准化值为:

$$Y_{ij} = \frac{X_{ij} - \min(X_i)}{\max(X_i) - \min(X_i)}$$

方式二:对指标数据最大值与最小值比值超过 100 或大多数数据偏离均值较大的指标,采用对数方法进行无纲量化处理,公式为:

$$Y_{ij} = \frac{\log X_{ij} - \min(\log X_i)}{\max(\log X_i) - \min(\log X_i)}$$

(2) 求各指标的信息熵 Ej。根据信息论,一组数据的信息熵可以根据以下公式来计算:

$$E_j = -\frac{1}{\ln n} \sum_{i=1}^{n} p_{ij} \ln P_{ij}$$

其中:$P_{ij} = Y_{ij} / \sum_{i=1}^{n} Y_{ij}$,

如果 $P_{ij} = 0$,则定义 $\lim_{n \to 0} P_{ij} \ln_{ij} = 0$。

(3) 计算各个指标的权重。根据上述数据处理方式,计算出各个指标信息熵为 $E_1, E_2, \cdots, E_K$,则各指标权重为:

$$W_{bi} = \frac{1 - E_i}{k - \sum E_i}(i = 1, 2, \cdots k)$$

3. 组合赋权法

根据德尔菲法和熵权法的计算步骤,可以得出一级指标的主观权重以及二级指标的客观权重,然后利用乘法集成法将两种权重进行组合:

$$W_i = W_{ai} W_{bi} / \sum_{i=1}^{m} W_{bi}$$

式中,W_i 为第 i 个二级指标的组合权重;W_{ai} 为 i 指标所在一级指标的主观权重;W_{bi} 为 i 指标的客观权重;$\sum_{i=1}^{m} W_{bi}$ 为 i 指标所在的一级指标下所有二级指标的客观权重之和。

4. 指标权重计算结果

根据上述方法,本研究选取各级指标最终组合权重如下(见表1):

表 1 成渝地区制造业竞争力评价指标体系权重（组合赋权法）

一级指标		二级指标	
名称	权重	名称	组合权重
总量规模	0.250	规模以上工业企业数（个）	0.0882
		规模以上工业资产总计（亿元）	0.0314
		规模以上工业总产值（亿元）	0.0562
		全口径工业增加值（亿元）	0.0745
综合质效	0.250	规模以上工业总资产贡献率（%）	0.0499
		规模以上工业成本费用利润率（%）	0.0689
		规模以上工业人均实现利税（元）	0.0644
		规模以上工业从业人员平均工资（元）	0.0668
转型升级	0.125	规模以上工业技改投资额增速（%）	0.0426
		规模以上高技术制造业增加值增速（%）	0.0827
科技创新	0.250	规模以上工业内部研发投入强度（%）	0.0750
		规模以上工业研发人员折合全时当量（人年）	0.0477
		规模以上新产品销售收入占营业收入比重（%）	0.1023
		规模以上工业每亿元工业产值有效发明专利数（件）	0.0246
绿色发展	0.125	规模以上工业企业单位增加值能耗降低率（%）	0.0639
		工业固废综合利用率（%）	0.0608

（四）指数计算方法与结果

1. 数据说明

考虑到数据的可获得性，本研究的"成""渝"地区具体是指成都市行政区划全域和重庆市行政区划全域，相关数据分别取自两地2016—2020年统计年鉴或部门行政记录资料，基础数据按照前文介绍的两种方法进行标准化处理。

2. 指数计算方法

本研究采用功效系数法对成渝两地制造业竞争力水平进行评价，基本思路是根据多目标规划原理，对每一项评价指标确定一个满意值和不允许值，以满意值为上限，以不允许值为下限计算各指标实现满意值的程度，并以此确定各指标的分数，再经过加权平均进行综合，从而评价被研究对象的综合状况。本研究评价体系中涉及的指标均无目标值，且均为同向化正向指标，因此将各项指标最小值设定为60分。计算公式为：

$$Y_{ij} = \frac{X_{ij} - \min(X_i)}{\min(X_i)} \times 40 + 60$$

指数采用线性加权方法计算，公式如下：

二级分类指数：$Q_{ij} = \sum Y_{ije} W_{ijk}$

一级分类指数：$Q_i = \sum Q_{ij} W_{ij}$

总指数：$Q = \sum Q_i W_i$

3. 指数计算结果

表2 2016—2020年成渝地区制造业竞争力评价结果

指标	重庆					
	2016年	2017年	2018年	2019年	2020年	年均增长（%）
总指数	82.60	84.34	83.49	83.74	89.37	1.9
总量规模竞争力	23.37	23.25	23.09	23.95	24.88	1.6
综合质效竞争力	20.31	19.91	19.51	17.96	20.29	0.0
转型升级竞争力	8.55	9.65	10.03	9.53	9.00	1.3
科技创新竞争力	20.39	22.92	23.08	23.57	23.77	3.9
绿色发展竞争力	9.97	8.60	7.77	8.71	11.42	3.5

指标	成都					
	2016年	2017年	2018年	2019年	2020年	年均增长（%）
总指数	71.84	77.24	73.62	72.68	77.24	1.8
总量规模竞争力	15.40	16.58	16.75	17.03	17.26	2.9
综合质效竞争力	20.88	22.34	17.36	17.01	19.55	−1.6
转型升级竞争力	9.90	10.03	11.06	11.08	10.91	2.5
科技创新竞争力	15.72	17.11	17.89	18.02	18.76	4.5
绿色发展竞争力	9.94	11.18	10.57	9.54	10.78	2.0

注：2016—2020年年均增长数据以基期各指数为100计算。

二、成渝地区制造业竞争力比较分析

（一）成渝地区制造业竞争力比较评价

1. 竞争力总指数均实现提升，重庆整体优于成都

制造业在成渝两地经济社会发展中处于举足轻重的地位，2020年，重庆工业增加值占地区生产总值的比重为28.0%，成都占比23.8%，是两地高质量发展的重要支柱产业。从计算结果可以看出，2016—2020年，成渝两地制造业竞争力总指数均有所提升，重庆从 82.60 提高到 89.37，年均增长 1.9%；成都从 71.84 提高到 77.24，年均增长 1.8%。两者比较，2016—2020 年，重庆制造业竞争力各年总指数均高于成都，具有一定的相对优势（如图 1 所示）。

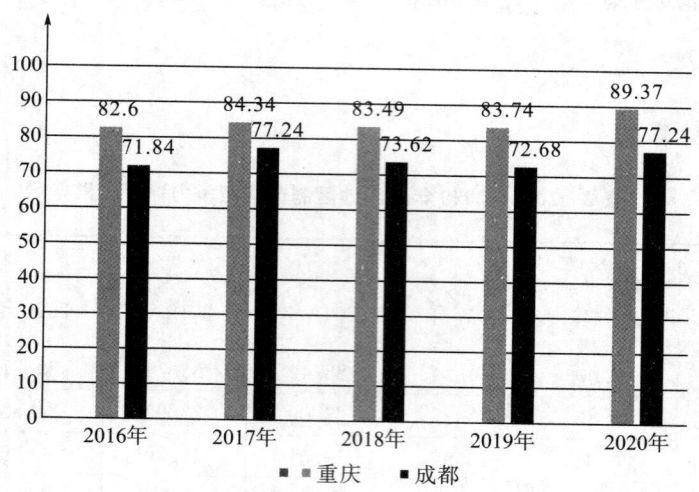

图 1　2016—2020 年成渝地区制造业竞争力总指数情况

2. 发展规模不断扩大，重庆指数较高、成都增长较快

2020 年，重庆、成都两地制造业综合质效竞争力指数分别为 24.88 和 17.26，较 2016 年提高 1.51 和 1.86 个百分点，年均增长 1.6% 和 2.9%，表明两地制造业集群发展程度逐步加强；两者比较，重庆制造业总量规模竞争力指数高于成都，成都增长快于重庆。从构成指标看，重庆各项分指数均高于成都；成都的规模以上工业企业数、规模以上工业资产总计、规模以上工业总产值三个指数年均增速分别高于重庆 0.2、8.9、5.1 个百分点，重庆全口径工业增加值指数年均增速高于成都 4.3 个百分点（如图 2 所示）。

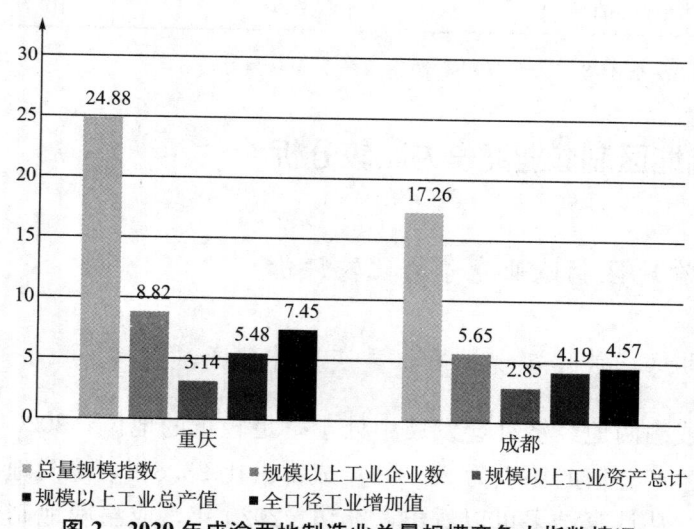

图 2　2020 年成渝两地制造业总量规模竞争力指数情况

3. 发展质效表现欠佳，重庆、成都出现不同程度回落

2020年，重庆制造业综合质效竞争力指数为20.29，较2016年小幅回落0.02；成都指数为19.55，较2016年回落1.33，总体上两地制造业在发展效率效益方面均存在短板，成都更为明显。具体构成指标上，重庆规模以上工业总资产贡献率、规模以上工业成本费用利润率两项指数高于成都，成都规模以上工业人均实现利税、规模以上工业从业人员平均工资两项指数高于重庆；从增长情况看，两地仅规模以上工业从业人员平均工资指数年均增速为正，重庆增长8.0%，成都增长9.1%。

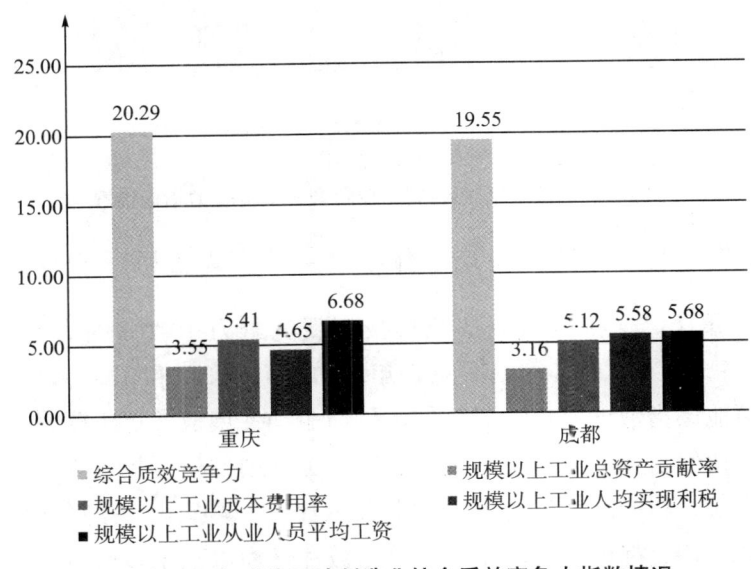

图3　2020年成渝两地制造业综合质效竞争力指数情况

4. 转型升级进程加快，成都效果好于重庆

随着产业结构逐渐向更高阶段演进，成渝地区制造业提档升级成效显著。2020年，重庆、成都两地制造业转型升级竞争力指数分别为9.00和10.91，较2016年提高0.45和1.01个百分点，年均增长1.3%和2.5%，成都指数分值和增速均高于重庆。从构成指标分析，两地规模以上工业技改投资额增速指数均出现回落，2020年，重庆、成都两地指数分别为2.56和2.72，年均下降8.2%和9.5%；规模以上高技术制造业增加值增速指数增长较好，两地指数分别为6.44和8.19，年均增长6.8%和8.8%（如图4所示）。

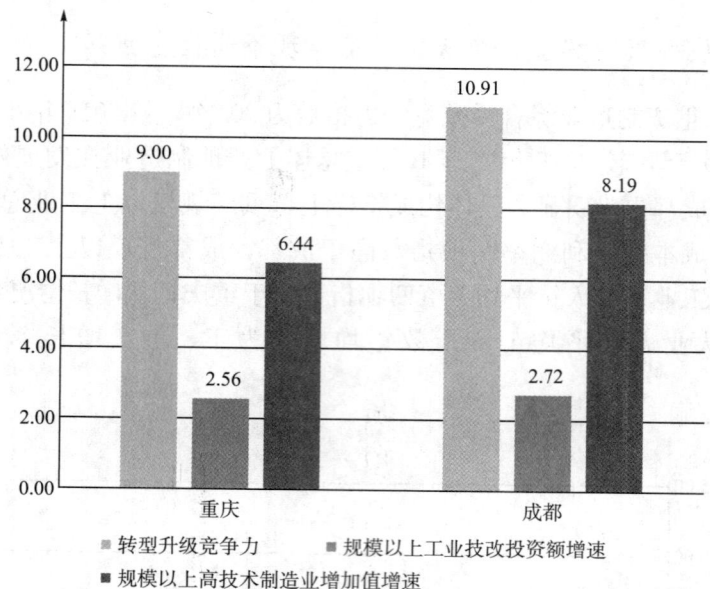

图 4　2020 年成渝两地制造业转型升级竞争力指数情况

5. 创新能力持续增强，重庆总体略胜一筹、成都增长后劲更足

2020 年，重庆、成都两地制造业科技创新竞争力指数分别为 23.77、18.76，较 2016 年提高 3.38 和 3.04 个百分点，年均增速为 3.9% 和 4.5%，与同级其他分指数相比，两地该指数增速均位居第一，创新驱动发展成效更为明显。从指数分值分析，重庆科技创新竞争力总指数和规模以上工业内部研发投入强度、工业研发人员折合全时当量、新产品销售收入占营业收入比重三项分指数的分值均高于成都；从指数增速分析，成都科技创新竞争力总指数和规模以上工业研发人员折合全时当量、新产品销售收入占营业收入比重两项指数年均增速高于重庆（如图 5 所示）。

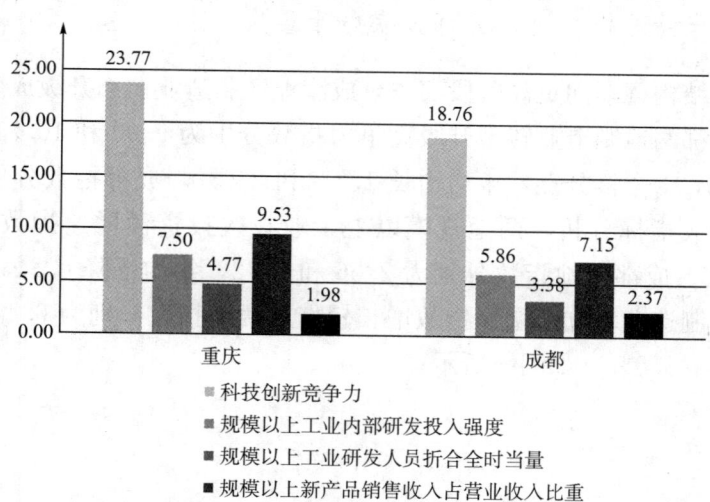

图 5　2020 年成渝两地制造业科技创新竞争力指数情况

6. 绿色发展深入推进，重庆竞争力更为显著

"双碳"目标背景下，绿色发展至关重要。2020年，重庆、成都两地制造业绿色发展竞争力指数分别为11.42和10.78，较2016年提高1.45和0.84个百分点，年均增长3.5%和2.0%，重庆整体竞争力优于成都。具体构成指标上，重庆、成都两地工业固废综合利用率提升较快，指数年均增速分别为8.9%和6.6%（如图6所示）。

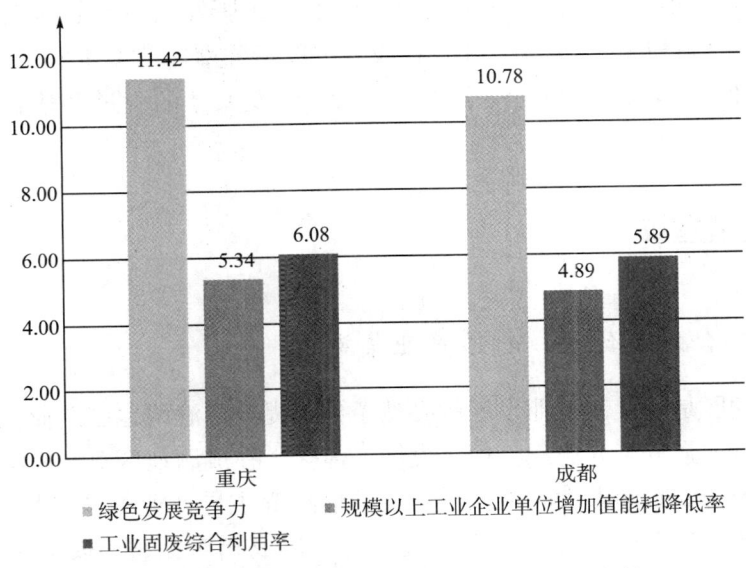

图6　2020年成渝两地制造业绿色发展竞争力指数情况

（二）成渝地区制造业竞争力存在的主要问题

1. 竞争力总体增长较为缓慢

从发展过程看，2016—2020年重庆、成都两地制造业竞争力指数尽管总体趋势向好，但年均增速缓慢，低于2%。同时两地制造业竞争力指数在2018年、2019年均出现回落，竞争力稳定性略显不足。

2. 提质增效急需关注

尽管成渝两地制造业规模在不断扩大，但企业在盈利能力方面仍存在短板。2020年，重庆规模以上总资产贡献率、成本费用利润率较2016年分别下降4.4和0.3个百分点，成都下降5.6和0.8个百分点。从企业的贡献情况看，重庆、成都两地规模以上工业人均实现利税分别下降769.0元和6639.8元。

3. 技改投资稍显不足

成渝两地制造业在经历了 2018 年和 2019 年的技改高峰后，叠加疫情影响，2020 年技改投资出现下降，导致重庆、成都 2016—2020 年技改投资额增速指数年均增速分别下降 8.2% 和 9.5%，制造业转型升级动力不够，需引起重视。

4. 研发人才队伍相对薄弱

2016—2020 年，重庆、成都两地规模以上工业研发人员折合全时当量指数年均分别增长 3.1% 和 4.3%，低于 R&D 投入强度指数增速 7.1 和 2.6 个百分点，说明两地制造业在科技创新上更注重经费投入，研发人才的引进和培育等工作相对滞后。

三、政策建议

（一）整合发展优势，打造产业集群

集群化发展是现代制造业发展的必然条件，提升成渝两地制造业竞争力的有效途径之一就是加强分工与协作，促进发展一体化。在成渝地区双城经济圈建设背景下，两地首先需要共同做大做强汽车、电子信息等主导产业的"蛋糕"，以集群式发展思路补齐关键短板，增强全产业链优势，形成相对完整、安全可靠、合理分工、优势互补的区域产业链供应链体系。比如汽车产业方面，两地都需要以智能网联和新能源为主攻方向，共建高水平汽车产业研发生产制造基地；电子产业方面，重庆要进一步扩大在笔记本电脑、手机制造方面的优势，成都要继续做大做强平板、集成电路制造等产业。

（二）提升产业层级，改善效益效率

产业层级偏低是成渝两地制造业综合效益竞争力水平不高的主要原因，因此，两地均需在实现产业结构升级方面下功夫，其核心是通过高科技信息技术赋能，提升产品附加值，扩大有效供给和中高端供给。比如在汽车行业，着力降低微车、小车产品占比，全力开拓 SUV、MPV、中级车、高级车等附加值更高的产品，在电子产业，着力降低功能机、老人机产品占比，大力发展智能手机、平板电脑等高端产品。同时，提高制造业效率效益，还需要积极推进智能化改造，充分运用大数据、工业互联网等先进技术，做到实时主动优化生产管理流程，以及时适应生产需要，提升产能利用效率。

（三）加大技改投资，推动转型升级

成渝两地目前尚处于工业化后期，部分传统制造业存量较大，转型升级的关键在于加大技改投资力度，改善企业市场竞争力。有数据显示，成熟经济体新增工业产值中有60%~80%是通过技术改造取得，因此，对两地发展而言，工业企业技术改造仍然是制造业转变增长方式、促进产业升级、实现高质量发展的重要途径。成渝两地既需要从面上做到总体推进、持续投入，也要对重点行业、重要产业予以重点扶持，还要不断积累经验，进一步提高技术改造的水平和能力。

（四）坚持人才引领，增强创新能力

人才是当今经济社会发展的核心竞争力，也是创新驱动发展的原动力。引进更多高层次人才，特别是高新技术产业人才是提升成渝两地制造业竞争力的关键，两地需要有针对性地完善人才战略，完善薪酬、税收、社保、医疗、住房、子女入学等配套政策，凭借良好的发展环境，留住现有人才、拓展外部人才。对稀缺人才可"量身定制"引进计划和政策措施，真正形成"一个人才（团队）创造一个企业，一个企业带活一个产业，一个产业凝聚一批人才"的"磁场效应"。

负责人：吴　丹（重庆市统计局）
成　员：李　荑（重庆市统计局）
　　　　　 刘　益（重庆市统计局）

成渝地区服务业集聚的专业化和多样化对经济增长的影响研究

2020年1月,成渝地区双城经济圈建设正式上升为国家战略,加快成渝地区双城经济圈相关建设,有利于在全国形成"北有京津冀、东有长三角、南有粤港澳、西有成渝"的区域经济格局,对于推动高质量发展具有重要意义。成渝地区向北联结丝绸之路经济带,往南联结海上丝绸之路,是"一带一路"重要节点和战略支撑,也是我国发展和对外开放的战略高地;同时,自然资源丰富,交通基础设施建设不断发展完善,人口和产业基础良好,发展潜力巨大,吸引服务业相关产业集聚较为容易。

本文运用服务业集聚专业化和多样化相关指标,分别从地区间、行业间两个角度,对成渝地区19个城市服务业集聚的专业化和多样化水平进行测算,并利用2015—2019年相关统计数据,构建计量经济学模型,实证分析服务业集聚的专业化与多样化对经济增长的影响,得出结论:成渝地区服务业集聚的专业化水平较为突出,但各个城市服务业集聚专业化水平变化趋势不尽相同且变化幅度较小,服务业集聚的多样化水平变化幅度较小且变化趋势也各不相同,推动该区域经济增长的是服务业集聚的多样化而不是专业化,并提出促进服务业多样化集聚、吸纳高素质人才以及加强基础设施建设等针对性政策建议,以期对优化资源配置、促进经济增长、助推成渝地区服务业协调发展有所助益。

一、成渝地区服务业集聚的专业化与多样化现状分析

本文所研究的"服务业"即第三产业。按照《2017年国民经济行业分类(GB/T 4754—2017)》分类目录,服务业包含批发与零售业,交通运输、仓储和邮政业,住宿和餐饮业,信息传输、软件和信息技术服务业,金融业,房地产业,租赁和商务服务业,科学研究、技术服务业,水力、环境和公共设施管理业,居民服务、修理和其他服务业,教育,卫生和社会工作,文化、体育和娱乐业,公共管理、社会保障和社会组织,共计14个行业门类。同时,为了横向对比的科学性,

本文中的成渝地区界定为重庆市全域以及四川省18个地级市。其中，重庆市即重庆全域，包含38个区县；四川省18个地级市为：成都市、自贡市、攀枝花市、泸州市、德阳市、绵阳市、广元市、遂宁市、内江市、乐山市、南充市、眉山市、宜宾市、广安市、达州市、雅安市、巴中市、资阳市。

（一）成渝地区服务业集聚的专业化水平现状分析

相同或相似类型的服务业行业趋于向某一固定的空间地理位置聚集发展即为服务业专业化集聚。在测算服务业集聚的专业化水平时，采用服务业各行业区位熵之和，其计算公式为：

$$QS_i = \sum_k (ER_{i,k}/ER_i)/(ER_k/ER) \qquad 式(1)$$

其中，QS_i 为 i 地区服务业各行业区位熵之和，即专业化水平，$ER_{i,k}$ 为 i 地区服务业14个行业门类中第 k 行业的从业人员数，ER_i 为 i 地区从业人员数总和，ER_k 为全国范围内服务业14个行业门类中第 k 行业的从业人员数，ER 为全国从业人员数总和。

根据公式（1）计算出2015—2019年的 QS_i 的值，见表1、表2。

表1 成渝地区双城经济圈分地区服务业集聚的专业化水平

地区	2015年	2016年	2017年	2018年	2019年
重庆市	20.35	21.16	22.82	23.87	22.80
四川省	17.32	20.15	19.67	19.58	18.01
成都市	22.01	27.00	25.62	25.90	24.24
自贡市	13.41	12.66	12.85	13.10	11.99
攀枝花市	12.14	14.25	14.72	17.45	12.44
泸州市	9.99	9.30	11.31	9.70	8.54
德阳市	11.88	11.21	11.65	10.88	10.28
绵阳市	14.14	15.55	15.17	13.77	9.70
广元市	16.34	15.65	15.50	15.01	14.00
遂宁市	11.42	10.98	10.37	10.06	8.57
内江市	8.71	9.16	9.54	10.30	9.01
乐山市	11.87	13.14	13.53	12.64	13.19
南充市	13.37	13.60	13.70	13.26	11.41
眉山市	11.70	11.53	11.62	11.15	10.41
宜宾市	10.64	10.54	10.20	9.36	9.02
广安市	14.29	15.29	10.12	9.60	8.15
达州市	12.53	12.15	14.07	13.39	11.00

续表1

地区	2015 年	2016 年	2017 年	2018 年	2019 年
雅安市	14.02	13.91	14.11	13.37	13.20
巴中市	10.91	11.04	10.75	10.78	10.90
资阳市	12.72	12.90	12.86	11.31	10.01

表2 成渝地区双城经济圈服务业分行业门类集聚的专业化水平

年份	批发和零售业	交通运输仓储和邮政业	住宿和餐饮业	信息传输、软件和信息技术服务业	金融业	房地产业	租赁和商务服务业
2015 年	1.8201	0.9483	2.5031	0.9879	0.6503	1.0966	1.0045
2016 年	1.2908	1.3290	1.8410	1.3534	0.8459	1.1139	1.1830
2017 年	1.5203	1.2386	1.8805	1.2144	0.8112	1.1819	1.1074
2018 年	1.5904	1.2352	2.0054	1.1341	0.7584	1.1412	1.1589
2019 年	1.6625	1.1042	2.2268	0.8446	0.7307	1.0927	1.1059

年份	科学研究、技术服务业	水利、环境和公共设施管理业	居民服务、修理和其他服务业	教育	卫生和社会工作	文化、体育和娱乐业	公共管理、社会保障和社会组织
2015 年	0.7677	0.7289	5.1718	0.7494	0.7915	0.9139	0.6712
2016 年	0.9973	0.9294	3.2576	0.9823	1.0057	1.1495	0.9049
2017 年	0.9861	0.9090	3.1531	0.9569	0.9704	1.1608	0.8777
2018 年	0.9716	0.8473	3.3000	0.9155	0.9689	1.1036	0.8276
2019 年	0.7779	0.7552	2.7305	0.8914	0.9157	1.0822	0.8011

从地区角度看（见表1），2015—2019年，成渝地区19个城市服务业集聚的专业化程度变化幅度均较小，并且各个城市都有自己的特点，并未呈现一致的变化趋势。成渝地区作为西部地区服务业较为发达的区域，服务业集聚的专业化水平相对较高，同一产业知识和技术外溢带来的集聚受到一定限制，即服务业集聚的专业化水平变化幅度不大。分城市看，重庆作为直辖市、成都作为四川省的省会城市，服务业集聚的专业化水平相对较高，尤其是成都市，2019年专业化水平测算指标值达到24.24，19个城市中最高，主要是因为这两个城市相对发达的经济以及完善的市场经济体制吸引了服务业企业集聚，服务业企业的集聚又使得该行业企业获得相关技术的成本更低，进而促进了服务业的发展。近年来，自贡市、广元市、南充市和雅安市大力发展服务业，着力打造现代服务业集聚示范区，服务业集聚专业化程度较高。

从行业角度看（见表2），成渝地区服务业各行业集聚的专业化水平也均有自身的特点，并未呈现出一致的变化趋势。集聚专业化水平较高的行业主要有：批发和零售业，交通运输仓储和邮政业，住宿和餐营业，房地产业，租赁和商务服务业，居民服务、修理和其他服务业，文化、体育娱乐业，其测算指标值均大于1，尤其是居民服务修理和其他服务业集聚的专业化表现最为显著；集聚专业化水平较低的行业有：金融业，科学研究、技术服务业，水利、环境和公共设施管理业，教育，公共管理、社会保障和社会组织，其测算指标值均小于1，尤其是金融业集聚的专业化水平最低。

（二）成渝地区服务业集聚的多样化水平现状分析

不同或不相关的服务业行业趋于向某一固定的空间地理位置聚集发展即为服务业多样化集聚。本文采用改进的赫芬达尔—赫希曼指数对产业集聚的多样化水平进行测算，其计算公式为：

$$HH_i = \sum_k \frac{ER_{i,k}}{ER_i} * d_{i,k} = \sum_k \frac{ER_{i,k}}{ER_i} \left[\frac{1/\sum_{k'=1,k'\neq k}^{n}(ER_{i,k'}/(ER_i-ER_{i,k}))^2}{1/\sum_{k'=1,k'\neq k}^{n}(ER_{k'}/(ER-ER_k))^2} \right]$$

式（2）

其中，HH_i 为 i 地区服务业集聚的多样化水平测算值，$ER_{i,k}$ 为 i 地区服务业 14 个行业门类中第 k 行业的从业人员数，ER_i 为 i 地区从业人员数总和，ER_k 为全国范围内服务业 14 个行业门类中第 k 行业的从业人员数，ER 为全国从业人员数总和。测算值 HH_i 越大，服务业集聚的多样化水平越显著。

通过计算得出 2015—2019 年成渝地区分地区、分行业集聚的多样化水平及其变化趋势，见表3、表4。

表3 成渝地区双城经济圈分地区服务业集聚的多样化水平

地区	2015 年	2016 年	2017 年	2018 年	2019 年
重庆市	0.42	0.43	0.49	0.51	0.52
四川省	0.43	0.43	0.49	0.52	0.60
成都市	0.37	0.43	0.44	0.46	0.50
自贡市	0.36	0.35	0.36	0.37	0.40
攀枝花市	0.61	0.53	0.61	0.59	0.68
泸州市	0.39	0.42	0.29	0.40	0.50
德阳市	0.39	0.40	0.40	0.40	0.39
绵阳市	0.38	0.43	0.41	0.44	0.52
广元市	0.19	0.21	0.22	0.24	0.26
遂宁市	0.32	0.54	0.34	0.36	0.69
内江市	0.35	0.34	0.31	0.41	0.52
乐山市	0.35	0.33	0.34	0.31	0.32

续表3

地区	2015年	2016年	2017年	2018年	2019年
南充市	0.31	0.31	0.31	0.31	0.35
眉山市	0.25	0.26	0.27	0.32	0.38
宜宾市	0.30	0.30	0.30	0.33	0.39
广安市	0.18	0.18	0.45	0.44	0.50
达州市	0.25	0.26	0.42	0.48	0.57
雅安市	0.19	0.20	0.21	0.22	0.27
巴中市	0.40	0.40	0.42	0.45	0.61
资阳市	0.33	0.33	0.33	0.36	0.34

表4 成渝地区双城经济圈服务业分行业集聚的多样化水平

年份	批发和零售业	交通运输仓储和邮政业	住宿和餐饮业	信息传输、软件和信息技术服务业	金融业	房地产业	租赁和商务服务业
2015年	0.0343	0.0461	0.0086	0.0197	0.0484	0.0212	0.0276
2016年	0.0436	0.0337	0.0099	0.0156	0.0427	0.0218	0.0241
2017年	0.0358	0.0361	0.0098	0.0191	0.0462	0.0213	0.0276
2018年	0.0353	0.0365	0.0095	0.0225	0.0515	0.0241	0.0276
2019年	0.0349	0.0378	0.0088	0.0315	0.0637	0.0276	0.0361
年份	科学研究、技术服务业	水利、环境和公共设施管理业	居民服务、修理和其他服务业	教育	卫生和社会工作	文化、体育和娱乐业	公共管理、社会保障和社会组织
2015年	0.0285	0.0192	0.0023	0.1159	0.0544	0.0091	0.1186
2016年	0.0234	0.0154	0.0021	0.0920	0.0459	0.0076	0.0938
2017年	0.0238	0.0158	0.0022	0.0953	0.0503	0.0075	0.1000
2018年	0.0244	0.0170	0.0019	0.1018	0.0517	0.0079	0.1136
2019年	0.0329	0.0181	0.0028	0.1169	0.0609	0.0085	0.1298

从地区角度看（见表3），2015—2019年，成渝地区各个城市服务业集聚的多样化水平变动幅度均不大，不同城市有各自的发展变化规律。与该区域服务业集聚的专业化水平类似，成渝地区服务业集聚程度在西部地区已处于较高水平，通过不同产业之间知识技术的外部性促进集聚发展的作用受到限制。分城市看，重庆市和成都市虽为直辖市和省会城市，但服务业集聚多样化水平在19个城市中处于中等水平，不同于专业化集聚水平处于前列的情况；攀枝花市和巴中市服务业集聚多样化水平最高，尤其是攀枝花市在所列城市中位居第一；遂宁市和广安市则表现为服

务业集聚的多样化水平增长较为迅速，分别由2015年的0.32、0.18增长到2019年的0.69、0.50。

分行业看（见表4），成渝地区服务业分行业集聚的多样化程度无明显且相似变化趋势，公共管理、社会保障和社会组织，教育，卫生和社会工作，金融业集聚的多样化水平较高，尤其是公共管理、社会保障和社会组织，教育行业的测算指数均超过0.1，14个行业中集聚的多样化水平最高；住宿和餐饮业，居民服务、修理和其他服务业，文化、体育和娱乐业集聚水平较低，尤其是居民服务、修理和其他服务业集聚多样化水平仅为0.002左右；剩余7个服务业行业门类集聚多样化水平处于中等水平，测算指数大多在0.02~0.04。

（三）成渝地区服务业集聚的专业化与多样化水平现状分析

为更直观地分析成渝地区各个城市服务业集聚的专业化与多样化水平，本文选取2015年和2019年对应19个城市服务业集聚的专业化和多样化相关测算数据，分别做成散点图，如图1和图2所示，其中，X轴表示专业化集聚水平，Y轴为多样化集聚水平。

分析比较可得：成渝地区大多数城市服务业集聚的专业化和多样化水平均处于中等水平，如泸州市、内江市、乐山市、自贡市等，处于这一水平的城市大概占到所列19个城市的50%以上；没有哪个城市是服务业集聚的专业化水平和多样化水平均高或均低的情况，如重庆市、成都市，表现为服务业集聚专业化水平较高，但多样化水平相对较低，而攀枝花市、遂宁市则恰好相反，变现为服务业集聚的专业化水平较低，但多样化水平则相对较高。这主要是因为，一个城市服务业集聚的专业化水平和多样化水平提高的过程，存在一定的相互制约影响效应，即专业化水平的提高一定程度上抑制了多样化程度的提高，同样，多样化水平的提高也会降低其专业化水平的发展。

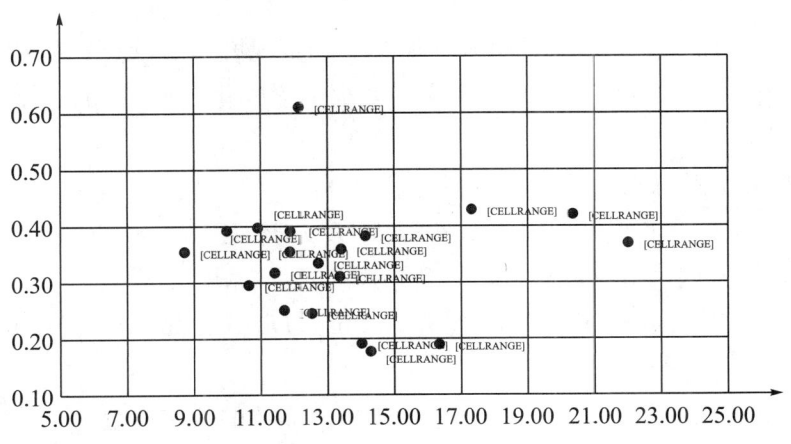

图1　2015年成渝地区服务业集聚的专业化与多样化水平

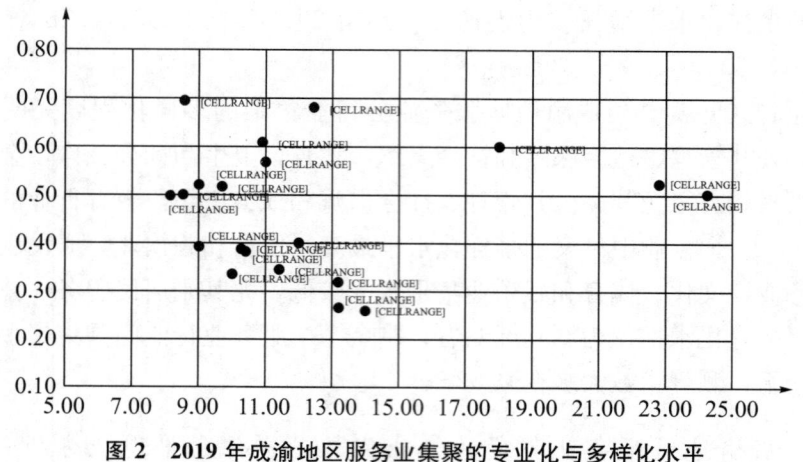

图2 2019年成渝地区服务业集聚的专业化与多样化水平

二、成渝地区服务业集聚的专业化与多样化对经济增长的实证分析

(一)模型简介

本文选用柯布—道格拉斯生产函数来反映总产出,具体公式如下:

$$ZY_{it} = A_{it} LR_{it}^{\lambda_1} KT_{it}^{\lambda_2} e^{\varepsilon_{it}} \qquad 式(3)$$

其中,ZY_{it}代表i城市在t时期的总产出(总产值);A_{it}为全要素生产率,通常作为科技进步的指标,由生产技术和规模效应决定;LR_{it}和KT_{it}分别代表i城市在t时期的劳动投入和资本投入,λ_1和λ_2是劳动和资本的弹性系数。

相关研究显示,服务业集聚的规模及其专业化和多样化可以提高该地区全要素生产率,因此,本文将公式(3)中的A_{it}表示为服务业的集聚规模、专业化和多样化的函数形式,如公式(4)所示:

$$A_{it} = A_0 QG_{it}^{\alpha} QS_{it}^{\beta} HH_{it}^{\gamma} \qquad 式(4)$$

其中,A_0为常数,QG_{it}为研究地区服务业集聚规模大小,QS_{it}为该地区服务业集聚的专业化水平,HH_{it}为该地区服务业集聚的多样化水平,α、β、γ分别为相应的弹性系数。

将公式(4)代入公式(3),得到公式(5):

$$ZY_{it} = A_0 QG_{it}^{\alpha} QS_{it}^{\beta} HH_{it}^{\gamma} LR_{it}^{\lambda_1} KT_{it}^{\lambda_2} e^{\varepsilon_{it}} \qquad 式(5)$$

将公式(5)两边分别取对数,得到公式(6):

$$\ln ZY_{it} = \delta_0 + \alpha \ln QG_{it} + \beta \ln QS_{it} + \gamma \ln HH_{it} + \lambda_1 \ln LR_{it} + \lambda_2 \ln KT_{it}$$
$$式(6)$$

其中,$\delta_0 = \ln A_0 + \varepsilon_{it}$,公式(6)即为本文需要的数学模型。

本部分以成渝地区19个城市为研究对象,选取2015—2019年相关数据,运用计量经济模型作相关实证检验。由公式(6)可知,本部分研究包含ZY_{it}、QG_{it}、

QS_{it}、HH_{it}、LR_{it}、KT_{it} 共计 6 个变量，其中，ZY_{it} 为被解释变量，QG_{it}、QS_{it}、HH_{it}、LR_{it}、KT_{it} 为解释变量，相关指标选择见表 5：

表 5 相关变量及其对应指标选择

变量	变量含义	指标选择
ZY_{it}	总产出	非农产业总产值
QG_{it}	服务业集聚规模大小	区位熵
QS_{it}	服务业集聚的专业化水平	服务业各行业区位熵之和
HH_{it}	服务业集聚的多样化水平	改进后的赫芬达尔－赫希曼指数
LR_{it}	劳动力投入	城镇从业人员数量
KT_{it}	资本投入	房地产开发投资完成额

对各变量进行统计表述，结果见表 6：

表 6 相关变量的描述性统计

	Mean	Maximum	Minimum	Std. Dev.	Observations
ZY_{it}	2551.462	22055.09	185.6209	4617.104	95
QG_{it}	1.03872	1.43389	0.660853	0.165532	95
QS_{it}	13.24242	27	8.15	4.101929	95
HH_{it}	0.380211	0.69	0.18	0.112571	95
LR_{it}	84.67719	986.87	11.1269	171.0127	95
KT_{it}	495.8931	4439.303	27.4498	990.8116	95

（二）成渝地区实证检验与结果分析

1. 单位根检验

为了防止变量时间序列的不平稳性对回归模型的影响，在估计模型的参数前，务必对变量通过单位根检验检验其平稳性。本文中，对成渝地区 2015—2019 年 5 个观测期、19 个截面成员（城市）构成的面板数据，分别通过 LLC 检验、Fisher-ADF 检验和 Fisher-PP 检验三种方法对各个选择变量进行单位根检验。首先，对各个选择变量数据取自然对数，再进行单位根检验，检验结果见表 7，6 个选择变量时间序列均未通过单位根检验，即该序列是非平稳的，进而对 lnZY、lnQG、lnQS、lnHH、lnLR、lnKT 一阶差分序列进行单位根检验，结果显示通过检验，表明 lnZY、lnQG、lnQS、lnHH、lnLR、lnKT 经一阶差分后序列已变成平稳序列。

表7 模型中各变量的单位根检验

	LLC	Fisher-ADF	Fisher-PP
$\ln ZY$	0.0000**	0.9997	0.9885
一阶差分 $\ln ZY$	0.0000***	0.0000***	0.0000***
$\ln QG$	0.0000**	0.7167	0.0534
一阶差分 $\ln QG$	0.0000***	0.0001***	0.0003***
$\ln QS$	1.0000	0.9453	0.3936
一阶差分 $\ln QS$	0.0000***	0.0023***	0.0009***
$\ln HH$	0.0000**	0.0864*	0.0203**
一阶差分 $\ln HH$	0.0003***	0.0017***	0.0019***
$\ln LR$	0.9962	0.6277	0.1553
一阶差分 $\ln LR$	0.0000***	0.0000***	0.0000***
$\ln KT$	1.0000	1.0000	1.0000
一阶差分 $\ln KT$	0.0000***	0.0000***	0.0000***

注：* $p<0.05$，** $p<0.01$，*** $p<0.001$

2. 协整检验

由单位根检验结果可以看出，$\ln ZY$、$\ln QG$、$\ln QS$、$\ln HH$、$\ln LR$、$\ln KT$ 均为一阶单整变量，满足协整检验的条件。因此，本部分用 Kao 检验继续对选择变量进行协整检验，看其是否存在协整关系，令检验原假设和备择假设分别是：

H_0：选择变量之间不存在协整关系

H_1：选择变量之间存在协整关系

结果见表8，由于 P 值为 0.0000，故在 1‰ 显著水平上拒绝选择变量之间不存在协整关系的原假设。表明 $\ln ZY$、$\ln QG$、$\ln QS$、$\ln HH$、$\ln LR$、$\ln KT$ 具有协整关系。

表8 面板数据的协整检验结果

		t−Statistic	Prob.
ADF		−5.550424	0.0000
Residual variance		0.258383	
HAC variance		0.137388	

注：* $p<0.05$，** $p<0.01$，*** $p<0.001$

3. 模型的选择

本文将采用 F 统计量检验和豪斯曼（Hausman）检验，在三种面板模型——混合估计模型、固定效应模型和随机效应模型中进行选择。首先，利用 F 统计量来检验所建立模型是混合估计模型还是个体固定效应模型，令检验原假设和备择假设分别是：

$H_0: \alpha_i = \alpha$，混合模型为正确模型

H_1：个体固定效应模型为正确模型

$$F = \frac{(SSE_r - SSE_u)/(N-1)}{SSE_u/(NT-N-k)}$$

其中，SSE_r、SSE_u 分别为混合估计模型、个体固定效应模型的残差平方和，$F \sim (N-1, NT-N-k)$，N 是截面个体的个数，T 是时期个数，k 是解释变量的个数。通过混合估计模型估计得到 $SSE_r = 16.67288$，个体效应模型估计得到 $SSE_u = 8.793564$，经计算 F 值为 3.53，$F_{0.05}(18,71) = 1.75$，$F > F_{0.05}(18,71)$，拒绝原假设，应该选择个体固定效应模型，而不是混合估计模型。

然后，利用豪斯曼（Hausman）检验，进一步判断究竟是选择固定效应模型还是随机效应模型，令其检验的原假设和备择假设分别是：

H_0：随机效应模型为正确模型

H_1：固定效应模型为正确模型

结果见表9，由于 P 值为 0.0000，故在 1% 的显著水平下拒绝随机效应模型为正确模型的原假设，因此，应该使用固定效应模型，而不是随机效应模型。

表9 豪斯曼（Hausman）检验结果

Test Summary	Chi-Sq. Statistic	Chi-Sq. d. f.	Prob.
Cross-section random	13.826928	5	0.0000

注：* $p<0.05$，** $p<0.01$，*** $p<0.001$

因此，后文中将使用个体固定效应模型，对成渝地区经济增长中服务业集聚的专业化与多样化在其中的影响作用进行分析。

4. 模型估计及估计结果

模型估计结果见表10，服务业集聚的专业化对其经济增长有阻碍作用，但是这种作用并不显著，这主要是因为成渝地区尤其是重庆市、成都市服务业集聚的专业化程度已经处于较高的水平，区域内相关资源由于过度的专业化集聚得不到最优分配，进而对其经济增长产生阻碍作用，同时，同一产业内专业化的过度集聚并不能与产业链上下游的相关产业形成协同发展的良性格局，也对区域经济增长不利。成渝地区服务业集聚多样化程度每提高一个百分点，经济增长提升 0.82%，这主要是因为不同行业、不同类型的服务业集聚对知识技术的传播更加有利，增强了企业的创新活力、促进了经济的增长，同时，多样化集聚更容易形成差异化发展，减少同行业内部恶性竞争，有利于上下游配套产业互补学习，助推产业整合，降低成本。因此，成渝地区服务业集聚的多样化而不是专业化可以明显促进地区经济增

长，除此之外，成渝地区服务业的集聚规模每增加1%，经济增长增加0.74%，集聚对经济增长有较大的促进作用。

同时，成渝地区劳动投入对经济增长有明显的推动作用，就业人数每提高1%，地区经济增加0.21%，这主要是因为我国经济的快速发展以及受教育水平的不断提高，就业人员素质显著提高，劳动力数量及其质量的显著提高带动了地区经济的增长；资本投入对区域经济增长有明显的正向效应，资本投入每增加1%，区域经济增长增加0.66%，适度的固定资产投资使得产业布局得以优化，不但为企业集聚提供了更好的外部环境，而且可以增强企业创新水平，进而推动经济的良性循环发展。

表10 成渝地区实证回归结果

Variable	Coefficient	Std. Error	t-Statistic
LnG	0.741351	0.217005	1.8416**
LnS	−0.207009	0.637353	−1.8937
LnH	0.819478	0.548107	1.4951*
LnL	0.212613	0.194561	0.0648***
LnK	0.659870	0.128413	1.2449***
C	2.367086	0.638388	0.8971***
Adjusted R-squared	0.969257		
F-statistic	110.7631		
Prob (F-statistic)	0.000000		

注：* $p<0.05$，** $p<0.01$，*** $p<0.001$

三、主要结论

（一）成渝地区服务业集聚的专业化水平较为突出，但各个城市服务业集聚的专业化水平变化幅度较小，企业变化趋势各不相同

重庆市、成都市作为直辖市和省会城市，服务业集聚的专业化程度较高，而内江市、泸州市和巴中市等城市服务业集聚的专业化程度相对较低。从行业角度看，并不是所有的服务业行业都具有专业化集聚的优势，14个服务业行业门类中，集聚的专业化水平较高的主要是批发和零售业，交通运输仓储和邮政业，住宿和餐饮业，房地产业，租赁和商务服务业，居民服务业修理和其他服务业，文化、体育和娱乐业。

（二）成渝地区服务业集聚的多样化水平变化幅度较小且变化趋势各不相同

重庆市、成都市服务业集聚的多样化水平表现一般，在成渝地区仅属中等水平，而攀枝花市、巴中市的服务业集聚多样化水平最高，尤其是攀枝花市在所列城市中位居第一，遂宁市、广安市则表现为服务业集聚的多样化水平增长较为迅速。从行业角度看，公共管理、社会保障和社会组织，教育，卫生和社会工作，金融业集聚的多样化水平较高，尤其是公共管理、社会保障和社会组织，教育行业的集聚水平最高。

（三）成渝地区服务业集聚的多样化而不是专业化推动地区经济增长

在成渝地区的部分城市服务业的专业化集聚超出本地区承载能力，或者是集聚产业结构过于单一，对经济增长产生阻碍作用；而多样化的服务业集聚使得知识、技术的溢出效应更加明显，更加有利于创新和技术进步，进而对经济增长产生良性循环推动作用。同时，劳动力的投入以及固定资产的投入对城市经济增长均产生积极的促进作用。

四、政策建议

（一）整体谋划、合理布局，促进服务业集聚的多样化发展

服务业集聚尤其是多样化集聚对区域经济增长有明显的促进作用，因此，建立成渝地区"一盘棋"的思想，整体谋划、合理布局，应着力在提升服务业多样化产业结构方面下功夫，使得各个产业齐头并进、多元发展。首先，基于各个城市自身资源的相关优势，实行差异化定位，避免盲目发展，有针对性地引导集聚企业的多元化发展、协同发展。其次，注重品牌建设，减少同质化竞争，尤其是重庆、成都等城市应在培育更加高端、更加国际化的服务业集聚示范区方面发力，提升服务业尤其是高端服务业的发展，同时，也对周边城市起到带动示范作用。最后，充分发挥产业关联效应，注重服务业与农业、制造业的协同发展，如搭建多产业信息交流平台，减少产业间信息不对称等问题，促进产业间的有机融合和技术创新；将服务业相关企业靠近第一产业、第二产业相关企业，增强其配套和辐射能力，进而提升生产效率。

（二）转变观念、多措并举，吸纳人才提高创新力和竞争力

人力资源作为必不可少的生产要素之一，高素质人才对服务业的发展尤其是现代服务业的发展有着至关重要的作用。虽然近年来我国劳动力素质普遍提高，但与

发达国家、地区相比，从业人员素质仍有较大提升空间；同时，成渝地区服务业集聚虽已初具规模，但在吸引人才尤其是高端人才方面仍不具有优势。因此，在政府层面应加大科研教育经费支出，增加高等教育投入，对于应用价值高、有研究意义的高校科研成果予以奖励，尤其是在各大高校营造创新创业的良好氛围，为服务业集聚发展提供相关人才储备；同时，建立制定引才相关政策和激励机制，不但在科研方面给予大力支持，还在子女入学、老人养老等方面给予政策照顾，全国范围内招揽各种人才，为服务业发展注入创新、创业的活力。企业层面，建立良好的薪酬制度和上升空间，吸引创新高素质人才，同时，建议制订长期人才培养计划，多类型、多方式开展相关培训，提高员工工作效率。

（三）适度引导、发挥职能，加强服务业集聚相关基础设施建设

鉴于服务业对相关配套的公共基础设施需求和依赖程度较高，基础设施建设也可以为服务业企业集聚提供良好的硬件条件。因此，积极推进服务业集聚相关基础设施建设，不断完善服务业发展相关配套设施建设，提高固定资产投资利用率，对于发展服务业及其集群的多样化至关重要。适度引导，发挥政府职能，在进行基础设施和配套服务建设前，充分考虑建设基础设施的利用率，为防止盲目建设、重复建设的发生，建设前要进行合理的规划与布局，进行充分论证，不急于马上动工。同时，鉴于服务业集聚相关基础设施建设投资规模大、建设周期长、维护成本高等特点，应有效发挥政府公共财政的职能作用，注重调动社会投资和民间投资，注重改变基础设施投资和经营模式，改善企业外部环境，同时减轻政府财政压力。

负责人：邓　航（重庆市统计局）
成　员：宋晓英（重庆市统计局）
　　　　倪婷婷（重庆市统计局）

成渝地区"三新"经济发展研究

成渝地区双城经济圈建设是继京津冀协同发展、粤港澳大湾区建设、长三角区域一体化后,又一个从国家战略层面上提出的区域发展战略。近年来,随着大数据、云计算、物联网、空间地理信息技术等现代信息技术的不断进步,以"新产业、新业态、新模式"为代表的新经济快速发展,逐渐成为经济发展的新引擎。因此,研究成渝地区"三新"经济发展情况,对于唱好"双城记"、建好"经济圈"至关重要。

本文基于SWOT分析,系统分析了成渝两地"三新"经济发展过程中存在的优势、劣势、面临的机遇与挑战,并通过构建"三新"经济发展评价指标体系,采用逼近理想解排序法(TOPSIS)研究测算了京津冀城市群、长三角城市群、珠三角城市群和成渝城市群四大城市群的八个代表城市"三新"经济发展情况,提出相关政策建议,以促进两地新经济不断发展壮大,为经济社会实现高质量发展蓄积新动能。

一、研究背景及意义

成渝地区承东启西、联通南北,"一带一路""西部大开发""长江经济带""西部陆海新通道"等多项国家战略在此交汇。早在2011年,国务院批复《成渝经济区区域规划》,将成渝地区定位为西部地区重要的经济中心、全国重要的现代产业基地、深化内陆开放的试验区、统筹城乡发展的示范区和长江上游生态安全的保障区;2016年,国家发展改革委、住房和城乡建设部联合印发《成渝城市群发展规划》,明确到2030年,成渝城市群完成由国家级城市群向世界级城市群的历史性跨越。

2020年1月3日召开的中央财经委员会第六次会议强调,"要推动成渝地区双城经济圈建设,在西部形成高质量发展的重要增长极"。这是中央首次提出"成渝地区双城经济圈"的提法,并且提出了要形成"高质量发展的重要增长极"的新要求。2020年10月16日,中共中央政治局召开会议,审议《成渝地区双城经济圈建设规划纲要》,强调要突出重庆、成都两个中心城市的协同带动,注重体现区域优势和特色，使成渝地区成为具有全国影响力的重要经济中心、科技创新中心、改革开放新高地、高品质生活宜居地，打造带动全国高质量发展的重要增长极和新的动力源。《成渝地区双城经济圈建设规划纲要》的出台将成渝地区双城经济圈的建设推向了快车道。

从"成渝经济区"到"成渝城市群"，再到"成渝地区双城经济圈"，国家战略定位的调整表明成渝地区的发展已上升到带动西部地区经济转型升级、参与全球竞争与合作的世界级经济圈的国家战略高度。推动成渝地区双城经济圈建设，有利于在全国形成"北有京津冀、东有长三角、南有粤港澳、西有成渝"的区域经济格局，成渝地区双城经济圈将担负起全国"第四极"的历史使命。当前，成渝地区双城经济圈建设已进入全面实施、加速推进的阶段，随着大数据、云计算、物联网、空间地理信息技术等现代信息技术的不断进步，成渝两地以"新产业、新业态、新模式"为代表的新经济快速发展，逐渐成为经济增长的重要支撑，为经济实现高质量发展提供新动能。因此研究成渝地区"三新"经济发展情况，对于唱好"双城记"，促进成渝地区双城经济圈的协同发展具有重要意义。

二、基于SWOT分析的成渝地区"三新"经济发展情况

（一）成渝地区"三新"经济发展优势（Strengths）

1. 综合经济实力不断增强，具有较强的发展潜力

直辖以来，重庆经济快速发展，经济总量不断扩大，综合实力显著增强。1997—2020年，重庆的地区生产总值以年均11.1%的速度快速增长，2020年达到25002.79亿元，是1996年的18.85倍。同期，全市人均地区生产总值达到78173元，是1996年的16.9倍。三次产业结构由1996年的21.7：43.4：34.9调整为2020年的7.2：40.0：52.8。作为西部地区另外一个国家级中心城市，成都在过去20多年里经济社会也实现了跨越式发展。1997—2020年，成都地区生产总值年均增长10.7%，2020年达到17716.67亿元，是1996年的21.32倍。同期，人均地区生产总值达到85679元，是1996年的11.5倍。三次产业结构由1996年的13.4：43.4：43.2调整为2020年的3.7：30.6：65.7（如图1所示）。

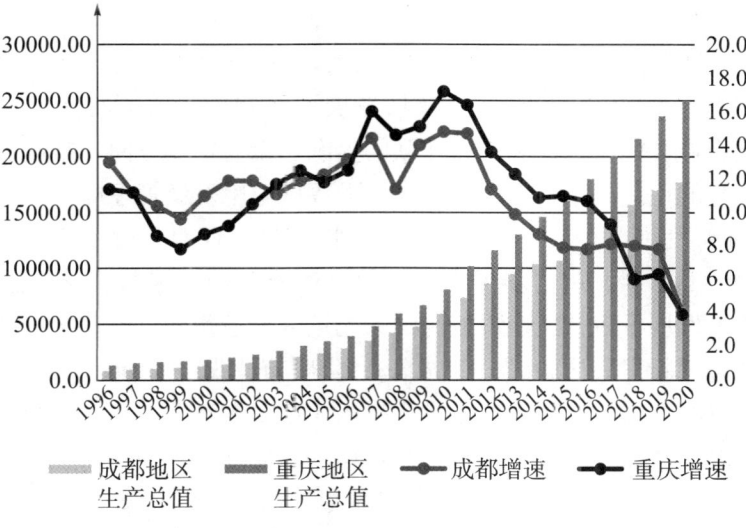

图 1　1997—2020 年重庆、成都地区生产总值及增速

总的看来，成渝两地经济在过去 20 年里都经历了高速增长期，年均增长速度均超过 10%。产业结构也经历了第一产业占比逐年下降，第三产业占比逐年上升并超过第二产业的调整阶段。随着两地综合经济实力的不断增强，现代经济结构特征初步呈现，具有较强的发展潜力。

2. 重点产业发展势头强劲，具有良好的产业发展基础

电子信息制造产业作为"三新"经济的重要产业，成渝地区在其各细分领域均有较强的实力。在主导产品方面，重庆以笔记本电脑、显示器、智能手机、智能手表为主，其中笔记本电脑产量超过全国的 1/3。四川则以平板电脑、彩电、半导体分立器、集成电路为主。总体来看双方的互补性较强，例如四川是国内集成电路封装测试的大户，世界一半的笔记本电脑芯片在四川封装测试，而重庆则引进了国内优秀的晶圆制造商，如果两个板块高度合作，将形成较为完善的集成电路产业链。放大到整个电子信息产业来看，四川、重庆两地规模以上计算机、通信和其他电子设备制造业企业超过 1000 家，其中百亿级企业 18 家，两地电子信息制造业的产业集群已达万亿级规模，整体体量仅次于广东和江苏，排在全国第三位，在成渝地区双城经济圈建设的推动下，两地联合将有望培育出世界级的电子信息产业集群。作为"三新"经济的另一重点产业——信息传输、软件和信息技术服务业，成渝地区虽起步较晚，与沿海省份有较大差距，但发展势头强劲。2020 年四川、重庆规模以上信息传输、软件和信息技术服务业实现营业收入近 3000 亿元，较 2019 年增长超过 20%，实现营收超百亿的企业有 6 家。

3. 政策配套体系相对完备

从重庆来看，2018 年，《重庆市以大数据智能化为引领的创新驱动发展战略行动

计划（2018—2020年)》中明确了重点发展大数据、人工智能、集成电路、智能超算、软件服务、物联网、汽车电子、智能机器人、智能硬件、智能网联汽车、智能制造装备、数字内容等12个产业；《重庆市发展智能制造实施方案（2019—2022年）》出台，明确以企业智能化改造和工业互联网生态建设为主攻方向，推进重点领域数字化、网络化、智能化。同年，重庆挂牌成立大数据应用发展管理局，具体统筹重庆数字经济的规划和发展。2019年，《重庆市推动制造业高质量发展专项行动方案（2019—2022年）》出台，进一步提出要以数字产业化和产业数字化为主攻方向，推动制造业高质量发展，将重庆建设成为国家先进制造业重镇。2020年6月，《重庆建设国家数字经济创新发展试验区工作方案》《重庆市建设国家新一代人工智能创新发展试验区实施方案》出台，明确提出重庆将用3年左右时间，围绕制约数字经济创新发展的关键问题，大力开展改革创新、试点试验。2021年《重庆市国民经济和社会发展第十四个五年规划和二〇三五年远景目标纲要》明确提出2025年重庆市数字经济增加值占地区生产总值的比重提升至35%。同年，《重庆市大数据标准化建设实施方案（2020—2022年）》启动，重庆成为国内首个出台大数据标准化工作方案的省市。

从成都来看，为推动新经济应用落地，为新经济企业服务，2017年，成都成立了全国第一个新经济发展委员会。同年，成都出台《营造新生态发展新经济培育新动能的意见》，提出聚焦数字经济、智能经济、绿色经济、创意经济、流量经济、共享经济六大新经济形态，创造有利于新经济发展的营商环境和社会氛围、营造有利于新经济企业发展的生长环境、构建有利于新经济发展的要素生态和供给体系等18条政策措施。2020年，成都出台《关于供场景给机会加快新经济发展的若干政策措施》，从夯实场景突破基础、创新场景供给方式、厚植场景培育土壤三个方面提出9条政策措施。

总的看来，成渝两地不断优化政策供给，形成了一系列促进新产业、新模式、新业态蓬勃发展的政策配套体系，为"三新"经济的发展提供了较好的政策支持。

（二）成渝地区"三新"经济发展劣势（Weaknesses）

1. 外向型经济程度相对较低

全球化是本轮新经济的一个重要特征。近年来，随着陆海新通道、中欧班列等出海出境大通道建设的稳步推进，成渝地区已经形成具备一定规模，包含"铁公水空"多种方式的出海出境大通道，但与沿海城市相比，成渝地处内陆，出境效率和便捷程度仍然不足。加上成渝地区新的出境通道沿线部分国家和地区基础设施相对落后，信息化程度不高，较难实现多式联运等现代化的运输方式，一定程度上增加了运输成本，降低了运输效率。

2. 成渝地区一体化程度较低

相较于长三角、珠三角和京津冀城市群，成渝地区城镇化发展水平较低，城乡二元结构表现较为明显。重庆虽然是直辖市，但集大城市、大农村、大山区、大库区于一体，城乡差距、区域差距依然较大。2020年重庆的城镇化率为69.46%，分别低于北京18.09个百分点、低于天津15.24个百分点、低于上海19.84个百分点。四川的城镇化率也大大低于苏州、浙江等地（如图2所示）。

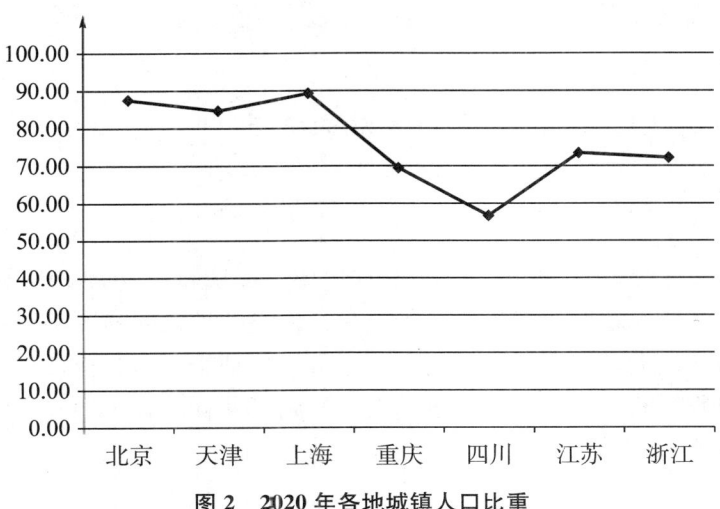

图2　2020年各地城镇人口比重

从区域差距来看，川渝两地内部差距依然明显。2020年重庆人均地区生产总值最高的区县是最低的8.21倍，而四川各区（市）县间这一差距也达到了10.34倍，不难看出，成渝地区城乡间、区域间一体化程度依然较低。

3. 科技创新支撑能力偏弱

科技创新是"三新"经济发展的核心动力。自1999年起，中国科技发展战略研究小组在科技部的支持下开始发布《中国区域创新能力评价报告》，该报告从知识创造、知识获取、企业创新、创新环境、创新绩效5个方面对各省、自治区、直辖市的创新能力进行排名和分析，对衡量区域创新能力具有较强的借鉴意义。

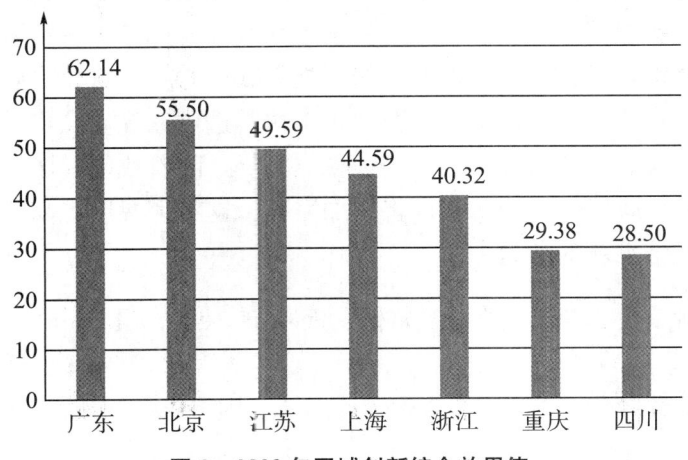

图3　2020年区域创新综合效用值

从区域创新能力的量化评价来看，2020年全国区域创新能力排名前三的分别为广东（62.14）、北京（55.50）、江苏（49.59）。重庆与四川以29.38和28.50的综合效用值居第10为和11位，效用值仅为广东的47.3%、45.9%，北京的52.9%、51.4%，江苏的59.2%、57.5%（如图3所示）。可见，跟东部的经济发达地区相比，成渝地区的科技创新能力还有较大差距，科技创新支撑能力有待进一步提升。

（三）成渝地区"三新"经济发展的机遇（Opportunities）

1. 各级政府高度重视，为"三新"经济的发展注入活力

自2016年《政府工作报告》中明确提出要"加快新旧发展动能接续转换""推动新技术、新产业、新业态加快成长"以来，成渝两地政府高度重视，在中央一系列扶持政策的基础上，出台了一系列配套政策，主动培育新产业，打造新业态，发展新模式。随着时间的推移，这些政策效应开始不断释放，将为经济发展注入源源不断的活力和动力。

2. 成渝地区双城经济圈建设将带来新机遇

成渝地区双城经济圈是继京津冀协同发展、粤港澳大湾区建设、长三角区域一体化后，又一个从国家战略层面上提出的区域发展战略。随着这一国家战略的深入推进，一大批重大战略任务将逐步落实落地，成渝两地将在合力建设现代基础设施网络、协同打造现代产业体系、增强协同创新能力等方面迎来深度合作，这无疑将给新经济的发展带来前所未有的机遇。例如，在数字经济领域，两地正联手开展国家级数字经济创新发展试验区的创建工作，前期已建成5G基站9万余个；在科技金融领域，两地共同设立了300亿元的成渝地区双城经济区发展基金，并将协同推进西部金融中心建设；在文旅领域，巴蜀文化旅游走廊已逐步成型，通过多次区域联动，已推动重庆洪崖洞、成都宽窄巷子等景区"牵手"，开发跨省市旅游线路70余条；在科技创新领域，西部（重庆）科学城和西部（成都）科学城的建设正如火如荼，两地联合将建成具有全国影响力的科技创新中心；在特色高效农业领域，成渝现代高效特色农业带已初步形成，两地正加快推进国家优质高产高效粮油保障基地、万达开现代农业协同发展示范区等项目。另外，随着成渝地区一体化发展机制的不断健全，两地政策体系的协同性将更加完善，这将大幅度提高政策效率，为两地新经济的发展带来新的活力。

（四）成渝地区"三新"经济发展面临的挑战（Threats）

1. 外部发展环境更加严峻复杂

随着中美贸易摩擦的不断加剧和新冠肺炎疫情的全球扩散，全球发展环境不断

恶化，经济全球化进程遭到沉重打击，中国部分产业向其他发展中国家和发达国家转移的压力不断加大，成渝地区承接东部发达地区产业转移的空间也将随之减少，成渝地区产业升级的难度也将不断加大。与此同时，随着国内经济增速的放缓，必将促使各地区重塑竞争新优势，成渝地区也将面临来自其他地区更加激烈的竞争。

2. 有效制度供给创新存在不足

"三新"经济的发展还面临着制度供给创新的挑战。一方面，新产业、新业态、新模式是一个刚刚兴起的新生事物，尚无成熟的经验可以模仿和学习，这对政府治理、监管提出了更高的要求。另一方面，相关领域的政策法规发展相对滞后，无法满足新经济对制度的需求。例如，在公民信用体系、隐私保护、资源共享、知识产权保护等方面，相关的法律法规还需进一步完善，部分新经济领域的技术标准、规则还比较欠缺，这都将是发展"三新"经济将要面临的严峻挑战。

三、成渝地区"三新"经济发展比较分析

（一）评价体系的构建

2016年国家统计局建立了《新产业、新业态、新商业模式专项统计报表制度》，并提出"三新"经济是以新产业、新业态、新商业模式为主要内容，以促进我国经济持续发展的新型经济活动。其中新产业指应用新科技成果、新兴技术而形成一定规模的新的部门和产业；新业态指顺应多元化、多样化、个性化的产品或服务需求，依托技术创新和应用，从现有产业和领域中衍生叠加出的新环节、新链条、新活动形态；新商业模式指为实现用户价值和企业持续盈利目标，对企业经营的各种内外要素进行整合和重组，形成高效并具有独特竞争力的商业运行模式。基于此，我们从新产业、新业态、新模式三个维度来建立评价指标体系。另外，和传统经济主要依靠资金、土地、能源等资源要素投入发展模式不同，新经济发展的核心驱动要素是创新，因此我们在新产业、新业态、新模式的基础上加入创新驱动这一维度，并基于数据的可获得性、简明适用性、可比性原则构建"三新"经济发展评价指标体系。

高新技术产业作为知识密集、技术密集产业，生产的产品或者研发的关键技术往往处在现阶段新科技成果、新兴技术的前沿，符合"三新"经济中对新产业的判定，因此，我们选取高新技术企业个数、高新技术企业营业收入、高新技术产品出口占比来衡量新产业发展情况。

新业态现阶段主要表现为传统企业依托互联网创造的新销售渠道、新购物模式、新生产方式、新服务模式。因此，在数据可获得的基础上，我们选取快递业务量、移动互联网用户数、电子商务交易金额占地区生产总值的比重、有电子商务交

易活动的"四上"企业占比来进行衡量。

新商业模式涵盖范围较为广泛，从现阶段来看，提供一站式服务和专业化服务的企业产业园区、孵化器、创业空间等是较为典型的代表。因此，我们选取科技企业孵化器数量、孵化器在孵企业数、孵化器累计毕业企业数、众创空间数量、国家高新技术产业开发区营业收入来衡量新商业模式发展情况。

创新驱动主要从研发投入和产出两个角度选取指标。选取R&D经费支出占地区生产总值的比重来衡量研发投入强度，选取技术输出成交金额、国内专利授权数来衡量研发产出情况。

综上，最终形成表1所列的"三新"经济发展评价指标体系。

表1 "三新"经济发展评价指标体系

一级指标	序号	二级指标
新产业	1	高新技术企业个数
	2	高新技术企业营业收入
	3	高新技术产品出口占比
新业态	4	快递业务量
	5	移动互联网用户数
	6	电子商务交易金额占地区生产总值的比重
	7	有电子商务交易活动的四上企业占比
新模式	8	在统科技企业孵化器数量
	9	孵化器在孵企业数
	10	孵化器累计毕业企业数
	11	众创空间数量
	12	国家高新技术产业开发区营业收入
创新驱动	13	R&D经费支出占地区生产总值的比重
	14	技术输出成交金额
	15	国内专利授权数

（二）评价方法及测算结果

为了更加客观、系统地分析成渝地区"三新"经济发展现状，我们从京津冀城市群、长三角城市群、珠三角城市群和成渝城市群四大城市群中选择北京、天津、上海、南京、广州、深圳、成都、重庆八个城市，采用逼近理想解排序法（TOPSIS）进行综合评价。

逼近理想解排序法也称优劣解距离法，是多目标决策分析中常用的一种距离综合评价方法，基本思路是借助于评价对象的正理想解和负理想解到评价因素的距离进行排序。基本步骤主要包括：

第一，根据前文所建立的评价体系和评价对象，构造评价矩阵 $A=(x_{ij})_{8*15}$。

第二，数据的预处理，对评价指标数据进行同向化和无量纲化处理。前文所构建的指标体系中所选指标均为正向指标，故无需进行同向化处理。但各数据量纲不同，不能直接用于分析，故须进行无量纲化处理，公式如下：

$$y_i = \frac{x_{ij}}{\sqrt{\sum_{i=1}^{n} x_{ij}^2}} \qquad 式(1)$$

第三，构建加权评价规范矩阵。

本文主要采用熵权法对指标进行赋权。熵最先由申农引入信息论，目前已经广泛应用在工程技术、社会经济等领域。熵权法是指根据熵值的原理和计算公式来确定指标的重要性权数的方法。熵权法的基本思路是根据指标变异性的大小来确定客观权重。一般来说，若某个指标的信息熵越小，表明指标值的变异程度越大，提供的信息量越多，在综合评价中所能起到的作用也越大，其权重也就越大。相反，某个指标的信息熵越大，表明指标值的变异程度越小，提供的信息量也越少，在综合评价中所起到的作用也越小，其权重也就越小。主要计算步骤如下：

$$E_i = -k \sum_{j=1}^{n} f_{ij} \cdot \ln f_{ij} \qquad 式(2)$$

其中，$k = \frac{1}{\ln n}$，$f_{ij} = \frac{r_{ij}}{\sum_{j=1}^{n} r_{ij}}$，如果 $f_{ij} = 0$，则定义 $f_{ij} \cdot \ln f_{ij} = 0$。

在指标熵值确定后就可根据下式来确定第 i 个指标的熵权 W_i：

$$W_i = \frac{1-E_i}{m-\sum E_i}(i=1,2,\cdots,m) \qquad 式(3)$$

通过计算得到每项指标的熵权权重值（见表2）。

表2 各指标权重

一级指标	序号	二级指标	熵权法权重
新产业	1	高新技术企业个数	0.106
	2	高新技术企业营业收入	0.058
	3	高新技术产品出口占比	0.068
新业态	4	快递业务量	0.044
	5	移动互联网用户数	0.084
	6	电子商务交易金额占地区生产总值的比重	0.060
	7	有电子商务交易活动的四上企业占比	0.082

续表2

一级指标	序号	二级指标	熵权法权重
新模式	8	在统科技企业孵化器	0.075
	9	孵化器在孵企业数	0.024
	10	孵化器累计毕业企业数	0.081
	11	众创空间数量	0.055
创新驱动	12	国家高新技术产业开发区营业收入	0.088
	13	R&D经费支出占地区生产总值的比重	0.081
	14	技术输出成交金额	0.020
	15	国内专利授权数	0.073

在此基础上，得到加权评价规范矩阵 $Z = (z_{ij})_{8*15}$，其中，$z_{ij} = w_j y_{ij}$。

第四，计算正理想解 $S^+(Z_1^+, Z_2^+ Z_{15}^+)$ 和负理想解 $S^-(Z_1^-, Z_2^- Z_{15}^-)$。

由于本文的研究对象为极大型指标，因此取 $z_j^+ = \max\limits_{1 \leq i \leq n} z_{ij}$，$z_j^- = \min\limits_{1 \leq i \leq n} z_{ij}$。

第五，计算被评价对象到正理想解和负理想解的欧式距离，公式如下：

$$d_i^+ = \sqrt{\sum_{j=1}^{15}(z_{ij} - z_j^+)^2} \qquad 式（4）$$

$$d_i^- = \sqrt{\sum_{j=1}^{15}(z_{ij} - z_j^-)^2} \qquad 式（5）$$

第六，计算相对接近度，公式如下：

$$L_i^+ = \frac{d_i^-}{d_i^+ + d_i^-} \qquad 式（6）$$

通过以上步骤，计算各城市相对接近度及综合排序结果如下（见表3）：

表3 逼近理想解法测算结果

区域	城市	正理想解距离	负理想解距离	相对接近度	综合排序
京津冀地区	北京	0.048	0.128	0.729	1
	天津	0.131	0.018	0.118	8
长三角地区	上海	0.085	0.069	0.447	3
	南京	0.112	0.041	0.268	6
珠三角地区	广州	0.102	0.062	0.378	4
	深圳	0.073	0.079	0.518	2
成渝地区	成都	0.113	0.048	0.297	5
	重庆	0.132	0.038	0.225	7

为了进一步横向比较各城市之间"三新"经济发展情况，我们沿用表3所得出的权重，采用加权平均的方法，对8个城市的数据按照一级指标分类进行计算并排名，结果如下（见表4）：

表 4　各城市一级指标计算结果及排名

区域	城市	新产业		新业态		新模式		创新驱动	
		评价值	排序	评价值	排序	评价值	排序	评价值	排序
京津冀地区	北京	0.652	1	0.515	1	0.492	1	0.572	1
	天津	0.185	8	0.187	7	0.205	7	0.243	5
长三角地区	上海	0.437	3	0.405	3	0.322	4	0.347	3
	南京	0.275	5	0.173	8	0.293	6	0.233	6
珠三角地区	广州	0.260	7	0.406	2	0.345	3	0.302	4
	深圳	0.490	2	0.338	4	0.338	2	0.473	2
成渝地区	成都	0.331	4	0.240	6	0.317	5	0.211	7
	重庆	0.263	6	0.287	5	0.196	8	0.151	8

（三）测算结果分析

从表3可以看出，在被评价的8个城市中，北京作为我国的政治中心、文化中心、国际交往中心、科技创新中心，其"三新"经济发展明显领先于其他城市，排名第一。排在二、三位的分别为深圳和上海，后面依次为广州、成都、南京、重庆、天津。可以看出，成渝两地在综合排名中位次相对靠后，和排名第一的北京相比存在较大差距。

具体来看，新产业方面，成渝两地在该板块的排名均优于综合评价排名。成都以0.331的评价值排在北京、深圳、上海之后，居第4位，重庆则以0.263的评价值排在南京之后，居第6位。从构成指标来看，北京、深圳、上海三地高新技术产业规模处于明显领先地位，其企业个数和营业收入远远高于其他城市。但从出口结构来看，随着成渝两地电子信息制造产业的快速发展，两地高新技术产品出口占比均超过70%，远远高于其他城市，说明两地产业结构优化升级成效明显，具有较强的发展潜力。

从新业态来看，重庆排名相对靠前，以0.287的评价值居第5位，在四个板块中评价值最高。成都则以0.240的评价值排在重庆之后，居第6位。从构成指标来看，成渝两地有电子商务交易活动的"四上"企业占比较高，评价值仅次于北京，排名分别为2、3位，移动互联网用户数排名也相对靠前，但电子商务交易金额占地区生产总值的比重远低于北京、上海、广州等地。可以看出，成渝两地信息化建设水平较高，企业电子商务普及程度好于其他地区，具有较好的发展基础，但和北京、上海、广州等地相比，电子商务交易规模依然偏小，对经济增长的贡献相对较低。

从新商业模式来看，重庆、成都分别排在第8位和第5位。从构成指标来看，重庆科技企业孵化器数量、在孵企业数、国家高新技术产业开发区营业收入评价值均远低于其他城市。可以看出，重庆现阶段的新商业模式发展水平相对较低，政府和市场在培育和扶持企业成长方面有待进一步加强。成都新商业模式发展水平好于重庆，但和经济活力较强的北京、深圳、上海相比还有较大差距。

从创新驱动来看，重庆、成都评价值排名靠后，分别排在第8位和第7位。从研发投入来看，2019年重庆R&D投入占地区生产总值的比重仅为1.99%，在8个城市中研发投入强度处于最低水平，成都研发投入强度略高于重庆，但也大幅度低于北京、上海等地。从研发产出来看，成渝两地国内专利授权数在8个城市中也处于较低水平。可以看出，和北京、上海等发达地区相比，成渝两地创新驱动支撑相对较弱，企业研发能力与科技创新能力还有较大提升空间。

四、政策建议

（一）推动成渝两地协同互补，增强"三新"经济核心优势

融合发展是"三新"经济的一大特征，其行业细分程度较高，具有交叉、分享、共生的特征。成渝两地在"三新"经济的各领域均有自身的优势，两地可探索进一步完善协作机制，加快推进产业链、要素配套链、技术创新链等多链融合，最大限度地实现"三新"经济的协同互补。下一步两地可促进在各细分领域高度联动，打造汽车、电子、装备制造等先进制造业集群发展，形成更加完善的产业链，协同建设高效分工、相互融合的现代产业体系。例如在信息通信领域，双方需积极发掘新一代信息技术的互补优势，促进重庆笔记本电脑、工业互联网平台与成都软件信息产业等细分领域的强强联合，打造成渝电子信息产业集群；在新型基础设施建设领域，双方可通过抢抓新机遇，促进5G通信、数据中心、智能计算中心联合打造，形成全国性5G枢纽、数据中心。通过新一代信息技术、新基建等基础核心领域的合作共建，增强"三新"经济核心优势，引领成渝"三新"经济高质量发展。

（二）坚持创新驱动，为"三新"经济"赋能"

科技创新既是"三新"经济发展的核心动力，也是成渝两地的发展短板。下一步可积极争取国家重点实验室在两地的布局建设，推动国家级创新平台建设，加快培育各类科技创新基地、科技企业孵化器；利用两地现有高校、科研院所，培育引进高新技术企业等创新型领军企业，联合共建新型研发创新机构和共享型研发平台，推动产学研深入融合；在"重庆市杰出英才奖""四川杰出人才奖"评选的基础上，加快推进两地创新人才协同发展机制，加强两地创新人才交流互动，共同培育成渝地区"三新"领域科技创新专家，提高人才队伍与产业发展的融合度、匹配度，形成产—才融合新体系。另外，成渝两地需发挥科学城在创新驱动中的引领作

用，坚持推动西部（重庆）科学城和西部（成都）科学城的紧密联动，高标准共建成渝"两高"（重庆高新区、成都高新区）科技创新走廊，联合建设具有全国影响力的科技创新中心。

（三）加快成渝一体化进程，积极融入国内国际双循环

推动两地"三新"经济领域协同发展机制的建立与完善，特别是强化两地高新区、开发区、区县及市场主体等建立多层次合作机制，共同谋划产业布局。成渝两地仍需加快携手并进步伐，推动战略性新兴产业、高新技术产业集群发展，充分发挥产业集群优势、规模优势；推进研发设计和先进制造业有机融合、金融服务和先进制造业高效融合、现代物流和先进制造业紧密融合、生产型制造和服务型制造深度融合，加快形成两地产业一体化新格局；在促进新产业发展的同时加快培育互联网经济、共享经济、平台经济、外向经济等新业态、新模式，加快"三新"经济内部的相互融合与共生。同时，一体化发展的成渝需抓住机遇，积极融入国内国际双循环，努力打造成为具有全国影响力的重要经济中心、科技创新中心、改革开放新高地、高品质生活宜居地。

负责人：徐开龙（重庆市统计局）
成　员：张代娟（重庆市统计局）
　　　　　魏长东（重庆市统计局）

做强成都"极核"功能的人才支撑战略研究

成渝地区双城经济圈建设上升为国家战略,赋予成都做强"极核"功能、提高城市能级、提升辐射带动能力的责任担当和历史使命,人才将发挥重要引领支撑作用,"人才支撑战略"是其中的重要议题。因此,深入贯彻四川省"1351"人才工作思路,坚持"产城才"融合理念,实施政策创新、环境营造、平台建设三大人才支撑战略,促进人才链、产业链、创新链深度融合,为把成都建设成为具有区域带动力、国际竞争力与全球影响力的国家中心城市提供坚实的人才支撑。

一、成都在成渝地区双城经济圈建设中的战略地位与人才支撑战略目标

(一)成都在成渝地区双城经济圈建设中的战略定位

2020年10月16日,中共中央政治局审议《成渝地区双城经济圈建设规划纲要》,强调将成渝地区建设成为具有全国影响力的重要经济中心、科技创新中心、改革开放新高地、高品质生活宜居地,打造带动全国高质量发展的重要增长极和新的动力源,标志着成渝地区双城经济圈建设正式上升为国家战略,是加快形成以国内大循环为主体、国内国际双循环相互促进的新发展格局的重要战略支撑。

四川省委十一届七次会议提出做强成都"极核"和"主干"功能的战略举措,成都市委十三届七次会议审议通过了《中共成都市委关于坚定贯彻成渝地区双城经济圈建设战略部署加快建设高质量发展增长极和动力源的决定》,明确了"做强极核功能支撑,全面提升城市区域辐射力全球影响力"的具体目标与任务。

成渝地区双城经济圈建设突出了成都高质量建设国家中心城市、迈入世界城市体系、集聚配置全球高端要素资源的地位,赋予成都做优做强"极核"功能、提高城市能级、提升辐射带动能力的责任担当和历史使命。

(二)做强成都"极核"功能的人才支撑战略目标

根据城市定位与人才战略匹配观,人才战略服务于城市定位,人才战略与城市

定位要高度匹配。随着成渝地区双城经济圈建设上升为国家战略，成都定位于具有区域带动力、国际竞争力与全球影响力的国家中心城市，因此，成都应站在对成渝地区发展带动的角度、站在服务国家战略新格局的角度、站在全球资源要素聚集与配置的角度来谋划人才战略。通过实施人才政策创新、人才环境营造、人才平台建设的三大人才发展战略，形成匹配城市定位的优秀人才队伍、打造国内特色一流的城市人才品牌、建设具有竞争力的国际人才强市。

二、做强成都"极核"功能的人才支撑现状

（一）人才集聚与虹吸效应强

从人才存量及占比来看，截至2020年年底，成都人才总量达556.3万人，其中，专业技术人才总量达到206.72万人，占全省比例高达55.72%，技能人才总量达到240.36万人，占全省比例达到23.75%，成都是四川乃至川渝地区人才的集聚地。[①] 从人才流量来看，成都位列2019年全国人才净流入城市排名的第六位[②]，全年引进急需紧缺专业技术人才2836人，截至2020年年底，成都市累计吸引新落户青年人才超47.6万人，城市人才安居吸引力指数居全国首位。[③]

（二）人才政策体系逐步完善

近年来，成都市相继出台《成都市产业新政五十条》《成都市人才新政十二条》《成都实施人才优先发展战略行动计划》《关于支持中国西部（成都）科学城建设的人才行动计划》等人才政策，与重庆、德阳、绵阳、内江等多市签订人才协同发展合作协议，并编制出版成都人才白皮书《成都市人才开发指引（2021）》。

（三）人才发展环境大幅改善

根据国家发展和改革委员会公布的2020年全国营商环境评价结果，成都在"劳动力市场监管"等指标上进入全国标杆行列，总体排名稳中有升，跻身营商环境便利度最高的25个城市行列，并且成为营商环境改善度最大的14个城市之一。《四川人才发展报告（2019/2020）》数据显示，成都人才环境竞争力综合得分位居全国第7位，其中生活人居环境高居全国第3位。[④]

---

① 成都市2020年度人力资源和社会保障事业发展统计公报[EB/OL]．[2021-09-30]．http://gk.chengdu.gov.cn/govInfo/detail.action?id=3148581&tn=2．
② 脉脉数据研究院《人才流动与迁徙报告（2020）》[EB/OL]．[2020-03-21]．https://maimai.cn/jobs/collect_user_infos?articleId=8&fr=maiin_index&from=．
③ 成都"新名片"营商便利度提升最快城市！[EB/OL]．[2021-05-13]．https://baijiahao.baidu.com/s?id=1699638251012257251&wfr=spider&for=p．
④ 王辉耀，陈涛．四川人才发展报告（2020）[R]．北京：社会科学文献出版社，2021：33-34．

（四）人才平台建设不断夯实

成都市初步形成了多样化、多层次、梯次化的人才发展平台。截至2020年年底，成都市共有省级及以上重点实验室125家、工程技术研究中心59家、企业技术中心347家、市级产学研联合实验室116家、省级及以上工程实验室9家、新型产业技术研究机构7家、产业技术创新联盟24家、在蓉独立科学研究与技术开发机构132家、科技企业孵化器60家、众创空间185家。①

三、做强成都"极核"功能的人才发展问题

（一）产业聚才兴才效应尚不够

与北上广深相比，成都市产业基础高级化水平、产业链现代化水平相对落后，导致产业聚才兴才效应不够。从产业发展的科技投入上看，2020年成都市R&D经费投入551.4亿元、R&D投入强度为3.11，均低于北京、上海、深圳。从产业发展的创新产出上看，2017—2020年，无论是专利申请量还是专利授权量，成都均低于北京、上海、广州，其中，2020年成都市申请专利9.9万件、授权专利6.6万件，而北京、上海、广州的专利申请量均超过了20万件，专利授权量均远超10万件。

表1 国内主要城市专利状况

年份	指标（万件）	主要城市			
		成都	北京	上海	广州
2017	专利申请量	11.4	18.6	13.2	11.8
	发明专利申请量	4.7	9.9	5.5	3.7
	专利授权量	4.1	10.7	7.0	6.0
	发明专利授权量	0.8	4.6	2.1	0.9
2018	专利申请量	9.9	21.1	15.0	17.3
	发明专利申请量	3.8	10.9	6.3	5.0
	专利授权量	5.8	12.3	9.2	9.0
	发明专利授权量	0.8	4.8	2.1	1.1

---

① 来源：成都创新创业服务平台. http://www.cdkjfw.com/list/cxyjy.html?Id=SByQR2q0aP3EADwu0xkFlg==.

续表1

年份	指标（万件）	主要城市			
		成都	北京	上海	广州
2019	专利申请量	8.1	22.6	17.4	17.7
	发明专利申请量	2.8	13.0	7.1	4.7
	专利授权量	5.1	13.2	10.1	10.5
	发明专利授权量	0.9	5.3	2.3	1.2
2020	专利申请量	9.9	25.7	21.5	28.2
	发明专利申请量	3.1	14.6	8.3	—
	专利授权量	6.6	16.3	14.0	15.6
	发明专利授权量	1.1	6.3	2.4	1.5

注：数据来自各市每年公布的国民经济和社会统计公报。

成都人才需求缺口较大，且工资水平相对较低，产业对人才吸引还不足。2019年以来，成都求人倍率基本高于2.0，其中2021年第二季度求人倍率高达2.49，并且在684个重点产业细分领域存在人才紧缺问题。[①] 2020年成都城镇全部单位就业人员平均工资为83556元[②]，低于北京的145766元、上海的124056元、深圳的139436元、广州的130110元。

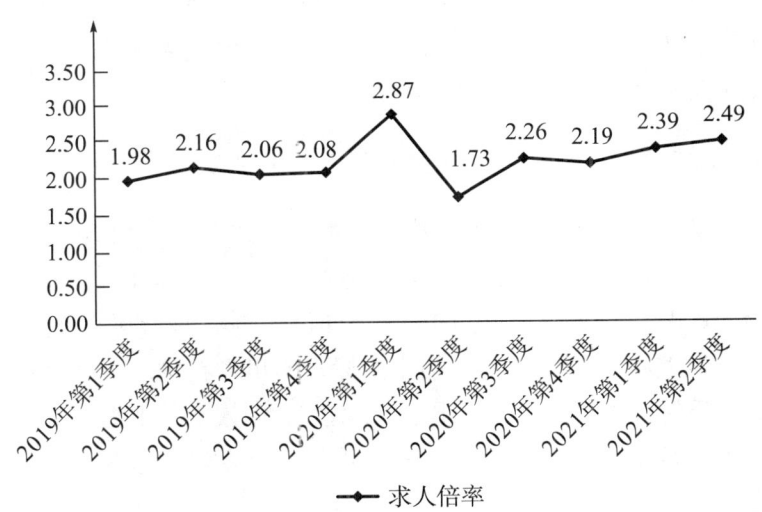

图1 成都市人力资源市场求人倍率变化情况

资料来源：成都市就业服务管理局《成都市公共人力资源市场2021年第二季度职业供求状况分析报告》。

---

① 成都市公共人力资源市场2021年第二季度职业供求状况分析报告［EB/OL］.［2021-07-01］. http://cdhrss.chengdu.gov.cn/cdrsj/c109723/2021-07/01/content_98e65ed135c9458cacdd9bc282423c1a.shtml.

② 成都市统计局关于2020年全市城镇全部单位就业人员平均工资的公告［EB/OL］.［2021-06-24］. http://gk.chengdu.gov.cn/govInfo/detail.action?id=3022686&tn=2.

（二）人才引领产业发展仍欠缺

支撑产业发展的高素质人才队伍需要继续壮大。根据第七次人口普查数据，成都拥有大专及以上文化程度人口535.6万人，占常住人口的比重为25.58%，而北京市占比高达41.98%、上海市占比达33.87%、广州市占比为27.28%、深圳市占比为28.85%，整个川渝地区人才总量仅为京津冀的56.6%、长三角的32.6%。① 引领产业发展的高端人才更加紧缺，成都市两院院士数量34名，远低于北京（911名）、上海（196名）、南京（110名），仅略高于广州（30名）②；2019年成都海归人才流入占比低于4%，而北京超过了10%、上海维持在8%左右、深圳超过6%。③

（三）人才政策比较优势不突出

近年来，北上广深一线城市纷纷加码人才政策，加之突出的区位优势，在人才争夺战中的优势明显。围绕人才引进，北京颁布了《北京市公安局关于印发户籍派出所设立公共户工作规定（试行）通知》，上海印发了《留学回国人员申办上海常住户口实施细则》，广州印发了《广州市人民政府办公厅关于印发广州市引进人才入户管理办法的通知》；围绕产业发展，深圳出台了家政服务人才政策、重庆出台了大数据智能化产业人才政策。较之北上广深等城市，成都主要围绕党政人才、企业经营管理人才、专业技术人才、高技能人才、农村实用人才、社会工作人才六类人才制定政策，针对性与精准性还不够突出。

（四）人才环境国际竞争力不强

从国际人才竞争力来看，四川省国际人才竞争力综合指数为1.97，远低于上海的3.91、北京的3.67、广东的3.52，甚至低于天津、福建④，在一定程度上反映出成都市尚未跻身于国际人才竞争的第一梯队，与"具有国际竞争力的人才强市"目标存在一定差距。具体到各项细化指标，四川省在国际人才结构指数、国际人才创新指数、国际人才政策指数、国际人才生活指数上与上海、北京、广东差距较小，而国际人才规模指数、国际人才发展指数则存在较大差距。

（五）高能级平台仍然相对不足

成都虽然人才发展的平台数量相对较多、种类相对丰富、体系相对完备，但仍

---

① 数据来源：各市公布的第七次全国人口普查公报。
② 数据来源：根据中国科学院学部与中国工程院官网公布的院士名单统计获得。
③ 领英2019人才流动与薪酬趋势报告［EB/OL］．［2019-11-26］．http://www.199it.com/archives/966429.html．
④ 数据来源：中国区域国际人才竞争力报告。

缺少高层次、高水准、高能级的平台。截至 2020 年年底，成都市有国家级重点实验室 10 家、国家级工程技术中心 4 家、国家级企业技术中心 18 家、国家级工程实验室 7 家、国家级科技孵化器 19 家、国家级众创空间 49 家。仅国家级重点实验室，北京就有 107 家、上海 32 家、广州 21 家，总体上看成都的国家级平台数量低于北上广等一线城市。

四、做强成都"极核"功能的人才政策创新战略

（一）创新人才引进培养机制

1. 建立开放柔性的引才机制

以顾问指导、挂职引进、兼职引进、合作引进、退休特聘为主，通过与国内外知名高校及科研院所共建培养基地等实现合作引才，通过特聘领军人才担任技术顾问、首席专家进行兼职引才，探索开展人才租赁、技术入股等，构建适应十四个产业生态圈发展的"一圈一策"人才引进体系。着力推进个人柔性引才与团队引才相融合，借鉴推广"周末工程师""周末磁场"等柔性引才实践，探索发展"人才飞地"引进新模式。

2. 实施高端人才共引共用

成渝共同举办大型高端人才招引会，协同开展人才政策推介、高校智行、平台对接、项目洽谈等工作，依托建成的高端人才全球搜索系统，探索推进建立成渝双城经济圈外籍高端人才共享数据库。创新校地合作新模式，推进"一人双岗""双聘制"，鼓励高等院校、科研院所的高端人才与重点企业签订聘用协议，同时从事科学研究、教学指导、实践应用等工作。

3. 深化产教融合校企合作

深化产教融合，重点发展产教融合示范项目，促进教育链、人才链、产业链、创新链有机衔接。加快建设成都国际职教城，规划建设一批高职院校，打造全国示范性职教集团，支持在蓉高职院校"双高"计划建设，推动成都职业教育国际合作，高水平建设国际合作教育园区。鼓励校企开展"订单式培养"，发展新型学徒制，推动成渝地区双城经济圈国家产教融合试点建设工程、成都装备制造产教融合示范园等项目建设，组建西部地区产教城融合研究院。

4. 探索成渝协同培养模式

精准掌握成渝地区双城经济圈各市在人才培养方面的专长，重点对接重庆市各

高校人才培养的优势专业，带动构建成渝地区"优势互补、错位培养、共促协同"的人才引育路径。着眼产业成长与城市发展的长远目标，根据产业链布局人才供应链，对于人才培养专业相对完备的传统产业，依托成渝各市重点院校来协同培养，对于人才供应链相对缺失的新经济产业，成渝共商整合资源优势，共建培养院校或学科专业。全方位开展全类别人才的培养培训工作，积极推动建立成渝高教新区，联建共建干部人才培训基地、大学生实习基地、博士后实践基地。

（二）创新人才评价激励机制

1. 建立人才分类评价机制

探索建立"自主评价＋业内评价＋市场评价"的多元化人才评价体系，合理界定和下放人才评价权限，落实用人单位的评价自主权。紧密结合《成都人才开发指引（2021）》，对不同类型、不同产业、不同领域的重点人才制定差别化的评价方式，探索建立新经济人才的评价标准。加强人才评价标准的一致性，提高人才评价结果的权威性，根据岗位特点适当延长特定人才的评价考核周期。

2. 构建多元人才认定体系

以《成都市急需紧缺人才和高端人才目录》《成都东部新区急需紧缺人才和高层次人才分类认定标准》划分的人才层次为基准，创新人才认定标准，细化至不同行业、不同类型的人才认定体系，进一步明确乡村产业人才、文旅行业人才、新闻出版行业人才的认定标准与层次分类。尝试采取积分制人才认定与管理方法，以贡献计算积分，以累计积分评定人才。推进高层次人才举荐制度，建立由高等院校专家、科研院所杰出人才、领军企业高管组成高层次人才举荐委员会，"天府峨眉计划""天府青城计划"等人才认定中采取直接举荐的方式。

3. 继续深化职称评审改革

扩大用人单位职称评审自主权，推动有条件的高等院校、科研院所、产业园区和重点企业按照管理权限开展职称评聘，成立专业化的职称评审委员会。开辟职称评审"绿色通道"，对取得重大科技创新成果、为经济社会发展做出重大贡献的人才，采取"破格评定"方式，直接认定相应职称。新增一批如人工智能、大数据、集成电路、技术经纪人、新能源等新经济领域的职称专业，出台相应的评审办法，结合产业发展所需情况，降低评审资格年限等限制性条件。

4. 探索职位薪资激励机制

对于掌握关键核心技术、引领产业发展方向的领军人才，设置专业技术负责人职位（如总工程师、总经济师、技术总监、研发总监等），实行"一人一议"的薪资制度，工资待遇可以高于董事长或总经理，并采取利润分成、虚拟股票等多种形式予以激励。对于薪资激励不具明显优势的企业，可运用职位激励来弥补，通过设置总经理、副总经理、首席专家、首席经济学家、首席总工程师等职位，引进原有职位更低的一部分领军人才。

（三）健全人才流动引导机制

1. 引导人才向东部新区集聚

紧扣城市"东进"和成都东部新区未来科技城建设重大战略，出台成都东部新区人才发展规划，在成都市系列人才政策中增加东部新区针对性条款，推出落户安居、生活补贴、职称评定等定制化举措。放宽人才落户的年龄与学历等限制，积分落户中增加东部新区加分项，推进蓝绸带社区人才公寓、新民人才公寓、南山社区人才公寓建设，完善周边生活服务配套，东部新区人才生活补贴标准高于成都市平均水平。

2. 鼓励人才向基层一线下沉

探索"编制在机关、工作在企业"的模式，采取"一人一议到企业""给予企业适应期"等办法，加强绩效考核，将人才在机关的职位级别与其对产业和企业做出的贡献挂钩，引导蓉城人才服务价值创造前沿。积极发挥各类协会在人才招引中的桥梁作用，可通过重点人才"事业编制、协会任职、服务产业"的模式，最大限度发挥人才对产业发展的专业指导作用。广泛推行"科技特派员""专家顾问团"制度，初步遴选龙泉驿区柏合镇、郫都区犀浦镇、新都区新繁街道、邛崃市羊安街道等 30 个乡镇街道，设立基层"候鸟型"人才工作站，定期组织优秀人才赴基层一线开展技术交流与咨询。改进编制管理方式，在基层教育、卫生、农业、生态、科技等领域和行业实行岗编适度分离，全面提高人才赴基层工作的待遇和政策倾斜力度。

3. 实施人才流动的同城认定

协同推进成渝地区双城经济圈城市的同城认定政策，全面推进成渝地区在社保、医保、职称、工作年限等全方位的同城认定，依托"一卡通"管理服务模式，推动养老、医疗、失业保险关系无障碍转移，破除限制人才流动的地域、部门、所有制、身份、城乡等政策性障碍。借鉴杭州等市的实践经验，落实在蓉省部属高层次人才认定和同城待遇政策，在人才落户、购房资格、子女教育、车辆进蓉、留学回国人员购车等方面出台细则。

4. 探索海外人才停居留政策

实施外国人来华工作许可制度，落实人才签证制度实施办法，允许外籍高层次人才申请办理5至10年甚至更长的人才签证，短期来华外国专家可免办工作许可。针对港澳地区，因商务活动需多次往返港澳地区的人才，放宽登记备案条件和社保限制，可申请多次往来港澳的商务签注。开设绿色办理窗口，在外籍人才聚集地新建出入境服务站，确需紧急办理的人才可提供上门办证服务，全面缩短申办周期。

（四）完善人才政策保障机制

1. 健全成都人才新政体系

实施人才政策体系升级行动，深化完善成都人才新政政策，实施天府实验室全球高端人才招引、双招双引攻坚行动等创新性政策措施。细化成都人才新政，以《关于支持中国西部（成都）科学城建设的人才行动计划》、成都市人才新政十二条等人才政策为基准，进一步细化和完善租住房、医疗养老、子女入学教育、投融资创业等方面的各项举措，并根据人才发展情况进行动态调整。

2. 完善医疗养老保障政策

柔性引进人才来蓉异地就医，超出当地报销比例的部分，由引进单位以购买商业保险等形式予以解决，其中，柔性引进的高端领军人才，划拨专项资金报销基本医疗保险个人自付部分，年度报销限额为1～3万元。依托西南五省"跨省通办"服务专区，高效办理引进人才社保的转移接续工作，基础养老金按照四川省标准缴纳，确保养老保险的顺利接续。探索试行企业人才集合年金，由企业和个人同时缴费设立年金基金，鼓励有条件的区县进行政府补贴，与基础养老金相互补充。配偶或父母可优先享受民办养老机构优惠政策，公办养老机构在满足困难老年人需求的前提下，剩余床位可优先安排入住。

3. 配套子女入学教育政策

由人才部门联合教育部门成立工作小组，统筹推进引进人才的子女教育工作，协调解决人才子女在中小学阶段教育的入学、转学手续及教育阶段中的实际问题。在天府新区、成都东部新区等人才聚集区的公立中小学，定点建立引进人才子女教育基地班，根据当年人才子女入学数量，采取整班制或插班制方式安排，持蓉城人才绿卡者子女可不受施教区限制。

4. 实施投融资创业扶持政策

探索建立知识产权质押融资制度，发展创新型科技金融工具，大力推行知识产权质押融资、股权质押融资、应收账款质押融资。推广交子金融"5+2"平台，充分利用科创通、盈创动力、农贷通、天府融通、创富天府等金融服务平台，构建人才创业的投融资服务体系。建立高层次人才服务专员制度，为高层次人才创业者配备服务专员,推行服务专员"保姆式"代办服务,对其创业过程中各项审批、许可事项的办理,实现"店小二式"定制服务。

(五) 深化人才管理体制改革

1. 创建人才管理改革试验区

积极探索与重庆协同设立国家级人才管理改革试验区,全面推进人才发展体制机制改革。强调先试先行,努力在人才引进培养、人才平台建设、市场主体发挥、人才科学评价、人才职称认定、人才流动、人才管理、人才生态环境等方面进行改革创新,充分释放人才活力。积极推进人才改革试验区的科技成果转移转化,对人才改革试验区内高校、科研院所科技成果1年内未实施转化的,成果完成人可根据协议进行成果转化,3年内未完成转化的财政资金支持形成的知识产权进行强制许可转化。

2. 建立便捷的人才落户制度

实行"先落户再就业"的人才落户政策,对于符合成都市认定标准的人才,鼓励并引导外来人才先落户,持有蓉城人才绿卡者,可以直接办理落户,免去不必要的落户流程。继续放宽人才落户限制,在产业集群区、创新集中区、人才集聚区增设集体户,构建更具开放性、包容性、便利化的人才落户制度。对于引进人才的父母、配偶、未婚子女愿意到蓉落户的,由引进人才本人提出申请,相关部门可为其办理户口迁移手续,对于夫妻两地分居的,且符合调动政策的,主管部门协助工作调动与落户。

3. 完善知识产权保护管理体制

以知识产权强市建设为引领,推动建立以知识产权为导向的商业秘密保护、导航评议、挖掘布局、管理运营、许可转让、投资入股、风险预警等制度,全面加强知识产权的创造、保护、运用、管理和服务。以四川省知识产权公共服务平台为标杆,进一步健全"平台+机构+资本+产业+政府补贴"五位一体的知识产权运营体系。健全知识产权保护体系,探索实施知识产权恶意侵权惩罚性赔偿制度,全面推广知识产权刑事案件受理"双报制"。

4. 开展职务科技成果权属混合所有制改革

深化职务科技成果权属混合所有制改革,赋予科技型人才职务科技成果所有权或长期使用权,完善科技成果所有权、使用权、处置权和收益权管理制度。加大高校和科研院所人员科技成果转化股权期权激励力度,探索建立以增加知识价值为导向的收入分配制度。提高高等院校、科研院所、医疗机构职务科技成果转化自主权,建立完善职务科技成果定价机制,可自主决定转让、许可或作价投资。

五、做强成都"极核"功能的人才环境营造战略

(一)营造宜居的生活环境

1. 实施舒心居住计划

根据人才的类别和层次,给予不同档次的住房补贴,按月发放,用于购房或租房,并签订服务协议,约定服务期限。加快推进人才安居工程建设,高标准建设拎包入住的人才公寓,探索建设国际化人才社区,人才住房用电、用气、用水执行居民类价格,鼓励以优惠价格向人才定向配售。放宽各类人才购房的户口、社保等限制,开通高层次人才购房特殊通道、无需参加成都购房摇号。增设并优化青年人才驿站布局,放宽入住驿站条件限制,将原本科及以上学历、应届毕业生、就读高校为成都市以外条件适当放宽,完善驿站多样化功能,如积极承办各类国内外青年学术会议。举办针对单身人才的对口相亲活动,一站式解决高层次人才配偶的工作、子女教育等后顾之忧。

2. 实施舒服社区计划

完善社区生活服务配套,全力打造居住社区的15分钟生活服务圈,针对人才集中社区,增加政务服务自助机、银行ATM自助机、自助咖啡机、自助售卖机、自助复印打印机、自助证件照机器等设备。根据社区蓉城人才绿卡持有人数,依托社区卫生服务机构,配备家庭医生式服务团队,优质医疗卫生资源下沉社区服务蓉城人才。场景化营造社区空间,打造契合人才心智的主题社区,如阅读家、书香屋、体育园、巴蜀名人展、蓉城历史、红色主题、巴蜀文化等主题社区。点缀式布局休闲驿站,建立青年企业家俱乐部、创业者之家,建设青年活力社交空间,开展交友交往、体育竞技等青年交流活动。

3. 实施舒畅消费计划

紧紧围绕社区布局,重点打造161条涵盖特色文化、特色美食、夜游,展现"老成都""蜀都味""国际范"的特色商业街区。积极营造新消费场景,发展新零售业态,引导数字消费、绿色消费、体验式消费,规划建设跨境电商O2O体验展示中心、免税购物中心和市内免税店,推出新户外消费场景、网红打卡点、精品旅游线路。倡导社区物业与商超、电商、快递等合作,建设网订店取、配送到家、代收代存的"一站式"服务点,推进家政服务"进社区、进楼宇",打造家政服务提质扩容"领跑者"。

4. 实施舒美品质计划

充分利用四川文旅资源优势，组织安排蓉城人才旅游计划，并在用人单位年假基础上，增加蓉城人才的带薪探亲、带薪旅游天数、康养休闲天数。聚焦于吃、穿、住、行、用，健全蓉城人才绿卡应用场景，全面提升蓉城人才生活品质。聚焦春熙路、交子公园、西部国际博览城等成熟商圈，以及规划建设的空港新城临空经济商圈、成都蓉北商圈，针对大型商超、电影院、游乐场、酒店民宿、餐饮等知名商娱场所，对蓉城人才及家属提供打折优惠服务，定期赠送免费观影等。针对商务出行，推出免费公交地铁出行、折扣打车出行、高铁飞机接送站、代驾服务、免费停洗车等品质服务。

（二）营造宜业的营商环境

1. 优化市场化营商环境

全面落实公平竞争审查制度，强化刚性约束，着力清理和废除妨碍公平竞争的各种规定和做法，建立健全公平开放透明的市场规则，培育和弘扬公平竞争文化。优化民营经济发展环境，保障民营企业在市场准入、审批许可、招投标等方面享受同等待遇，建立帮助民营企业纾危解困的长效机制。畅通行业协会、商会、中介机构的桥梁纽带作用，加强行业自律，规范行业协会商会收费，充分鼓励行业协会为市场主体提供信息咨询、宣传培训、市场拓展、权益保护、纠纷处理等服务。

2. 优化法治化营商环境

持续优化公共法律服务供给，推动"实体平台、网络、热线"三大平台的深度融合，构建覆盖城乡、功能完备、便捷高效的公共法律服务体系。深入推进全市"八五"普法，积极推动全民守法，营造遵法、学法、守法、用法的良好氛围。推进社会信用体系建设，打造诚信政务环境，强化信用对市场主体的约束作用，推进重点领域个人信用与企业信用的结合，加快建立行业黑名单制度、联合激励与惩戒机制，形成完备高效的社会信用共治格局。

3. 优化便利化营商环境

持续深化商事制度改革、行政审批制度改革，完善"蓉易享"系统，优化政企沟通全时在线平台，压缩企业开办时间。完善政务服务体系建设，升级"蓉易办"平台，创新政务服务方式，持续推行上门服务、预约服务、网上服务、延时服务、代办服务、"三不三及时"等服务方式，倡导微笑服务。推进"互联网＋政务服务"，实现所有政务服务事项"一个平台集中办理"，打造全市政务服务"一张网"，实现一卡通办、一网通办。

4. 优化国际化营商环境

对标国际一流、国内先进，聚焦国家营商环境评价指标，出台成都营商环境4.0版政策体系，实施营商环境补短板、强弱项行动，持续打造国际化营商环境标杆城市。开展全市营商环境评价，对接国家发改委实施的营商环境评价指标体系，开展营商环境第三方评价，单独实施蓉城人才对营商环境的评价，明确需要实施的重点工作。建立完善市区县营商环境重点指标数据统计制度，重点监测2020年全国营商环境评价中与北上广一线城市存在明显差距的指标。

（三）营造宜心的生态环境

1. 打造"蓉漂"聚人才活动

坚持人才品牌发展战略，深入打造"蓉漂计划""蓉漂人才荟""蓉漂人才日""蓉漂人才发展学院""蓉漂青年人才驿站""蓉城人才绿卡"核心系列产品，探索推出"蓉漂人才之歌""蓉漂微纪录片""蓉漂印象墙""蓉小盼"等衍生产品。深挖"蓉漂"品牌内涵，塑造"蓉漂"文化，讲好"蓉漂"故事，将"蓉漂"打造为具有精神归属和感情触达的人才品牌。积极推动"蓉漂"品牌国际化，丰富全球拓展渠道，加大海外推广力度，提升"蓉漂"品牌的国际竞争力。

2. 引导多样化的职业价值观

引导蓉城人才树立职业平等观，工作生活中以积极向上的心态融入工作环境。引导蓉城人才树立正确的义利观，坚持国家利益、集体利益至上，不因物质报酬而频繁跳槽，坚定理想信念。引导蓉城人才树立多元化的职业价值观，摒弃传统的"官本位"思想主导的职业价值观，直接到社会价值创造部门就职，用专业所长，直接服务产业和企业，努力实现产业聚才、企业引智。

3. 提供精准化需求机会清单

着眼于人才供应链与产业需求链，坚持每季度公布《成都市公共人力资源市场职业供求状况分析报告》，深入挖掘人才市场供需数据，提供更加精准细化的分析报告，以实现人才供需的精准化匹配。基于人才市场供需分析报告，结合成都市人才开发指引，及时制定岗位需求清单，并借助蓉城综合服务平台予以公布。实施创新创业机会清单，对于重大科技攻关项目、产业投资项目等机会以清单目录形式公开，采取揭榜挂帅制，为蓉城人才创造发展平台。

4. 建立宽松的人才退出机制

针对人才奖项、称号、荣誉"一评定终身"的问题，尝试采取"有上有下"的进退出机制,坚持常态化、周期性评选,彻底消除"论资排辈"现象。针对用人单位年度考核不达标的人才,在遵循协议予以降格或辞退的前提下,明确劝导员制度,进行心理安抚以及工作上的指导和帮助。针对主动离职的人才,以友好协商为原则,坚决制止霸王条约、废除人才离职的各种约束限制,要多从自身找原因、多站在人才发展角度考虑,可尝试与离职人才协商以兼职或其他方式继续合作。

六、做强成都"极核"功能的人才平台建设战略

(一) 升级共建科技创新平台

1. 合力建设成渝科创中心

推动成渝相向发展,联动成渝地区国家高新区等科创载体,合力打造"两极一廊多点"创新格局,建成具有全国影响力的科技创新中心。持续优化中国西部(成都)科学城"一核四区"功能布局,重点培育成都高新区生物医药产业优势,推进重大新药创制国家科技重大专项成果转移试点示范基地建设。按照"一城多园"模式共建西部科学城,依托成渝科创中心影响力,携手重庆共同争取国家重大科技基础设施、国家重大科技创新平台在成渝地区布局。加快引进中科院、工程院等一批"国字号"分支机构,建成国内大院大所聚集地,共建一批国家重点实验室、产业技术中心、技术创新中心等高水平创新平台。

2. 加强共性技术平台建设

围绕成都"5+5+1"现代产业体系,积极开展医疗康养等重点产业的科技基础资源普查与统计工作,建立医疗康养等重点产业科技资源数据库。编制《成都市重点产业专利导航》,梳理并编制各细分产业重大关键核心技术目录,并依据该目录确定每项重大关键核心技术所需的科技资源,进而与建设好的科技资源数据库进行匹配,实现重大关键核心技术攻关所需科技资源的精准定位,确定哪些单位有能力引领哪些重大关键核心技术的攻关。聚焦于成都市重点产业发展重大战略需求,重点产业之间的共性技术,搭建共性技术联合攻关与资源共享平台,集中力量解决重大新药、基因治疗等"卡脖子"技术。

3. 发挥企业创新主体的作用

筛选一批科技骨干龙头企业与潜力中小企业,重点支持科技骨干龙头企业牵头组建创新联合体,承担重大科技攻关项目。加强跟踪、指导和服务,对于科技骨干龙头企业实行"一对一"跟踪服务,对于潜力中小企业开展"点对点"指导,实施动态的创新评估与改进。探索建立《成都市政府首购创新产品目录》《成都市创新

产品推广示范推荐目录》，对于入选"首购创新产品目录"的企业产品，在政府招标采购中设置加分项，首先予以采购，可先在医院药品采购中试行；政府采购之外的其他采购中，鼓励将产品是否入选"推广示范推荐目录"设置为评分标准或评分要素之一，鼓励优先采购推荐目录中列明的产品。积极推广企业创新积分制，以成都高新区"金熊猫"创新积分为样板，构建企业科技创新能力评价指标体系，全面量化评价企业创新能力，建立企业"梯队式"培育精准画像。

4. 强化科技成果的转化应用

构建以成德绵国家科技成果转移转化示范区为核心、以科技成果转移转化示范基地为支撑、以科技成果转移转化服务平台为依托、以强化科技成果全链条服务为重点的科技成果转移转化体系，完善成德绵科技成果转化协同机制，提高成果转化专业化服务能力。聚力国家技术转移西南中心——区域技术转移公共服务平台建设，打造整合"线上＋线下"，实现集技术资源展示、技术供需对接、技术交流推广、技术交易转让、科技政策咨询、技术统计服务等功能于一体的公共服务平台。培育专业化的技术转移机构和技术经纪人，鼓励驻蓉高等院校开展技术转移中心建设试点，建立科技成果转移转化示范企业备案名录，推动科技特派员、科技专家服务团开展技术转让、技术许可、技术开发、技术咨询和技术服务等活动。

（二）培育打造创业创造平台

1. 打通创业创造孵化链条

发挥武侯区区域类示范基地，西南石油大学、四川农业大学、西南交通大学、电子科技大学四个高等院校类示范基地，中物院成都科学技术发展中心、四川省计算机研究院两个科研院所示范基地的引领带动作用，加快培育企业类双创示范基地。积极鼓励并指导有潜力、有能力的企业申报双创示范基地，依托企业双创示范基地，强化创业创造孵化链条的关键薄弱环节，提高科技型企业孵化成功率。打通"创业苗圃（众创空间）—孵化器—加速器—产业园区"创业链条与阶梯型孵化体系，支持企业、高校、科技服务机构和产业园区打造众创空间、科技企业孵化器，鼓励创客坊、创业场、蓉创茶馆等蓉城特色的众创平台发展。

2. 打造青年学生众创空间

聚焦青年大学生这一最具活力的创新主体，搭建大学生创业孵化平台，建设一批特色鲜明、功能完备、互促共进的大学生创业俱乐部、创业孵化示范基地和大学生创业示范园区。依托成都创业学院、蓉漂人才发展学院等，完善大学生创新创业教育和培训体系，打造一批集教育培训、实践交流、服务孵化等功能于一体的大学生创业街。推进"云享·赢创""创客＋部落众创空间"等线上线下融合的创业服务平台建设，整合大学生创业孵化资源，发挥集聚效应。全面实施"阳光苗圃计划""青年创业促进计划""大学生创业引领计划"，帮助"种子期""初创期"创业项目"拎包入住"孵化平台，并提供一站式的入驻配套服务。

3. 建设返乡人才创业平台

把握中国（成都）跨境电子商务综合试验区建设契机，深入推进返乡创业农村电子商务平台建设，鼓励返乡人才借助电子商务平台实现特色创业，并在返乡创业示范基地评选中予以优先考虑。立足"科创通""农贷通"，丰富"新创贷""期权贷""园保贷""壮大贷"等金融产品，设立返乡创业投资基金，全面升级返乡创业投融资平台。依托成都市技能培训中心，整合全市优质师资，广泛开展特定群体专业化培训，做好退役士兵培训、农民工培训、社会创业培训等，将技能培训中心建成多样化技能人才的"出炉"与"回炉"高地。

4. 培育海外离岸孵化空间

坚持内外双修、全面布局，构筑海外离岸孵化空间体系。内以国际人才城为载体，推进海外人才来蓉创新创业孵化平台建设，根据成都市十四个产业生态圈空间分布，合理规划并建设各具体产业离岸基地工作站。外以欧美日海外创新孵化中心为基础，深化与海外专业孵化机构合作，重点推进中韩创新创业离岸孵化合作基地等高能级开放平台建设，同时积极在"一带一路"沿线国家布局离岸孵化基地。另外，依据海外离岸创新孵化基地分布情况，建立海外知识产权维护援助中心、援助站，满足海外维权特定需求。

（三）健全完善数字化平台

1. 完善数字化基础平台

借助数字化技术，依托人才资源统计信息管理系统等，细化人才数据与信息的统计工作，形成全市人才发展与管理工作的基础数据支撑。构建多元数据架构，结合《成都市人才开发指引》（成都人才白皮书），建立不同层次、不同类别、不同产业的人才信息统计数据库，精准呈现人才发展的详细数据。建设人才动态采集系统，广泛涵盖全国各地高校应、往届毕业生，全面覆盖市、区（县）、镇（街道）各级各类人才，精准掌握人才引进、培养及成果产出等各环节工作状态。建设高端人才智库，发挥大数据优势，广泛搜集、全面追溯、精准定位，打造富集全国人才、服务成都战略发展的高端平台。

2. 提升数字化服务平台

致力于人才服务的精准化与专业化，引入优质大数据云服务商，立足成都市公共数据开发平台、蓉城人才综合服务平台、成都创新创业服务平台，利用政务云、工商云、企业云等大数据优势，打通并整合各单位、各区县的数据资源，建立成都人才大数据综合服务平台。成都人才大数据综合服务平台提供人才政策查询、人才在线服务、人才信息展示、创新创业融资、项目对接、活动预告、评价评优等全功能线上服务，打造成涵盖信息获取与处理、专业化服务的全方位人才平台。并同步借助移动互联网技术，开发方便简洁、易于操作的人才综合微服务平台。对社区医院或社区卫生服务中心进行数字化打造，建设基层医疗康养微服务平台，结合家庭医生签约服务平台、智能家庭医生工作室等，快速响应"蓉城人才"及其亲属对个性化医疗康养的需求。

3. 打造数字化共享平台

搭建数字化人才共享平台，探索人才共享新模式，提高人才配置效率。深度对接成渝地区各市政务服务平台，畅通数据通道，加强数据交换共享，推动人才工作跨省市互认、移动端跨区域服务自动切换，实现线上"一地认证，全网通办"，推进电子证照跨地区互认互信、共享应用。完善共享用工服务平台，嵌入成都就业公众号平台、成都人才大数据综合服务平台等，精准对接人才需求，充分借助大数据、云分析，实现人才的精准搜索与智慧分析，建立招聘单位与求职人员的线上精准衔接，解决供需信息不对称带来的"引才难、就业难"问题。

4. 建设数字化赋能平台

以全方位服务人才发展为宗旨，建设一个覆盖全市、辐射成渝、全员参与、快速响应、高度智能的人才管理平台，实现人才的全过程动态管理，全面降本提效，赋能成都产业高质量发展。实施人才管理全过程数字化，构建端到端、融合线上与线下的人力资源全业务管理与服务，将人才发展的选、引、育、用、留、评等实现数字化，广泛开展云招聘、数字化培训、智能化评价。多环节实现数字化赋能，积极推进在合同签订、办公环境、成果转化、事务办理等各环节使用数字化手段，提升人才管理工作效率，降低流转、仓储等成本。

（四）深化拓展协同合作平台

1. 加强成渝地区协同共育

全面深化川渝人才协同发展战略合作协议，着力建立决策共商、资源共享、联动共建、协作共赢的人才协同发展机制，促进两地人才开发政策协调、制度衔接、服务贯通。围绕重点产业组建跨区域人才发展联盟，积极在成渝地区双城经济圈创新创业联盟、乡村振兴学院联盟、高校联盟、四川省高新区创新发展战略联盟中发挥成都的核心带动作用。聚焦打造科技创新共同体，建立区域科技协同会商机制，推进成渝地区科技协同创新联席制度建设，增强高校、企业、科研院所、科技园区等之间的深入沟通与紧密关系，推进区域之间创新主体协同合作方式的多样化。

2. 推进产学研用深度融合

坚持创新链、产业链、人才链"三链"深度融合，积极推进产学研用纵向协同，推动合作项目化与实体化，建立科学的产学研协同平台评价指标体系，坚决取缔占用稀缺资源而无实质运作的平台。畅通产学研合作路径，主动融入环成渝高校创新生态圈建设，强化科技成果与重点产业的精准对接，积极承接高校科技成果，力促科技成果在蓉落地转化。深化市校战略合作，支持重点企业联合高校、科研院所、行业专业培训机构共建产学研联合实验室、概念验证中心，支持重点企业、科研院所与国内知名高校、全球顶尖高校开展项目人才合作，组建重点产业人才联盟。

3. 打造高端交流合作平台

借助大运会筹划宣传，精心展示"天府英才""金熊猫""锦绣优才""金牛骄子""诸葛人才""东骄华章""津津希望"等区域人才品牌。常态化举办"蓉漂"人才大型招聘会、"蓉漂杯"高层次人才创新创业大赛、中国（成都）国际化人才发展与创新峰会、四川"海科会""创交会""校企双进""菁蓉汇"、成都高新人才活力派之"青年季"等活动，依托成都高校资源，积极承办全国性的职业技能大赛、大学生创新创业大赛、青少年科创大赛等活动，创造多样化的人才交流与能力提升平台。

4. 建设人力资源服务产业园

优化成都人力资源服务产业园功能布局，推进人才枢纽 TOD（创新共同体）建设，整合人才、劳动、就业、社保等政务服务，建成一站式政务服务中心，协同推进线上网络运营平台与线下呼叫咨询平台的建设，整合成都优质教育资源，打造人力资源的培训基地。坚持"政府主导、企业主体、市场化运作"的运营模式，引进更多全球知名的人力资源服务企业，提供招聘、咨询、培训、外包、软件等人力资源全产业链优质服务。加强与成渝地区人力资源服务产业园合作，搭建人力资源协同发展联盟，推进1＋N个"共享站、分园区、特色园"协同布局，实现产才城深度融合。

负责人：龙承春（四川轻化工大学）
成　员：赵志彬（山东大学）

经济区和行政区适度分离统计改革研究
——以自贡高新区为例

实施经济区和行政区适度分离后的统计改革,建立以经济区为单元的统计监测制度,有利于建立一套平等协商、各得其所的利益共享机制,拓展合作空间,共享发展成果,促进成渝双城经济圈内各市之间的合作,共建经济开发区,实现区域经济协调快速发展。因此,在成渝双城经济圈一体化发展的背景下,研究经济区和行政区适度分离统计改革,探索建立经济区统计体系,具有重大而迫切的现实意义。本文以自贡市高新区为例,梳理了其经济区和行政区适度分离统计改革的基本做法,总结了高新区统计改革的成功经验以及存在的突出问题,提出了经济区和行政区适度分离统计改革的建议,以期能为经济区更好地独立开展统计工作提供一些参考和建议。

一、经济区和行政适度分离统计改革的必要性

(一)经济区和行政区的概念

1. 经济区的概念

经济区是指以城市为经济中心,以专门化生产为主体,将自然条件、经济发展方向大体一致的行政区组合在一起所形成的地域。经济区是在生产社会化,商品经济发展的条件下,社会劳动地域分工的表现形式,是由多种生产要素组合的地域经济组织形式。每个经济区内部都有密切的经济联系,都担负着专门化生产任务。不同层次、不同类型的经济区是客观存在的,但又非固定不变的;当生产力发展引起条件变化,经济区的范围则应作适当的调整,以进一步打破条块分割和地区封闭的束缚,使区域生产更符合商品经济规律的运转。

2. 行政区的概念

行政区是国家为了进行分级治理而对领土进行合理划分所形成的地域范围，带有明显的政治色彩，其创置和变更是有意识的国家行为，主要为国家政治服务。《中华人民共和国宪法》规定，我国的行政区域划分如下：全国分为省、自治区、直辖市；省、自治区分为自治州、县、自治县、市；县、自治县分为乡、民族乡、镇。

3. 行政区经济和经济区经济的区别

行政区经济和经济区经济具有明显的区别。一是行政区经济的中心一般是一定等级政府所对应的综合型城市，首先为地区的政治中心，其次为地区的经济和社会中心；而经济区的中心则更注重城市的经济综合实力。二是在行政区内不同等级城市依靠垂直的行政系统链条建立联系，因此行政区经济的发展取决于区域行政系统的效率；而经济区内的联系则依靠水平式与垂直式的经济网络（主要为产业网络），因此经济区经济的运行效率取决于本区域市场运行的效率。三是行政区对自身经济发展的调控能力强，依赖行政的规划权、财税权和政策制度权，行政区对自身经济具有较强的调控力度，可以满足区域主体即行政区政府的利益诉求；而绝大多数的经济区则不具有这种力量。

（二）经济区和行政区适度分离的重要性

2020年1月3日，中央财经委员会召开第六次会议，习近平总书记强调指出，要推动成渝地区双城经济圈建设，在西部形成高质量发展的重要增长极，标志着成渝地区双城经济圈建设正式上升为国家战略。同时明确提出支持成渝地区探索经济区和行政区适度分离。同年5月，四川省《关于规划建设省级新区的指导意见》发布，强调积极探索经济区与行政区适度分离管理模式。那么经济区和行政区为什么要适度分离呢？主要有以下几个方面的原因。

1. 区域经济发展的客观要求

行政区对区域经济发展存在诸多的限制，根源在于现有行政区划和管理体制的局限性，地方政府的作用导致行政区向"行政经济区"转换，行政区出于自身利益考虑必然会阻碍要素自由流动。具体体现为资源及市场与行政区划的矛盾、产业发展与行政区划的矛盾、基础设施建设与行政区划的矛盾。受行政区区划、管理体制等因素影响，各城市功能重复建设，市场相互封闭，无疑制约了区域经济要素的畅通和经济优势的有效发挥。经济区和行政区适度分离，能够引导政府间破除"一亩三分地"的思维定势，打破行政壁垒，把重心放在完善市场机制上，更好地发挥市场在资源配置中的决定性作用，所以行政区与经济区适度分离是区域经济发展的客观要求。

2. 区域经济发展的必然结果

当前，行政区与经济区之间的矛盾逐渐显现，并成为制约区域经济发展的重要因素之一。其主要矛盾在于行政区之间为了自身利益，往往在争夺项目、资金、政策等方面各自为政。而在市场经济条件下，生产要素为了实现利益最大化催生了跨行政区配置的需求。但现实中地区之间的政策标准各有差异，影响了生产要素的自由流动，在统一市场、要素整合上难以形成合力，制约了产业和项目的合理布局，所以行政区与经济区适度分离是区域经济发展的必然结果。

（三）经济区和行政区适度分离后的统计改革势在必行

1. 统计改革是经济区和行政区适度分离的必然需求

当前我国的统计制度是以行政区划为单元进行的，行政区和经济区适度分离后，很有必要建立起以经济区为单位的统计制度，同时应将经济区的发展成果"共享"给各行政区，提高行政区推动经济区建设的积极性。当前的统计制度在反映经济区发展成果方面存在以下障碍。一是存在数据壁垒，不能获取客观全面的统计数据。现行的统计制度以行政区划作为统计的基础，如果共建的经济区只涉及部分省市、部分区县的部分乡镇（街道），在进行统计数据汇总时就存在部分数据的不可获得性，再加上各省、市部分统计指标的不可比性，不能简单地加权汇总，就造成了数据壁垒，不能真实全面地反映经济区的发展成果。二是不利于体现经济区的发展优势。如果不能以经济区为单位进行全面统计，经济区统计数据缺失，就不能通过统计数据与其他行政区进行比对分析，从而无法定量反映实施经济区发展的优越性。三是经济区无法实施科学决策。统计数据是宏观调控和实施科学决策的重要依据，如果经济区的统计数据缺失，就很难有效发挥统计的分析职能，无法对经济区的产业布局和宏观政策实施精准的科学决策。

2. 统计改革将助推经济区和行政区适度分离

按照区域经济发展的要求，具有基础和条件的行政区要利用优势互补、开展区域合作共建经济区，不断做强区域经济整体实力，提升经济区对生产要素的配置能力。但现实中大部分行政区之间是竞争大于合作的关系，竞争大于合作导致优势、资源等难以有效整合。目前部分行政区之间的合作突破性不大的重要原因在于没有很好地平衡合作双方的利益关系，存在"强带弱怕拖累、弱跟强怕吃亏"的顾虑。实施经济区和行政区适度分离后的统计改革，建立以经济区为单元的统计监测制度，有利于建立一套平等协商、各得其所的利益共享和分配机制，激发各类主体的参与积极性，拓展合作空间，共享发展成果，形成互利共赢的发展格局。通过统计改革将经济区的发展成果精准地"分享"给行政区，理顺经济区和行政区的利益关系，激发出"和大于竞"的效果，有助于发挥合作优势，加快区域经济发展。

二、自贡高新区经济区和行政区适度分离统计改革实践

（一）自贡高新区概况

自贡高新区地处自贡市中心南侧，规划面积100平方千米，占全市的2.3%。建成区面积38平方千米，跨自流井区和沿滩区两个行政区，辖丹桂、学苑、板仓、红旗、高峰5个街道。其中，板仓街道由沿滩区交由高新区托管，其余4个街道由自流井区交由高新区托管，是一个典型的经济区范畴。研究和总结高新区的统计体制机制情况，对探索经济区和行政区适度分离统计改革具有很好的实践意义和借鉴意义。

自贡高新区是1992年5月经省政府批准建立的全省第一批省级高新技术产业开发区，2011年6月升级为国家级高新区。拥有国家节能环保装备制造基地、国家新材料高新技术产业化基地、国家科技兴贸基地、国家科技企业孵化器、国家大学生科技创业见习基地、国家知识产权示范园区、国家知识产权质押融资试点园区、国家老工业城市产业转型升级示范园区、国家工业领域电力需求侧管理示范园区、国家科技资源支撑型特色园区、国家绿色工业园区等11块国家级牌子，省"51025"重点千亿园区、省直购电示范园区、省循环化改造试点示范园区、省科技成果转移转化示范区、省科技服务业产业集聚区、中国（四川）自由贸易试验区自贡协同改革先行区、省级外贸转型升级基地（装备制造）等7块省级牌子。

2020年年末，全区户籍人口约20万人，常住人口约30万人，占全市的12.0%左右。园区全部营业收入突破1000亿元，已建成千亿产业园区。2020年实现地区生产总值236.21亿元，三次产业结构比为0.1∶36.5∶63.4；全年实现规模以上工业增加值42.71亿元、全社会固定资产投资149.38亿元、社会消费品零售总额82.66亿元、地方一般公共预算收入10.21亿元。

截至2020年年底，高新区共有"四上"企业327户，占全市的20.5%。其中，规模以上工业企业97户，占全市的17.2%；限额以上商贸单位117户，占全市的19.1%；规模以上服务业企业70户，占全市的36.5%；资质以上建筑业企业28户，占全市的17.6%；房地产开发企业15户，占全市的15.2%。

(二) 自贡高新区统计适度分离的基本做法

1. 建立健全统计机构

一是单设高新区统计局。2017年,根据《自贡市深化统计管理体制改革实施方案》(自委办〔2017〕24号)文件精神,按照国家、省、市对深化统计管理体制改革工作的总体要求,经高新区党工委、管委会研究,决定健全经济区的统计组织体系,设立高新区管委会统计局(以下简称高新区统计局),全面负责经济区内的统计工作。根据《关于设立自贡高新区管委会统计局的通知》(自高党工委发〔2017〕111号)以及《自贡高新区深化统计管理体制改革实施方案》(自高管委发〔2017〕99号),新设立的高新区统计局为管委会发展改革与科学技术局管理的二级机构,高新区普查中心挂高新区名录库管理办公室牌子。同时对统计局和普查中心的人员编制数量进行了核定。据初步统计,截至2020年年底,全省8个有高新技术开发区的地市州中,自贡是唯一单独设立高新区统计机构的地区。二是完善街道统计机构。在街道的相关内设机构增挂了"统计工作站"和"名录库管理维护站"的牌子,独立开展统计工作。明确了统计工作分管领导,配备专职综合统计员,负责本辖区统计工作。并对综合统计员实行双重管理,即高新区统计局负责业务指导和培训,人事关系、工资、福利、办公场所等由街道负责;年终工作考核由街道和高新区统计局共同负责;统计人员变动、调动需征求高新区统计局意见。三是落实部门统计职责。高新区各行业主管部门设立或明确了统计岗位或统计职责,明确了统计工作分管领导和具体负责人,配备了专(兼)职统计人员,负责本部门本行业的统计工作。

2. 建立统计监测体系

高新区统计局设立了综合核算、工业、投资、商贸、服务业、建筑业、房地产、能源、科技、人口就业、劳动工资、名录库等统计专业,除完成国家统计工作任务外,还承担了国家科技部的火炬统计以及国家统计局自贡调查队的住户调查统计。同时,建立了纵向到社区居委会的名录库管理体系、由经信部门总牵头的规模以上工业及能源统计调查体系、由住建部门总牵头的资质以上建筑业和房地产业统计调查体系、纵向到街道的限上商贸和规上服务业行业统计调查体系、横向到项目指挥部的固定资产投资统计调查体系,以及横纵相叉的劳动工资、科技等统计调查体系。通过积极建立健全行业全覆盖的统计调查体系,全面监测高新区的经济社会发展情况。

3. 对高新区的调查单位单独赋码进行统计

由于高新区无单独的行政区划码，以前所有统计专业只能通过手工查询的方式汇总高新区的统计数据，不仅工作量非常大，还容易出现差错。在四川省统计局的大力支持下，通过市统计局的不断探索，目前已实现在基本单位名录库系统中对高新区单位赋予独立的、统一的统计局代码；已实现在国家联网直报平台、四川和利时平台对高新区赋予独立的、统一的数据处理地，高新区可以像其他行政区一样独立开展统计网报及监测工作。具体做法如下：首先，市统计局计算中心对高新区各统计专业用户赋予与其他行政区相同的报表处理权限。新入统的调查单位（含"四上"企业、投资项目单位等）首次报表时，其数据处理地已默认按该单位所在地行政区划码进行了划定，所以还需市统计局各专业用户手工调整高新区调查单位的数据处理地，即依据高新区统计局在单位入统时对其赋予的数据处理地标识（以"510371"开头）进行统一调整。通过赋予高新区统计报表权限、调整调查单位的数据处理地等，高新区各专业账户均能查看本专业调查单位的报表报送情况，可以独立地对调查单位开展报表催报，对其报送的数据进行查询、审核、汇总等，并实现数据异动、内网报数、"一址多企"等统计网报平台监测。这不仅减轻了高新区在报表催报、审核以及数据分劈等方面的工作负担，也为其开展独立的统计监测与分析提供了技术服务与保障。

4. 对跨区域数据和"飞地"数据协商分劈

在经济区的开发建设过程中，经常会出现一个企业或者项目的建设地址跨两个（甚至可能三个及以上）行政区，也可能出现企业的注册地和生产经营地不在一个行政区的"飞地"现象，这就需要对这些跨行政区的统计数据进行分劈。高新区的做法是：在项目建设之初，由项目跨区的双方（或者三方以上）进行协商，在项目建设过程中对固定资产投资统计数据按照入股比例或引资协议等协商比例进行分劈；项目建成投产后，对产值（或营业收入）、税收按照协商的比例进行分劈。

5. 将高新区内的统计数据按行政区划准确还原到托管行政区

由于高新区已对经济区内所有统计调查单位实现了独立管理，交付托管的自流井区和沿滩区对高新区的统计调查单位已无查询、审核、汇总等统计管辖权。为汇总、评审、公布按行政区域分类的区县数据，市统计局相关专业还将根据高新区的统计调查单位所属行政区划，对其相关统计数据指标还原到对应的托管行政区，保障行政区域统计数据的准确性与完整性。

6. 市统计局对高新区的经济总量进行核算

一是核定核算相关行业的基数。利用2018年第四次全国经济普查的契机，摸清高新区所管辖行政单元格的经济情况，将其作为一个行政区对其经济总量进行核算。二是开展季度、年度统一核算。市统计局专业科室提供各区县（这里所指的"区县"包括高新区，即将其视为独立的行政区）用于国民经济核算的相关行业指标，包括规模以上工业、限额以上批零住餐、规模以上服务业、资质以上建筑业、建安工程投资、劳动工资等指标，市统计局核算专业依据相关行业指标对高新区地区生产总值及有关指标进行核算。

7. 将高新区的指标纳入绩效目标考核

为更好地促进高新区经济社会发展，压实经济区的发展责任，市委、市政府将高新区视同为独立的行政区，对其下达主要经济社会指标目标任务进行考核，即高新区与其他行政区（扣除被托管部分）的目标数据之和等于全市目标数据。

（三）自贡高新区统计改革成功的经验

1. 能够准确反映高新区的发展情况

高新区在市统计局的指导下独立开展统计监测工作，获取的统计监测结果或相关评价结果能够准确地反映其经济社会发展情况。一是通过常规性统计调查及监测评价掌握发展情况。通过组织实施国民经济核算、工业、服务业、批发和零售业、住宿和餐饮业、建筑业、房地产业等国民经济行业以及能源、投资、人口、收入、科技、社会发展、环境基本状况等领域的统计工作，对重点区域和重要领域实施统计监测评价，全面掌握经济区内国民经济、社会发展、科技进步和资源环境等情况。二是通过重大国情国力普查摸清家底。一方面，组织开展第四次全国经济普查和投入产出调查，摸清经济区内第二产业和第三产业的发展规模、布局和效益，了解产业组织、产业结构、产业技术、产业形态的现状以及各生产要素的构成，进一步查实各类单位的基本情况和经济活动，掌握全部法人单位资产负债状况，以全面准确地反映经济区改革发展的新进展，为加强和改善宏观调控、深化供给侧结构性改革、科学制定中长期发展规划等提供科学准确的统计数据支持；另一方面，通过组织开展第七次全国人口普查，查清经济区内人口数量、结构、分布、城乡住房等方面的情况，为科学制定国民经济和社会发展规划等提供科学准确的统计信息支持。

2. 保证了行政区统计数据的准确性和完整性

将高新区内的统计数据按照目前以行政区为主的统计制度进行统计后还原到托管行政区，保证了行政区统计数据的准确性和完整性。同时还将跨区域的企业（项目）数据进行协商分劈，厘清了经济区与行政区双方合作的利益关系，提高了行政区参与共同开发经济区的积极性。

3. 经济区管委会更加重视统计工作

一是强化统计工作保障。对高新区进行单独统计监测，并将指标纳入目标考核以后，高新区党工委、管委会更加重视和支持统计工作，定期或不定期听取统计工作汇报，研究解决重大问题，在加强统计体系建设、夯实统计基层基础等方面给予工作支持与经费保障。二是落实依法治统责任。管委会加强了统计法律法规宣传学习，支持统计执法机构依法开展统计执法和违法处理工作，在经济区各级各部门牢固树立防范和惩治统计造假、弄虚作假的责任意识，营造依法统计的良好氛围，为切实提升统计数据质量提供了保障。三是加强部门协作的保障。管委会要求行业主管部门与统计部门密切协作配合，形成工作合力，将业务工作与统计工作充分结合，建立工作会商机制，联合分析研判经济运行趋势，商议解决工作中的难点问题，推动高新区高质量发展。

4. 压实了统计工作责任

一是压实了高新区统计局的工作责任。高新区统计局切实履行了统一领导和协调经济区内统计工作的职责，组织实施各类普查、统计调查，开展统计数据核查与评估，实时发布与解读统计数据，开展统计分析研究与趋势预判，组织业务培训指导等，并在规范统计基础工作、控制数据生产质量、规范统计业务流程等方面建立了 44 个制度，为统计工作的顺利开展提供了制度保障。二是压实了行业主管部门的统计职责。高新区行业主管部门按照"管行业就要管统计，管统计就要管数据质量"的要求，积极参加统计业务培训，建立企业（项目）升规入统培育库，落实企业（项目）入统前的实地核查责任，配合统计部门开展数据质量核查，按照统计基层基础规范化建设要求，配合统计部门督促企业（项目）建立统计台账、完善统计数据原始凭证资料等。

（四）自贡高新区统计改革存在的问题

1. 经济管理权限与行政管理权限不匹配

高新区属非建制行政区，其经济社会管理范围由丹桂、学苑、板仓、红旗和高峰 5 个街道组成，除板仓街道在行政区划上属于沿滩区外，其余 4 个街道均属于自流井区。由于经济管理权限与行政管理权限不匹配，加之经济区内行政区划还存在交叉的问题，部分区域属地管理和行业管理职责不明，工作中存在相互推诿扯皮等问题，给统计工作带来了较大的难度。

2. 人员力量与工作任务不匹配

基层统计部门人员力量与工作任务的矛盾突出。由于高新区统计局为管委会发展改革与科学技术局管理的二级机构，虽然人员编制核定数为 8 名（仍然低于全市最少的行政区一半以上），但目前仅匹配了 2 名正式编制人员，其余 6 名工作人员均为聘用制，而聘用制人员的工作存在较大的不稳定性因素。但基层统计的工作任务日益繁重，1 名统计人员兼职多个专业的现象在基层普遍存在，人员力量与工作任务极度不匹配。

3. 为上级统计部门工作开展造成一定的难度

虽然对经济区的主要经济社会指标进行了单独考核，压实了经济区在全市经济社会发展中的责任，但由于经济区普遍为非建制行政区，上级统计部门各专业在汇总、评审、发布、分析区县数据时，需要提供按经济单元（经济区）分类和按行政区域分类的两套数据；在进行国民经济核算时，也需要各专业提供两套用于核算的行业指标数据，对经济单元和行政区域开展两次核算，为上级统计部门的工作开展造成了一定的难度。

三、经济区和行政区适度分离统计改革建议

通过自贡高新区的统计改革实践，我们认为在经济区和行政区适度分离后进行统计改革是必要的，也是完全可行的。主要是已经具备了以下条件：一是在区域经济协同发展的浪潮下，经济区和行政区适度分离已经得到了各级党委、政府的共识，"共建共享"的理念已经深入人心，在这样的背景下实施统计改革，分好"发展蛋糕"是当地党委、政府的期盼，也是对统计部门提出的统计改革要求；二是现行的统计直报平台已基本具备了改革的条件，国家联网直报平台可以对所有纳入常规统计的调查单位使用经济区数据处理地进行标识，基本单位名录系统可以对所有单位（包括"四下"单位）使用经济区统计局代码进行标识，即可根据经济区的标识对其开展独立的统计监测。

为了更好地解决经济区与行政区适度分离后经济区如何独立开展相关统计工作，使经济区与行政区建立一套平等协商、各得其所的利益共享机制，拓展合作空间，共享发展成果，经济区与行政区适度分离统计改革需要具备以下条件。

（一）经济区需要成立专门的统计机构

经济区需要成立专门的统计机构，或在跨行政区的上一级统计机构里面明确专门的部门负责统筹协调经济区的统计机构开展工作，其主要职责为：负责组织实施和协调经济区的统计业务工作，认真贯彻执行国家统计调查制度和经批准的地方统计调查制度，依法依规组织开展统计调查，完成数据采集、审核、上报、统计资料分析、发布等任务，及时完成上级统计机构的查询、审核等任务，确保调查对象独立上报统计数据。及时学习和更新统计知识和现代信息技术，参加上级统计机构组织的业务培训。组织开展辖区内统计法治宣传教育活动，协助上级统计机构开展统计执法检查和统计违法违纪案件查处工作。配合上级统计机构管理和维护基本单位名录库，以及统计上使用的区划代码和城乡划分代码库。完成大型普查工作任务，完成上级统计机构交办的其他任务。同时要配备与统计任务相匹配的一定数量的统计人员，并保持人员相对稳定。

（二）经济区的行政管理权必须划予经济区

主要基于两点原因：一是按照统计管理的要求，本区域的党委、政府或者经济区的党工委、管委会必须对本区域的统计工作负领导责任，对防范和惩治统计造假、弄虚作假也要负领导责任，经济管理权限和行政管理权限必须合一，不能存在两张皮，否则统计工作的领导责任和依法治统的领导责任将无法落到实处。二是行政管理权限是开展统计工作的保障。在基层开展统计工作，实施名录库的建设和维护，对调查单位报表的催报、数据质量的核查和检查，以及开展统计基层基础建设，都必须有行政权力作为保障，否则这些工作很难开展。

（三）行政区应积极配合形成工作合力

由于经济区经济管理权限与行政管理权限不匹配，加之经济区内的行政区划还存在交叉的问题，部分区域属地管理和行业管理职责不明，工作中存在相互推诿扯皮等现象。行政区与经济区应牢固树立共建共享的理念。建立工作协调机制，积极协商解决工作中存在的问题。行政区应积极将行政管理权限移交给经济区，经济区也应将发展成果、发展经验积极共享于行政区。

（四）联网直报平台需要提供必要的技术支持

由于经济区的开发区一般是跨多个行政区的，目前国家联网直报平台（包括基本单位名录库系统）的统计管辖权（包括报表催报，数据审核、查询、汇总等）原则是按行政区来赋予，经济区无法自动快捷地查询、汇总统计数据，所以需要国家联网直报平台（包括基本单位名录库系统）赋予经济区统计调查单位单独的数据处理地标识，像其他行政区一样独立开展统计监测工作。

（五）对现行部分统计方法制度进行改革

经济区在开发建设过程中，特别是在招商引资过程中，会引进外地企业来经济区投资兴业，但是按照现行的统计方法制度，引进来的企业必须注册为独立核算的法人，统计数据才能归属经济区。但对企业而言，如果对新建的企业实施独立核算，不利于"做大做强"总部经济，企业就不愿意单独注册为法人，所以目前的入统规定是不利于招商引资工作的，更重要的是不能真实体现开发区的发展成效。针对统计方法制度中法人单位按在地原则入统的弊端，建议探索改革法人单位入统方式，在目前法人单位按所在地入统的基础上，对产业活动单位的数据"从上到下"进行逐级分劈，让经济区的产业活动单位的数据归属经济区。这样对经济区党工委、管委会而言，能更精确地掌握经济区发展的实际水平；对引进的企业来说，也不会被强行要求在当地注册法人单位而影响企业规模做大做强，某种程度上来讲也优化了营商环境。

负责人：祁向东（自贡市统计局）
成　员：任　军（自贡市统计局）
　　　　周作昂（四川统计局）
　　　　丁　娟（四川统计局）
　　　　晏　珊（自贡市统计局）
　　　　雷　苗（自贡市统计局）